水谷豊自伝

水谷豊　松田美智子

新潮社

まえがき

松田　美智子

彼のことを考えるたびに、えにし（縁）という言葉が浮かんでくる。

水谷豊さんに初めて会ったのは、彼が23歳くらいの頃だった。

長髪にキャップを被り、Tシャツにジーンズという1970年代の若者らしいスタイルで、人懐こいというよりは、シャイな印象を受けた。ただし、笑い声は当時から大きかった。

彼はその前年『傷だらけの天使』（74〜75年）に出演し、萩原健一が演じる木暮修《こぐれおさむ》を「アニキ〜」と呼ぶ乾亨《いぬいあきら》の役で注目を浴び、売れっ子の俳優になっていた。当時、松田優作の妻だった私は、自宅を訪ねてくる彼を〝特別な人〟だと思っていた。彼に会うと優作の機嫌がよく、笑い声が絶えなかったからである。ちょっとしたことでキレる優作にしては珍しい。

そんな関係が続いたのは、優作にとって彼は、掛けがえのない友人であるとともに、尊敬する俳優でもあったからだ。『青春の殺人者』（76年）を観た優作が、「あれは俺にはできない役だ。豊が演《や》ったからいい映画になった」と話したのを覚えている。

さて、彼を一躍お茶の間の人気者にした『熱中時代』は78年にスタートし、高視聴率をキープしたまま81年で終了したが、同じ年に優作と私との婚姻関係も終わりを迎えていた。以後は、彼の弾けるような笑い声を聞くこともなくなり、その活躍を遠くから応援するだけになった。またいつか、再会できる日があるだろうか、いや、もはやスター俳優になった彼に会うのは無理だろう。そう思っていた。

けれど、8年後の89年11月、私たちは予想もしなかったし、思ってもいない場所で再会することになった。膀胱ガンで逝った優作の葬儀である。火葬場で最後のお別れをするとき、彼は遺体に覆い被さって嗚咽した。声をかけることはできず、ただ二人で泣いていた。

そこからまた長い時間が経ち、2007年10月、『越境者　松田優作』（新潮社）を執筆する際の取材で、彼と再会することができた。このときの彼は55歳。

2000年のプレシーズンから始まった『相棒』はシーズン6に入り、英国風のスーツが似合う警部・杉下右京がはまり役になっていた。所作全般にも渋さを感じさせる。けれど、彼の笑顔は昔と少しも変わらず、「大人のふりをしているだけだよ」と話すチャーミングさは、キャンディーズのヒット曲『年下の男の子』を思い起こさせた。ネイビーブルーのTシャツを着た男の子は、出会った頃の彼のイメージそのものだったからだ。

このときの取材がのちの再会に繋がってくる。

「水谷さんにロングインタビューして、連載記事を書いてください」

『週刊新潮』から依頼を受けたのは21年の晩秋で、彼が古希を迎える前年だった。

その連載記事の評判が良かったことを受けて企画されたのが、本著である。問題は彼が企画を受けてくれるかどうかだったが、古希という人生の節目が彼の背中を押してくれたのか、マネージャーさんが「まさか引き受けるとは思わなかった」と驚く結果になった。

ひとときの輝きを放って消えていった星は数知れず、13歳のデビューから58年を迎えてなおも輝き続ける水谷豊は、やはり〝特別な人〟だった。

自伝と呼べる本を書き上げるためには、当然ながら、かなりの取材時間が必要である。しかし、彼に会うたび、なぜか雑談になってしまう。年齢が近いこともあり、同じものを見聞きして育っているので共通の話題が多く、そちらに流れてしまうのだ。

しかも彼は、タダで聞くのが申し訳ないほど物真似が上手い。そこにユーモアが加わるので、笑い転げているうちに取材時間が過ぎていく。これではいけないと反省し、次回は質問に集中しようと思うのだが、同じ結果に終わるという始末。

ただし、雑談の中にも彼独自の人生の捉え方、なにを考え、どんなふうに生きてきたか、がちりばめられていた。会話の中でなんども耳にしたのが、楽しむという言葉だ。苦痛に思えることも見方を変えれば、苦痛ではなくなる。彼は人生を楽しんで生きながらも、自分がこの世に生まれてきたことの意味、何か役割があるのではないか、と探り続けていた。

巻末に記した彼の言葉は、果たしてその答えになっているだろうか。

取材を始めてから約1年半。時には答えづらかっただろう質問にも、彼は逃げることなく、誠実に応じてくれた。細部を補うためのメールを送ると、撮影の合間と思われる時間や、深夜早朝など、いつ寝ているのだろうと思われる時間帯に返信があった。二人が顔を合わせれば雑談に流れてしまうので、メールのやりとりは取材の有効な手段だった。

また、22年11月8日、東映東京撮影所で『相棒』の収録現場を見学させていただいたことも忘れ難い。「特命係」の部屋は想像していたよりコンパクトで、スタッフがきびきびと立ち働く姿は、長年培ってきたチームワークの成果を感じさせた。さらに印象深かったのは、見学を終えて外に出たとき、月食中に天王星食も起きるという珍しい皆既月食が始まっていたことだ。皆既月食と惑星食が同時に起きるのは442年ぶりだったという。

私は運命論者ではないが、彼との縁は合縁奇縁。なんどかの中断がありつつも繋がっていったのは、理屈を超えた不思議な縁だと思う。

ありがとうございました、豊ちゃん！

2023年　春日

＊文中敬称略

水谷豊　自伝●目次

水谷豊　自伝

第一章
彷徨

おいたち

「僕が物心ついたとき、父はもう家にはいませんでした。父親が家にいない生活が普通でしたし、何処《どこ》にいるのかを、家族に尋ねたこともありませんでした。父親は生活を支える人、僕の父への思いはそれだけでした。母だけで不自由がなかったからだと思います」

水谷豊は1952年7月14日、北海道芦別《あしべつ》市で生まれた。芦別市は北海道の中部に位置し、三井、三菱などの財閥系企業が開発した石炭産業で栄えた町である。同市の面積の約9割を森林が占め、盆地であるために、年間の気温差が大きい。

自宅の最寄り駅は、JR北海道・根室本線の芦別駅と富良野《ふらの》駅の中間にある野花南《のかなん》駅で、山岳地帯特有の自然豊かな景色が広がっていた。

両親は京都の出身だが、「これから事業をやるのなら、北海道だ。北海道の時代がくる」と友人に誘われ、移住を決めたという。兄二人、姉一人がいる四人兄姉の末っ子である。

「幼い頃の思い出といえば、夏は近くを流れている空知《そらち》川を裸で泳いだこと、家族が集まって大きな蚊帳の中で寝たこと。冬は兄や近所のお兄さんたちが雪でかまくらを作ってくれて、その中で遊んだり、兄が沼の中でザルを使って小海老を捕り、ストーブで炙って食べさせてくれたりしたことですね。それから北海道ではトウキビと呼ぶのですが、母が茹でてくれたトウモロコシがとても美味しかったのを覚えています」

小学校は、留萌《るもい》から延びる天塩炭礦《てしおたんこう》鉄道の終点にある小平《おびら》町立達布《たっぷ》小学校（2005年閉校）に通った。2階建てで、校舎の長さが100メートル以上ある大きな学校だった。体育館は別の敷地に建っており、校庭も広々としていた。

「冬は一面に雪が積もるので、兄が竹スキーを作ってくれるのも楽しみでした。切り落とした竹の先端をストーブで温めて曲げながら、足先が引っ掛かるように細工するんです」

父親の職業については「職人さんを抱えて、全国の建築現場を巡っていた」としか分からないと話す。実際は、建築現場に鉄パイプで足場を組む足場工事の監督だった。足場鳶《とび》と呼ばれる職人たちや、作業員たちを仕切る仕事である。

父の顔を知らずに育った水谷が6歳になった頃、母から、北海道の家を引っ越して、父が住んでいる街へ移ると教えられた。そのとき母は兄姉を集めて、手紙を読んでくれた。父から届いたもので、「こちらでは、米軍の飛行機が飛んでいます」という内容だった。

「小学校2年で東京へ引っ越したのですが、上野駅に着いたら父が迎えに来ていて、そのとき初めて、母から『この人がお父さんよ』と紹介されたんです。もの凄く緊張しましたね。兄姉たちも父をあまり覚えていなかったと思いますよ」

一家は多摩地区の中部に位置する米軍立川基地（現・自衛隊立川飛行場）の近くに居を構えた。1960年春のことである。父の手紙にあった通り、自宅の真上を米軍の輸送機が飛び交い、騒音がひどい。ベトナム戦争が始まっており、翌61年にはグローブマスターという軍用輸送機を頻繁に目撃するようになった。

北海道とはまるで異なる新天地での暮らしだったが、その後も父親の不在は続く。基地の街でしかありえない体験もした。

「友だち数人で野球をしていたら、退役軍人の男の人と日本人の奥さんがやってきて、僕たちにチョコレートやキャンディを配ってくれるんです。そのとき、おでこにキスするんですね。当時はラッキーとか思っていましたが、今、考えたら、不思議な光景ですよね。チョコレートは嬉しかったけど、いつもポケットに入っていたのは、風船ガムです」

純朴だった少年は、周囲の環境に慣れるにしたがい変化していった。

「僕ね、小学校6年生のとき、包丁を持った母親に追いかけられたことがあるんですよ。学校で悪い仲間ができて、毎日、夜中まで遊んでいたから」

彼が通っていたのは、立川市富士見町にある市立第四小学校。下校して夕方近くになると、毎日仲間が誘いに来た。口笛で呼び出され、よく行ったのが銭湯だ。

「ゴム風船にお湯を入れて口を縛り、それを風呂の中で投げ合って騒ぐんです。大人に『いい加減にしろ！　バカ！』と怒鳴られるのが目的でふざけていたようなもの。そのあとは公園へ行き、他の仲間と合流して遊んでいました」

公園では、仲良く遊ぶだけではなかった。他の小学校の生徒たちも集まっていたので、互いに反目し合い、たびたび喧嘩を繰り返していたのだ。

「殺気立っているというか、どこか街が荒れているという感じがありましたね」

そんなある日、郵便箱に学年主任が母親に宛てた葉書が入っているのを見つけた。

〈最近、水谷君の様子がおかしい。彼は悪の方向へ行くか、良い方へ行くかのどちらかだ。家庭での指導をくれぐれもよろしく〉

彼はその葉書を机の引き出しに隠したが、数日後、母親に見つかってしまった。

「『これはなに？』と聞かれたけど、僕はとぼけていたのね。そしたら、お袋が台所から包丁を持ち出してきて、『私も死ぬからお前も死になさい！』と迫ってきた」

裸足で家を飛び出したものの、母の本気を目の当たりにした彼は、仲間を抜ける決意をする。当時の彼にとって、母は誰よりも怖い存在だった。

「翌日、学校で『もう俺を誘わないでくれ。付き合いをやめるから』と話したら、怒った仲間たちに囲まれて、『抜けるのなら、指を詰めろ』と言われてしまった」

ヤクザの儀式を要求された彼は、「それはできねえ」と拒絶した。

「そしたら、『こちらで出す相手と二人で殴り合ってくれ』ということになって」

放課後、校舎のトイレの裏へ行くと、いかにも喧嘩が強そうな少年が待っていた。12歳にして、タイマンを張った決闘である。二人はしばし殴り合いを続け、結果的に水谷が勝って、悪友たちと別れることができた。

「基地の街という土地柄や、環境もあったと思いますが、そういう面は早熟だったんですよ。悪い方向へ行った同級生もいましたしね」

不健全な遊びを覚える一方で、彼はスポーツにも励んでいた。小学4年からリトルリーグに所属したのだ。器用というか、夜遊びと日中のスポーツを両立させていたのである。

「立川のゼネラルクルセイダースというチームで、僕が入った頃のメンバーは二〇人以上いたんです。だけど、２年後、僕が６年になったときには、一〇人くらいに減ってしまった。それなのに、東京都の大会で優勝したんですよ。その結果、翌年の８月にアメリカで開かれる世界大会に出場資格ができた。選手は選抜のかたちになるけど、僕らは優勝チームだから、選ばれる選手も多いはずなんですよ。僕も打率が良かったので、行けると思った」

だが、リトルリーグには年齢制限がある。上限は12歳で、７月生まれの彼は、世界大会が開かれる１ヵ月前に13歳になってしまう。

「それで諦めたんです。でも、僕は内野手とピッチャーとキャプテンを兼ねていて、当時はスポーツの世界へ行きたいと考えていたので、残念でした」

多感な少年時代とあって、スポーツの他にも行きたい世界があった。

水谷の家の近くには、米兵たちが住む〝外人ハウス〟が建ち並び、加山さんという女性が軍人の夫と暮らしていた。子供がいない彼女は、水谷をとても可愛がってくれた。

「加山さんのご主人はテキサス出身の将校で、士官というのかな、偉い人なんですね。それで、ご主人がテキサスに帰って留守のときなんかに、『泊まりにいらっしゃい』と呼ばれて、泊まりに行ったりしてた。家がご近所だったので」

米軍基地が身近にあったことも影響しているが、小学生の彼は、押し寄せるアメリカ文化に浸り、大きく影響されていた。

「僕はテレビを初めて見たときから、ブラウン管の中の世界に凄く興味を持っていたんですよ。あの頃、家にあったのは、両側にスピーカーが付いたステレオテレビで、上にプレーヤーが付いていて、レコードも聞けるという夢のような機械だった。スイッチを入れたら、モノクロの映像が現れるのが本当に不思議でね。当時は、『ララミー牧場』『ローハイド』『ルーシー・ショー』『アニーよ銃をとれ』『コンバット！』『ライフルマン』とか『パパは何でも知っている』とか、アメリカのドラマがたくさん放映されていた。加山さんには、あの世界はどこにあるんだろう、どうしたら、あっちの世界へ行けるんだろう、という話をよくしていたんです。自分もテレビの中に入ってみたかったんですね」

水谷の話を聞いた加山さんは、ある日、児童劇団のパンフレットを持ってきてくれた。

「どこで手に入れたのか分かりませんが、『こういうところに行ったら、その世界に行けるんじゃないかしら』と言って、渡してくれたんです」

彼女の好意が、水谷の人生の転機となる。

「最初に書類選考があって、親の承諾が必要なんです。母は、僕が夜遊びするよりはマシだと思ったのでしょう、許可してくれました。それからオーディションを受けて『劇団ひまわり』に入ったのが、12歳。もうすぐ中学生になるという頃でした」

こうして彼は、夢に近づくための一歩を踏み出した。

12歳の水谷は思春期を迎えていた。

「小学6年生の学芸会で『チルチルミチル』という劇をやることになって、主役のチルチルとミチルの役は自薦他薦を問われなかったんですね。僕は手を挙げなかったけど、誰かが『水谷がいい』と推薦してくれた。その声を受けて、担任の先生がクラスの皆に『水谷君でどうですか』と聞いたら、拍手が起きた。それで、チルチルの役が僕に決まったんです。そのあと先生に呼ばれて黒板の前に立ったんですが」

チルチルとミチルはメーテルリンクの童話『青い鳥』に登場する兄妹の名前で、二人は魔法使いのお婆さんに頼まれ、幸せを運んでくるという青い鳥を探しに出かける。

「次はミチル役の女の子を選ぶわけだけど、僕の友だちが『Mさんがいいです』と言ったら、歓声が上がった。僕はその子にちょっと気があったから、内心嬉しかったのね。でも、先生が、『じゃあ、Mさん、前に出て来てください』と声を掛けたのに、その子は出てこないんですよ。見たら、泣いているんです。『嫌だ』って」

なぜ、泣くほど嫌なのか、理由は分からなかった。表情には出さなかったものの、水谷はあからさまに拒絶されたことで傷ついた。

「Mが駄目なら、別な子を（ミチルに）選ぶのが普通ですよね。僕だけ残されるのかと思ったら違った。先生が、『それでは水谷君は席に戻ってください』と言って、配役を最初からやり直したんです。別なカップルが選ばれて、僕はチルチルを演れなかった」

淡い想いが破れてしまい、苦い思い出になったが、この話には後日談がある。

「ずっとあとになって、小学6年の同窓会が開かれるという連絡が来たので、出席しました。同級生たちは六、七人しか集まっていなかった。仕事で来られなかったり、死んだ人間もいたりしたのでね。その中に彼女がいたんです。彼女はずっと気になっていたんでしょうね。『私、あのとき水谷君に悪い事をしちゃったと思って』と話すから、『なになに、なんの話？そんなことあったかな』ととぼけたら、『水谷君って、優しいんですね』と言われて」

チルチルとミチルは探していた青い鳥が、自分たちの家の中にいたことに気づく。彼女もまた、水谷がのちに高い演技力で評価される俳優になるとは想像していなかっただろう。

芸能界デビュー

「最初の仕事は、劇団に入って約1年後、江木俊夫さんが主役の『マグマ大使』（フジテレビ系列　66〜67年）でした。僕は江木さんの友だちの役で、1話だけのゲスト出演です」

このドラマには「劇団ひまわり」の子役が大勢出演していた。水谷もその一人である。

「僕が13歳のときに撮影したドラマで、ストーリーも忘れかけていたんですが、脚本家の輿《こし》水《みず》（泰弘）さんから、子役の頃『マグマ大使』に出ていましたよね、と聞かれたんです。何十年も前のドラマなのに、まだ覚えている人がいたんですね」

65年、立川市立立川第一中学校に進学した彼は、学校に通いながらも子役の仕事を続けた。二番目の仕事は「劇団雲」の公演（66年）だった。演題はモリエール作の喜劇『ドン・ジュアン』。劇団の要請で来日したフランスの演出家ジャン・メルキュールは、オーディションはせず、水谷の写真を見ただけで配役を決めたという。

「山﨑努さんが初めて主役を演じた芝居で、台詞が多いから台本が分厚いんです。メルキュールさんには、最初から最後まで3回読んできてください、と言われたけど、子供には話が長いし、内容が難しいんですよ」

「劇団雲」は、63年に「文学座」から二九名の団員が離脱して結成された劇団で、シェイクスピアやモリエールなどの翻訳劇がレパートリーの中心になっていた。

水谷の役はドン・ジュアンの召使ラ・ヴィオレットで、出番は終幕近くに集中している。そこで彼は、メルキュールに「最後まで3回読みました」と嘘をつき、台本にざっと目を通しただけで稽古に臨んだという。

出演していたのは他に、橋爪功、小池朝雄、名古屋章、高橋昌也、岸田今日子、結城美栄子らで、水谷は東京での本公演のあと、地方公演にも参加した。

「忘れられないのは、初日の読売ホールの舞台です。僕が、小池（朝雄）さんを激怒させてしまったんです」

小池はドン・ジュアンの下僕スガナレルを演じており、幾度となく放蕩な主を諫《いさ》めるが、聞き入れられない。だが、主が雷に打たれて息絶える様に慌てふためく。

「女遊びが過ぎてドン・ジュアンに天罰が下る場面で、召使の僕は、恐怖を感じてガタガタ震えていなければいけない。それまで石像だと思っていたものが、いきなり『ドン・ジュアン！』と名前を呼んで、動きだしたりするんですからね。僕は持っていた水差しをカチャカチャ鳴らして恐怖を表現するわけだけど、小池さんの動揺した芝居があまりにも面白くて、吹きだしてしまったんです。深刻な場面なのに、もう笑いが止まらなくて。笑い続けたら、お客さんたちが気付いてこっちを見ているし、今もって、どうしてあんなことになったのか不思議です。舞台が終わったあとは小池さんに呼び出されて、『辞めちまえ！』と怒鳴りつけられました。凄く迫力があって震え上がるほど恐ろしかったですね」

水谷の笑い上戸は幼い頃から始まっていた。

「僕、笑うのも、ジョークを言って人を笑わせるのも好きでした。漫才とか落語、あとスタンダップコメディ、いわゆる漫談を見たり、ラジオで聞いたりするのも大好きでした」

初日は笑い過ぎて失敗したものの、大人の俳優たちは寛容だった。

「芝居が終わって夜になると、男優とスタッフの男性たちが一部屋に集まって飲み会が始まるんですね。僕もその部屋に入れてもらっていました。そしたら、ある日、岸田今日子さんが、男性スタッフに向かって、『子供になんて話をするの！　そんな話を聞かせないで！』と怒ったんです。『もう、ここにいては駄目。私たち女優陣の部屋にいらっしゃい』と強く言われたので、その言葉に従うことになりました」

スタッフが、14歳の水谷の前で話したのは隠語を使った下ネタだった。以降、水谷は入浴後、浴衣に着替えて、岸田や結城、広村芳子ら三人の女優がいる部屋へ通うようになった。

「中学生なので、そこで学校の宿題もするんだけど、毎晩トランプをやりましょう、と誘われて、岸田さんの蒲団の中に入るんです」

なぜ、トランプをするために蒲団に入る必要があるのかは謎だったが、ある夜、岸田は、水谷に小噺を聞かせてくれた。

「『あのね、蚤《のみ》の夫婦がいたの。ピョンピョン飛び跳ねる、あの蚤ね。で、奥さんの蚤がね、旦那さんの肩にもたれて、言ったの。あなた、私たちも落ち着いたら、犬でも飼いましょう、って』という話です。男たちが悪い話ばかりするから、子供向けにそんな話をしてくれたのでしょう。岸田さんのあの声だし、面白かったですね（笑）」

岸田今日子は舞台出演が多く、60年に三島由紀夫演出の『サロメ』で主役を演じて注目され、映画でも『砂の女』（勅使河原宏《てしがはらひろし》監督　64年）でブルーリボン助演女優賞を受賞している。個性的な風貌と、独特な台詞回しが特徴の女優で、その温かみのある声を生かして、アニメ『ムーミン』の声優や、文学作品の読み聞かせ、ナレーションなどでも知られている。

水谷が次に岸田と共演するのは、それから8年後の『傷だらけの天使』になる。

演出のジャン・メルキュールは、公演が終了したあと、水谷にメッセージを残していた。

「通訳の人から『水谷君はいつかスターになる、と伝えてほしい』と聞きました」

フランスの著名な演出家は、子役の水谷に何を感じたのか。彼の演技者としての才能を見抜いたのは、メルキュールが初めてである。

14歳で初主演

「劇団雲」の演劇公演と同時期、彼は手塚治虫の漫画が原作のドラマ『バンパイヤ』（フジテレビ系列　68〜69年）のオーディションも受けていた。所属していた「劇団ひまわり」に勧められて受けた主役・立花特平（通称トッペイ）のオーディションには、八〇〇人もの応募があったという。

「オーディションで何をやったのか、細かいことはあまり覚えていないんです。気がついたらトッペイ少年に選ばれていたという印象です。カメラテストに呼ばれたときは、トッペイ少年が満月の夜、オオカミに変身するシーンの撮影をしました。四つん這いになって苦しむ顔の表情を撮ったことをかろうじて覚えているぐらいです」

水谷は初主演作となった『バンパイヤ』で、満月の夜に相手を憎んだり、恨んだりして感情が昂ぶると、狼に変身する少年トッペイを演じた。当時はCGの技術がなく、全身が長い毛に覆われる変身場面は、フィルムとセル画を重ね合わせて制作したという。また、狼の光る目を表現するために、金色のコンタクトレンズを装着している。

「変身したときの金色の目は、ハードのコンタクトレンズ2枚の間に金色を塗ったもので、今では考えられないほど厚いレンズでした。慣れるまでやたらに涙が出たのを覚えています。そのときにコンタクトレンズを作ってくれたクリニックの看護師さん曰く『あなた、出世するわよ。うちの院長と同じ名前だから』と。後で分かったのですが、院長先生は、日本で初めてコンタクトレンズを作った水谷豊博士でした。驚きのご縁ですね」

同姓同名の眼科医、水谷豊医師は、１９５０年、角膜に病気があり、メガネでは矯正できない患者を診察。患者の視力を改善するために、プラスチック素材で日本初のコンタクトレンズを作った人物である。これを臨床応用の実例として、翌年には論文を発表している。メガネしか選択肢がなかった弱視者にとっては画期的な発明であり、コンタクトレンズの発展に貢献したことから、「日本のコンタクトレンズの父」と呼ばれるようになった。

『バンパイヤ』には、原作者の手塚治虫も自らの役で出演している。プロダクションを訪ねて来たトッペイをお茶汲みとして雇い、オオカミに変身することを知って、様々な事件に巻き込まれるという、いわば狂言回し的な役回りである。

「手塚さんは優しく包むような笑顔が印象的でした。初対面で緊張している僕に、『トッペイに似ているね』と声をかけてくれて、とても嬉しかったですね」

水谷が主役の座を得たのは14歳のときで、途中で撮影の中断があり、すべての放映が終わったときには16歳になっていた。

「あのドラマは手塚さんの『虫プロ』が制作していて、地方ロケもあったし、お金を使い過ぎてパンクしちゃったんですよ。撮影中止と聞いたときは、とてもショックでした。それで、しばらく休んだあと、僕が中学3年の頃かな、長門裕之さんと津川雅彦さんのご兄弟が作ったプロダクションの『人間プロ』が受け継いで制作することになった。長門さんとはそのときに知り合って、お付き合いが始まりました」

『バンパイヤ』は少年が主人公だが、マイノリティーへの差別や偏見など、社会的なテーマを扱っており、思い入れのある作品だという。彼は出演時の感想を『バンパイヤ　1』（手塚治虫著　秋田書店）に寄せた解説文に綴っている。

〈「人はこうあった方が良い」「人の社会はこうあってほしい」。『バンパイヤ』はそういったメッセージが、人間への優しさを込めて伝わってくる作品だと思います。芝居というものは、演じる側の生き様がそれを意識しないときに表れてくるものです（中略）。日常を非日常で巧みに描き出した『バンパイヤ』に出会い、それが芝居にも演劇にも通じているということを子供ごころに感じ取った。そのことが意識しないなりにも役者としての僕をここまでささえてきたのかもしれません（中略）。もちろん、十代の頃と今とでは表現の仕方は変わってきているし、変わらなければおかしい。けれども変わっていない何かも確かにあるのです。その意味ではトッペイという役に出会ったことが、僕のひとつの出発点でもあるわけです〉

紆余曲折を経て完成した『バンパイヤ』は26回に亘って放送された。このドラマは当時は珍しいアニメーションと実写の合成という特殊効果を使った映像で話題になり、水谷の演技も注目されたものの、まだ芸歴は浅く、世に広く名前を知られるほどではなかった。学校生活にもほぼ支障はなく、普通に通学していたという。

幼い頃から身体を動かすことが好きだった水谷は、小学校ではリトルリーグに所属したが、中学では陸上部に入った。

「立川第一中学は、陸上部が全国クラスというか、先輩が400メートルリレーの日本新記録を持っていて、東京都でも有名な学校だったんです。僕の場合は、最初から競技に興味を持っていたわけではなく、顧問の先生から、陸上部に来ないかとスカウトされた。体育会での僕の走りを見て、長距離に向いていると思ったそうです。それで、都内の強豪校が集まって、国立競技場でリレーカーニバルをやったときのメンバーに選ばれて、２００メートル走りました。東京オリンピックは僕が小学6年のときで、まだ記憶に新しかったから、どうせやるのならオリンピックを目指すぞ、という意気込みでしたね」

スポーツ選手には忍耐力も必要だろうが、本人は「当時は凄く短気だった」と振り返る。

「その頃は、自分がキレたら何をするか分からない、という恐怖心が常にありましたね。もう、どうでもよくなっちゃう瞬間がある。中学生のときに、教室で同級生と喧嘩になって、そいつが逃げ出したので椅子を投げたんです。投げた椅子がそいつの踵《かかと》に当たって転倒、うずくまって泣きだしてしまいました。今思うと、何でそんな短気なことをしたのか……。やってしまったけど、そんなことになったら嫌だな、という自分がいつもいるんですよ。あれは変な感じですねぇ。自分が二人いるみたいで」

高校時代

68年に中学を卒業した水谷は、東京都三鷹市上連雀にある私立大成高校に進んだ。

「高校ではバスケット部に入りました。クラブ紹介のとき、いろいろと部を見学したら、バスケットの先輩たちが凄く格好良かったんですよ。これはいいな、と思って」

進学する前年には、『青春の海』（西村昭五郎監督　67年）で映画デビューを果たしている。吉永小百合と渡哲也が共演の青春映画で、水谷は、吉永が演じる中学教師の生徒役だった。

「あの頃は映画に出るのが新鮮で、楽しくて仕方なかった」

映画に強く惹かれたのは、アメリカン・ニューシネマの傑作とされる『俺たちに明日はない』（アーサー・ペン監督　68年）を観たことがきっかけだった。実在の銀行強盗ボニーとクライドの逃避行を描いて、若者たちから絶大な支持を得た作品である。

「あの映画は、兄が『凄い映画をやっているから、観てみな』と勧めてくれたので、立川の映画館へ行ったんです。良かったですねえ、ウォーレン・ベイティとフェイ・ダナウェイのカップル。ひたすら破滅に突き進んでいく」

同じ68年には、『卒業』（マイク・ニコルズ監督）、69年には『真夜中のカーボーイ』（ジョン・シュレシンジャー監督）も公開され、ダスティン・ホフマンの演技に注目したという。さらには、70年公開の『明日に向って撃て！』（ジョージ・ロイ・ヒル監督）を観て、ロバート・レッドフォードやポール・ニューマンにも憧れるようになった。

「自己破滅型というか、そういう主人公が多くて、惹かれましたね。自分も何かを壊していきたいという思いがあったので、それを描いた映画を観ると惹きつけられるんですよ。壊した先に何があるか分からないけど、壊さなきゃ見えないものがあるんじゃないか、いや、これは壊さないと絶対に見えないぞ、当時はそんなふうに感じていた。どうしてだろう、本能的なものだったのかな。その思いもあって、映画の主人公と同じように、自分も今の状況に安住しようとは考えなかった。破滅しても壊したいという気持ちの方が強かったんです」

アメリカの映画に大きな刺激を受けた彼は、70年になると、『バッグン女子高生』（松森健監督）、『その人は女教師』（出目昌伸監督）、『新・高校生ブルース』（帯盛迪彦監督）と三本連続で映画出演している。作品の製作会社はデビュー作を含めて、日活、大映、東宝と異なり、様々な映画の現場を経験した。

仕事は順調に入ってきたものの、一方で業界の醜さを見聞きする機会も増えていた。あんなふうにはなりたくない、と思わせるような大人がたくさんいたのだ。映画は好きでも、そこに関わる大人たちの有りように抵抗を感じ、我慢できないという思いが募っていった。

「その頃からですね。どうもこの世界は違う、芸能は自分が進む道じゃないな、もっと別な世界があるはずだと思い始めたのは。大人というのは、どうしても上から物を言ってくるでしょう。力でねじ伏せようとする。感性が違うし、なにかにつけてパワハラされる。あそこへ行きたいと憧れて入った世界だったけど、そういう人たちがいると、この世界で過ごすのが辛くなりますよね。現実を見たという感じもあったと思います」

俳優としての悩みも抱えていたものの、18歳の水谷は、青春を謳歌する高校生でもあった。

「小学校、中学校、高校と一緒だった友人もいて、結構楽しくやってましたね。1年A組のときの担任は地理地学の広西秀一先生で、2年B組が数学の室谷昇先生。3年D組が国語の坂本静子先生で、先生方のこともよく覚えています」

交友関係は幅広くあった。真面目な生徒とも真面目でない生徒とも付き合っていたという。

「文化祭では同級生の石坂博文と司会進行を引き受けたんです。歌ったりコントをやったりして場をつないでいった。そうやって人を喜ばせるのが好きだったんですよ。修学旅行で松島へ行ったときには、旅館で同級生たちを集めて、怪談話を披露したこともありました」

同級生と仲が良かった水谷には、仲が良すぎて教師に睨まれたエピソードもある。

「高校3年のときに、同級生と四人で授業を抜け出して、蕎麦屋さんへ行って煙草を吸ったことがあるの。そしたら、その店にたまたま高校のOBのお爺さんがいて、学校に知らせたんです。すぐに補導担当の先生が現れてね、『なんだ、水谷、まずいな、まずいな』と。『この件は（担任の）坂本先生に話しておくから、職員室に行きなさい』と言われてね。煙草を吸うと、校長訓告ということになって親が呼び出されるんですよ」

職員室に入った四人は、坂本先生から「困りましたね。校長訓告で父兄に来てもらいます」と宣告された。それを聞いた水谷は、逆に先生に脅しをかけた。

「『今回、先生が許してくれたら、我々は本当に真面目になります。二度とこんなことはしません。だけど、もし校長訓告になったら、我々は目一杯恨みます』と迫ったら、許してくれたんです。『このことは絶対に人に言っては駄目ですよ』って。悪い生徒ですよね」

高校生活で一番の思い出は意外なことだった。

「僕、『熱中時代』教師編（日本テレビ系列　78〜79年、80〜81年）の北野広大役で、高校の担任だった先生たちの真似をしているんですよ。北野先生が、『あれだなぁ、何とかだなぁ』と喋るでしょ、あれは1年の担任だった広西先生の口真似です。若くして亡くなられたんですが、『水谷、本読めよぉ、お母さん元気かぁ、そっかぁ、いいなぁ』という喋り方でね」

一部マスコミでは、北野広大の口調は、小学校の先生の真似と報じられているが、違った。

「それから、『いいっかぁ？　いいっかぁ？』と重ねて喋るのは2年の担任だった室谷先生の真似です。僕は先生たちが好きで、そういう喋り方も好きだったんですね。親しみを感じる話し方というか、何か、生徒たちに好かれそうなニュアンスがあるでしょ。ドラマでそのまま使わせてもらいました。もし自分がいつか先生の役を演るのなら、ああいう感じがいいなと、ずっと思っていたんです」

好きな先生と出会ったことが、数年後に演じる『熱中時代』の役作りに生きていたのだ。

初めての挫折

憧れていたテレビの中に入ることができ、映画の世界も経験した水谷は、新たな世界を見つけるべく、高校3年で芸能生活にけじめを付けようと考えた。

「僕は『劇団ひまわり』のあと、16歳のときから、『小日向企画』というプロダクションに所属していたので、そこの社長に相談したんです。『芸能の仕事を辞めて、大学に進学しようと考えている』と。社長は昔、映画俳優が所属する事務所の代表だった人で『豊ちゃん、それは賢明な考えだよ。この世界は第一線でずっと行けるというのは、ほとんどないことなんだ。90パーセント以上の人が落ちていく世界だからね。君が仕事を辞めて大学を受験するというのなら、僕は応援して送り出すよ』と話してくれた」

水谷はプロダクションを辞め、アメリカの大学へ進学しようと決意した。米軍基地の近くに住んで、その文化に影響されたことや、本国には、立川基地で知り合い、その後、家族と共に移住した友人がいるということもあり、留学を考えたのだ。高校の担任に志望を話して、留学のための準備も始めていた。ところが――。

「父の会社が経営破綻して、アメリカ留学どころではなくなったんです。それで日本の大学を受けることにした。なぜか、僕はネット上で法政大学や東京商船大学を受験したことになっていますが、まったく別の大学で、学部は政経学部でした」

受験には自信があった。試験が終わった当日、担任の坂本（静子）先生に「受かりました」と電話を入れたほどだ。

だが、結果は不合格で、水谷は生まれて初めての挫折を味わうことになった。

「小学校、中学校、高校と一緒だった友人の石井健二に、僕が『俺、試験に落ちちゃったよ』と話したら、『えっ、お前は受かると思っていたのに』と驚いて泣いてくれたんです。石井本人は志望校に受かっていて、『また来年があるから』と慰めてくれた。優しくて、男らしい奴でね。当時は一浪二浪は普通のことだったので、まあまあ気楽な感じでいたんだけど、家にいるうちに、こんなことしていていいのか、と思うようになって」

浪人生活を覚悟していたものの、友人たちは新たな一歩を踏み出していた。自分はこのまま家に籠って受験勉強をするしかないのか……。5月に入ってからは精神状態がおかしくなり、衝動的に家を飛び出した。行くあてもない家出である。

「ナップザックに洋服だけ詰めて、ひたすら歩きました。方向音痴のこの僕が」

歩いているうちに八王子に着き、まだこんな所かと思い、さらに頑張って歩くと、高尾山に入った。すっかり日が暮れていて、気温も低くなっていた。

「疲れてしまって、砂利道の途中で座り込んだけど、とにかく寒いんです。うとうとすると、寒さで凍え死ぬ夢を見るの。で、持って来た着替えのズボンを重ねた。他にはアロハと夏物のTシャツだけしかなくて、全部を着込んでも寒い。それで寝るのはまずいからヒッチハイクをしようと思って、通りかかった車に手を挙げたけど、停まってくれないんですよ。山の中だから、人影を見るだけでも怖かったんでしょうね」

仕方なく、夜通し歩き続けると、神奈川の相模湖近くに着いた。幸運だったのは、後ろから来た車が停まり、運転していた男性が声を掛けてくれたことだ。

「『お兄ちゃん、何しているの』と聞かれたので『散歩です』と答えたら、『俺は釣りに行くんだけど、よかったら乗らない』と言われて、釣り場まで乗せてもらいました。で、そのおじさんが釣りをしている間に、僕は隣で眠ってしまった。昨夜一睡もしていなかったから」

目覚めたのは夕方近くで、また日が暮れていた。

「帰り際、おじさんに『お兄ちゃん、家はどこ。送っていくよ』と言われたけど、いや、送られたら困るのよね。家出しているんだから。でも、僕の様子を見て、何かおかしいと気付いていたんでしょうね、おじさんが『じゃあ、今日は俺の家に泊まるか』と言って、八王子の自宅まで連れて行ってくれたんです」

おじさんの家には奥さんと赤ちゃんがいた。水谷はその家で夕食をご馳走になり、一泊して朝食を食べたあとで「じゃあ、行きます」と挨拶した。

「そしたら『お兄ちゃん、金ないんだろ』と2000円渡してくれて、親切な人でしたね」

2000円を手にした彼は、いったん立川市に戻り、高校時代の同級生が勤めていたボウリング場へ顔を出した。そこでコーラを飲みながらボウリングに興じ、支払いを終えたときには、残額が数百円になっていた。次に向かったのはパチンコ店である。

「おじさんからもらった大事な金なのに、どういう神経をしていたんでしょうね。でも、パチンコをやると、出ちゃったんですよ、玉が。信じられないくらい一杯。店内に流れていたのが、いしだあゆみさんの『ブルー・ライト・ヨコハマ』で、あの曲を聞くと、今でもパチンコ店の情景を思い出しますね。それで、玉を換金したら、6000円くらいになったのかな。その日は銭湯に行ってから、新聞紙を沢山買って、それを敷いたり、くるまったりして公園で野宿しました。家に帰る気はないからね。次の日は10時からパチンコをして、こんなことあるのかってくらい、また玉が出たの。もう、好きなものを食べて、オールナイトの映画も観ちゃってね。次の日はさすがに無理かと思ったけど、また一杯玉が出て、3日間で合計1万6000円くらいになった。おじさんの2000円が8倍に増えたんですね」

その金を家出の軍資金に、彼は電車に乗り、山中湖へ向かった。中学の頃、山中湖のレストハウスに泊まったことがあり、いい所だという印象が残っていたからだ。

周辺を歩いてアルバイトを探すうちに、3階建ての大きなレストハウスを見つけた。

「山中湖サービスセンター」という建物で、広い駐車場があり、そこに観光バスや乗用車が停まっている。支配人とアルバイトの交渉をすると、人手不足ということで、雇ってくれることになった。1階にある店で土産物を売ったり、レストランの手伝いをしたり、バスの運転手を控室に案内するという仕事である。

「夏休みになると大学生のアルバイトがたくさん来て、結構忙しかったですね。そこで住み込みのアルバイトを2ヵ月くらい続けて、7月14日、僕の19歳の誕生日に、ふとお袋のことを思い出したので、家に電話を入れたんです」

水谷が家出したあと、母はあらゆる友人知人に連絡して、息子を探し回った。心痛のあまり、頭髪が真っ白になるほどだったという。

「電話したときはね、わりと平気な感じだったんですよ。『今まで一体何をしてたんだ』と責めたりはせず、『元気だったの？　こっちのことは気にしなくていいんだよ。でも、そろそろ帰ってきたら』なんて、普通の会話だった。僕が、『8月一杯という約束で働いているから、すぐには無理』と言ったら、お袋が、『ちょっと、京都の叔母ちゃんの具合を悪くしてもいいいんじゃないの』と。それでレストハウスの方に、『すみません、京都にいる叔母が危篤という連絡があったので』と話して、辞めさせてもらいました」

あとで分かったことだが、母は息子が電話してきたあとで髪を染め、白髪を隠していた。

「そういう（母の）思いやりには、当時の僕は気付かなかったんです」

自宅に戻った水谷は、小遣いを稼ぐために新たなアルバイトを探した。父親の失職という家庭の事情を考えれば、大学進学のための学費も蓄える必要がある。かといって、芸能の世界に戻る気持ちはなかったが、運命的ともいえる人物が登場する。

アルバイト気分の仕事

「いい役があるんだけど、ちょっと監督に会ってくれないか」

そう声を掛けてきたのは、日本テレビの大物プロデューサー・小坂敬だった。小坂は『火曜サスペンス劇場』や『火曜日の女』などのシリーズを企画制作した人物である。水谷が芸能界を離れていることを知らず、役をオファーしてきたのだ。

小坂が会ってほしい、と言った監督は、人間国宝の陶芸家・富本憲吉の長男の富本壮吉だった。27年生まれの富本は、52年大映東京撮影所に入社。溝口健二、成瀬巳喜男、豊田四郎らの助監督につき、68年に大映を退社し、フリーになった。77年には山口百恵と三浦友和が主演の『泥だらけの純情』を監督。『ザ・ガードマン』（TBS系列）や『家政婦は見た！』（テレビ朝日系列）などのシリーズ物の演出でも知られる。

「バイトをするにしても、知っている仕事の方がいいかと思って、撮影所がある京都へ行ったら、ある日、富本監督から『豊さんね、今日撮るシーンがうまくいったら、俳優を続けていいいと思う。ダメだったら、また大学を受験しなさい』と言われたの」

水谷が出演したのは、『火曜日の女』シリーズの『あの子が死んだ朝』（日本テレビ系列72年）というサスペンスだった。水谷の役は、暴力団から麻薬を盗んで逃げるときに新聞配達の中学生を突き飛ばし、結果的に殺してしまう不良グループの一人である。グループは、父親が出張中で母親しかいない水谷の家に逃げ込む。麻薬の窃盗で暴力団から、少年の殺しで警察から追われることになったグループは、家に籠城するしかなかった。

ドラマの主人公は母親で、新聞配達の中学生を突き飛ばしたのは誰かを探るため、不良少年たちとの心理戦を繰り広げる。一人息子の潔白を証明するためである。また、不良グループの中でただ一人、家を抜け出す少年役を、当時、二瓶康一と名乗っていた火野正平が、水谷の母親役を加藤治子、父親役を高橋昌也という実際の俳優夫婦が演じた。

「それで演りましたよ、監督が言ったシーンを。『あの子が死んだ朝』というタイトルは、僕が付き合っていた彼女に子供ができるんだけど、親が大反対して堕胎させることからきているんです。家の床下に死体を埋めたりしても、平然としている。かなり怖いサスペンスでしたね。それで、次の日に撮影所で日向ぼっこしていたら、監督がやってきて、何を言うかと思ったら『君はやっぱり大学へ行きなさい』だって（笑）」

富本監督は、それまで水谷に向かってなんども「どうして君のような人が生まれたんだろう」と呟いていた。水谷には意味が分からない言葉だったが、監督は周囲に「彼は俳優を続けたらスターになる」と洩らしていたという。フランスの演出家ジャン・メルキュールと同じく、水谷の将来に可能性を感じていたのだ。

「撮影が終わって東京に戻ったあと、驚いたんだけど、富本監督が突然、おしゃれな外国車に乗って、立川の僕の家を訪ねて来たんですよ。肉とか果物とかの土産を抱えて入って来て『お母さんと二人で話したい』と。僕が部屋の外で聞き耳を立てていたら、監督は母に向かって『豊さんは、こういう世界に進むような人じゃない。まず、大学へ行くようにお母さんから勧めてください』と話していた。監督がわざわざ、そんなことを言うために訪ねてきたというのは、不思議でしたね。周囲の人には『水谷君はスターになる』と話していたのに、大学進学を優先させるよう、母を説得しに来るなんて」

『あの子が死んだ朝』には、他にもこんなエピソードがある。

「僕の母親役だった加藤治子さんから『あなたは四人兄姉でしょう』と聞かれたので、『そうですよ』と答えたら、『お母さんに、ちょっと聞いてほしいんだけど』。何かと思ったら、『あなたをうちの養子にどうか、お母さんに聞いてほしい』と。加藤さんと高橋さんのご夫妻にはお子さんがいなかったからでしょうね。それで、母に聞きましたよ。加藤さんがこう話しているって。母の返事は、『バカなこと言うんじゃありませんよ』でした」

水谷の熱演もあって、『あの子が死んだ朝』は評判がよく、次の仕事に結びついた。

「放映が終わったあと、すぐに新しいアルバイトの話（笑）が来たんですよ」

次作は、同じく日本テレビ系列の『太陽にほえろ！』の第1話「マカロニ刑事登場」（72年）で、萩原健一が演じるマカロニ刑事に逮捕される犯人役だった。プロデューサーの岡田晋吉が、水谷の演技を観て抜擢したのだ。

「1話の他に、30話の『また若者が死んだ』（73年）にも犯人役で出演しています」

第1話のクライマックスは、後楽園球場の中で、マカロニ刑事の萩原が、犯人役の水谷を追いかけるシーンだ。球場の観客席には段差があり、二人は座席の上に飛び乗ったり、通路を逆走したりと激しく動き回る。萩原が力を抜かず本気で追いかけてくるので、水谷は追いつかれないよう全力疾走したという。

「それからしばらく仕事が続きますね。引退すると決めてからはアルバイト感覚だったのに、来る仕事を次々と引き受けることになった」

『太陽にほえろ!』のすぐあとに引き受けたのは『泣くな青春』（フジテレビ系列　72〜73年）という学園ドラマである。水谷は高校3年の不良番長の役で、担任教師を中山仁が、ヒロインになる生徒会長を関根恵子（現・高橋恵子）が演じている。ドラマの収録は、世田谷区砧《きぬた》にある東宝撮影所で行われた。

「その当時、僕は立川の自宅から撮影所に通っていたんです。南武線で登戸まで行って、登戸から小田急線で成城、成城からはバスで撮影所へ。このドラマで僕にファンができたというか、不良番長の役って、高校生とか若い世代に注目されるんですよ。ある日、自宅の前に何人かの女の子が集まっていて、僕が立川の駅へ向かっていると、付いてくるんです。歩いているうちに、だんだん人数が増えてきて、どうなっているんだろうと思った」

自宅をファンに知られてしまったものの、水谷はいつも通りに振る舞った。電車に乗り、ドアの傍に立って、ひたすら外の景色を眺める。

「中古の車を手に入れるまでは、ずっと電車通勤でした。あるとき、小田急線の電車の中で女の子が『あれ、水谷豊じゃないの?』と話す声が聞こえたんです。そしたら別な女の子が『あんなにカッコ悪くないわよ』と答えたので、啞然としてしまった。逃げ場のない電車の中で、水谷豊と言われるのも嫌だけど、カッコ悪いから違うと言われるのも嫌でしょ」

この頃、水谷は3年間所属した「小日向企画」から「グループ71」というプロダクションに移籍していた。浜木綿子や谷隼人が所属しており、仕事が絶え間なく続いたのは、プロダクションの意向でもあった。

ちなみに、当時の俳優たちの人気度が分かるブロマイドの売り上げで、水谷は73年に3位でランキング入り。1位は森田健作、2位石橋正次、4位志垣太郎、5位藤岡弘(以上マルベル堂資料より)だった。6年後の79年までベストテンに入っている。

親友との出会い

岡田晋吉プロデューサーに気に入られた彼は、73年に『太陽にほえろ!』にジーパン刑事として登場した松田優作とも共演する。マカロニ刑事からジーパン刑事に交代して2話目にあたる第54話の「汚れなき刑事魂」(73年)と、第109話の「俺の血をとれ!」(74年)でも犯人役を演じている。同じ番組に4回ゲスト出演したのだ。

「今思うと、どうしてあんなに気が合ったのか、不思議だよね。優作ちゃんとは、テレビの撮影で初めて会って、すぐに打ち解けたの。打ち解けたままで、最後まで付き合いが続いたって、普通ないでしょ。僕もね、当時は人見知りでしたよ」

プロデューサーの岡田は、まだ新人だった優作のサポートをしてもらうために、水谷をキャスティングした、と語っている。

「僕は子役から始めていて、その意味では先輩だから、豊ならなんとかなるだろう、という岡田さんの思いがあったのではないですか」

先輩方への挨拶の仕方、カメラの立ち位置、芝居を始めるタイミングなど、水谷のさりげない気遣いが優作に伝わり、初対面同士の距離が縮まった。

「こんな風にしようと二人で一回だけ話したけど、いざ芝居が始まると、もう何も話すことはなくて、それでできていく。ストーリーがあって、作りものなのに、実際に二人がそこに生きているような感じがしたの」

二人はその日のうちに食事に出かけ、撮影所近くの店で焼肉を食べている。

「それからはお互いに連絡を取り合って、年に4回くらいは、二人きりで食事していました。最初の頃は町の中華とか、下北沢あたりの居酒屋さんだったけど、名前が知られてきたあたりから、しゃぶしゃぶとか、ちょっと高いものを食べるようになってね。一度だけだけど、ホテルオークラでフレンチを食べたときには、こんな想像してなかったことが起きるんだってね、周りが静かなのに、ゲラゲラ笑い出してしまった。『俺たち、フレンチを食べているぞ』って。二人とも笑いが止まらなくなった。そんなことが楽しい時代でしたね」

出会った当時の優作は23歳。水谷は20歳。食事の他にも、折々の交流が続いた。

「まだお互いに名前が売れる前に始まっているから、格好をつけなくていいし、優作ちゃんには何でも言える、何でも話せるって感じがありましたね。すごく楽だった。ただ、家庭とか、プライベートなことはほとんど話さなかった。長く付き合うのって、お互いが気楽でいられる方がいいでしょ。あえて難しいところに入る必要はないし、そうなると続かないし。二人とも、それを本能的に知っていたと思うのね」

二人が親友ということで、出版社が写真集を企画したこともある。

「沖縄で撮影することになって、二人とも仕事というよりは、旅行気分で行きました。休憩時間にはプライベートビーチを使わせてもらって、日光浴をしたのね。優作ちゃんは日光浴が好きだったでしょ。僕の記憶では、ちゃんと下着を付けていたはずなんだけど、数年後に優作ちゃんとそのときの話をしたら、『おまえ、全部脱ごうと言って脱いだじゃないか』って。ほとんどの場合、優作ちゃんの記憶の方が正しい。誰も入ってこられないビーチだから、二人で真っ裸になったんですよ」

優作はウィスキーのボトルを一晩で空けるほどの酒豪だが、水谷は飲酒をしない。

「飲まないですむのなら、酒の上の過ちがなくなるでしょ。素面でなにかやったら、あのときはどうかしていたと謝ればいい。飲まないけど、僕は酒の席が好きだったんです」

当時、彼がもっぱら飲んでいたのはコーヒーだった。コーヒーを何杯も飲みながら深夜まで、ときには朝方まで二人で盛り上がるのだ。

「ある日、優作ちゃんが『豊、美味しいコーヒーを淹れてやるよ』と言って出してくれたのが、インスタントコーヒーだったんですよ」

そのコーヒーには、すでに砂糖とミルクが入っていて、相手の好みは無視されている。

「『このミルクと砂糖のバランスがな、大事なんだ。凄く美味いだろ』と聞かれたけど、いやもう『美味しい』と答えるしかないよね（笑）」

砂糖とミルクがセットされたコーヒーは、京都で有名な喫茶店「イノダコーヒ」で提供されているオリジナルコーヒーを真似たものだった。優作が京都を旅行しているときにそのコーヒーを飲み、気に入ったので、水谷にも作って勧めたのだ。

「二人で暇つぶしにバドミントンをしたこともありましたね。優作ちゃんが住んでいた家には広い庭もあったけど、家の前の道路に出てね。車が側を通ったりしても、止めないんです。（車を）避けながら、何回続くかやりました」

松田優作と水谷豊、何をしていても笑い声が絶えない二人だった。

『傷だらけの天使』の忘れられない共演者

18歳で芸能界とは縁を切ると決めた水谷だが、周囲がそれを許さなかった。次から次へと出演が決まり、気が付けば1年のスケジュールがびっしり埋まっていた。

なかでも水谷豊の名前を広く知らしめたのは、萩原健一と組んだ日本テレビ系列『傷だらけの天使』（74〜75年）である。

萩原が演じる木暮修と、水谷が演じる乾亨の二人を束ねる綾部情報社の社長役を岸田今日子が、その片腕・辰巳五郎役を岸田森《しん》が務めている。プロデューサーは、『太陽にほえろ！』で岡田晋吉と名を連ねた清水欣也。清水はこのドラマのあと、萩原が主演の『前略おふくろ様』（75〜76年）や、水谷が主演の『あんちゃん』（82〜83年）のプロデュースもしている。

ファンの間で今でも語り草になっているのは、オープニングの木暮修の食事風景だ。白いヘッドフォンとゴーグルを付けた修は、冷蔵庫から食料を取り出したあと、牛乳瓶の蓋を口で開けて飲み、缶詰のコンビーフをそのまま齧る。魚肉ソーセージ、トマト、クラッカーなどを次々に頬張り、最後に牛乳を吹き出してしまう。これらのシーンが大野克夫作曲、井上堯之バンドによる軽快なテーマ曲に乗って流される。大野克夫も井上堯之も、萩原が所属していたＰＹＧ（「ザ・タイガース」「ザ・テンプターズ」「ザ・スパイダース」が結集したバンド名）のメンバーで、旧知の友人でもある。

『傷だらけの天使』は、萩原がドラマの企画段階から参加しており、木暮修と乾亨のコンビは、アメリカン・ニューシネマの名作『真夜中のカーボーイ』で、ジョン・ヴォイトとダスティン・ホフマンが演じたキャラクターをベースにしているという。木暮修の役は萩原に決まっていたが、乾亨の役は難航した。火野正平、湯原昌幸らの名前が挙がったものの、監督の恩地日出夫が「イメージが違う」と納得しなかったのだ。

そんな時、萩原が挙げた名前が水谷豊だった。

萩原は水谷について、著作『ショーケン』（講談社）の中でこう語っている。

〈誠実だし、ひたむきだし、いつも一生懸命にやる子だった。だから、推薦したんだ。豊ちゃんはいつも一生懸命だった。必死になってセリフを覚えてくると、ぼくが時々、全然違うことを言うじゃない。そうしたら、あの目をまんまるにしちゃってさ。あのころ、豊ちゃんは役者をやめようと思っていたそうだ。そこへ「傷だらけの天使」の話が来て、やめるのはこれをやってからにしよう、と考え直したんだって〉

水谷にとって、萩原との関係はスキンシップを伴うものだった。

「番組が始まってから、萩原さんに『泊まりに来いよ』と誘われて、なんどか家に行きましたね。最初の奥さんの小泉一十三《ひとみ》さんと一緒の頃でした。『豊、風呂に入ろう』と言われて、風呂の中でいろいろな話をしたり。食事をご馳走になったりしました」

水谷と萩原は、『太陽にほえろ！』以来の共演で、気心が知れた関係になっていた。

「会っているときは意識していないんだけど、過ぎてみると、その時々で経験したことが残っていて、影響を受けていたことが後から出てくる。優作ちゃんに会ったことも、萩原さんに会ったこともそう。それらの積み重ねですね」

歌手でもある萩原の演技は独特で、これまでの共演者とは芝居が違っていた。

「萩原さんの近くにいて感じたのは、常に何かが弾けるような、何処にも安住しない、まさにほとばしる感性の人だったということです。とにかく攻めてくる、その攻め方が面白いんです。ですから僕の方の受けの芝居も当然面白くなる。『傷だらけの天使』は、割と好き勝手にやらせてもらっていたけど、それぞれが芝居のアイデアを考えてきて、それをみんなの前で披露することも楽しかった。そんな二人のコンビネーションが、後々語り継がれる作品になった理由のひとつだったのではないかと思います」

最終話の「祭りのあとにさすらいの日々を」もファンの間で語り草になっている。

東京に大地震が起きたあと、綾部情報社は閉鎖され、綾部社長と辰巳が姿を消す。修は二人を探し回り、亨は、修と修の息子の三人で暮らす金を稼ぐためにゲイバーでアルバイトをしている。紆余曲折があり、修が綾部社長と共にナホトカへの密航を決めたとき、風邪をひいてふらふらになった亨がやってくる。「行かないでくれ」と頼む亨を、一度は振り切る修。だが、風邪薬を買って戻ってきたとき、息絶えている亨を発見する。

「修は亨を風呂に入れて、ヌード写真を身体に貼り付けるんですね。亨が童貞だったたから」

ラストシーンで、修は亨の亡骸をドラム缶に入れてリヤカーで運び、夢の島に置き去りにする。そのとき流れるのが、「ザ・ゴールデン・カップス」のデイブ平尾が歌う『一人』だ。井上堯之の作曲で、作詞は岸部修三。

「『一人』っていい曲ですよね。岸部一徳さんが『傷だらけの天使』のファンだったたと話すから、岸部さんに『一人』を歌ってあげたら、『あの詞は僕が書いたんだよ』って」

岸部修三は岸部一徳の本名である。

すべての撮影が終了し、萩原と水谷が別れるときもまた、スキンシップで締め括られた。

「『傷だらけの天使』がクランクアップした夜に打ち上げのパーティーがあったのですが、

萩原さんから、打ち上げの前に銭湯に行こうと誘われて、二人で街の銭湯に行きました。サウナに入ったあと『豊、背中を流してくれ』と言われて流したら、今度は萩原さんが僕の背中を流してくれてね。当時の僕たちは若くて、言葉を使うよりは、背中を流し合うことの方が、気持ちを通わせることができたんですよ」

もう一人、この番組がきっかけで交流が始まった人物がいる。岸田森である。水谷にとって岸田は、「人生で大きな影響を受けた人」だった。

39年生まれの岸田は、21歳で「文学座」に入団。6年在籍したあと、66年に退団。草野大悟、悠木千帆（後の樹木希林）らと「六月劇場」を結成した。以後は映画やテレビが活動の中心となり、71年に始まった東宝の『血を吸う』シリーズで吸血鬼を演じたことから、和製ドラキュラ俳優と呼ばれるようになった。岸田今日子は従姉である。

「森さんって、顔が怖いでしょ。あの顔でね、僕に怖い話をするの。好きなんですよ、僕を脅かすのが。僕は脅かされ上手だから、エスカレートするんです」

『傷だらけの天使』の撮影で、地方に行ったときだった。岸田が「一緒の部屋にしよう」と言うので同宿したのだが、その夜、蒲団を並べて寝ようとすると、岸田が怪談話を始めた。

「枕元の電気スタンドを小さなライトだけにして、暗い部屋で怖い話をするんです。あまりにも怖いので、僕は、『森さん、今日はもうこのくらいにして、明日も撮影だから寝ようよ』と止めたんです。それで寝る前にトイレに行って戻ってきたら、森さんは蒲団を被って寝ていた。ああ、良かったなと思って、横の蒲団に入ると、いきなり隣りの部屋の襖が開いたの。

そこから、白いシーツを被ったものがウァーッと現れて、声も出ないくらい驚いていると、森さんだった。もう、怒るよ、本当に怒るよ、というくらい怖かった」

岸田の悪戯は、それだけでは終わらなかった。翌日の夜、岸田は水谷にこう話した。

「『豊、部屋の係のおばさん、ちょっと変じゃない』って言うから、『確かに、ちょっと無愛想だったね。でも、そういう人もいるんじゃない』と答えたら、『そうか、何かあると思うな』と言うんです。そのあと、森さんが提案してきた。『僕は明日一番手のロケだけど、豊は二番手だろ。豊は朝、起きるのが苦手だから、僕がロケから戻ってきて、起こしてやるよ。それまではゆっくり寝ていなさい』って。それで、まあ、安心して寝ていたんですよ」

翌朝、眠っている水谷に「豊ちゃん」と呼びかける声が聞こえた。薄目を開くと、蒲団の側に客室係のおばさんが座っていた。

「『豊ちゃん、起きなさい、豊ちゃん』って呼ばれて起きたら、おばさんのユニフォームを着て、カツラを被って、化粧をした森さんだった。森さんはわざわざ前日におばさんのユニフォームを借りて、メイクさんに女性用のカツラを借りて、頬紅と口紅を塗って、変装した姿で、僕を起こしたんです。いい大人がそんなことまでするんですよ。僕がウワァーと悲鳴を上げるのを聞くためだに。森さんは楽しかったんだろうけど」

岸田とは仕事だけでなく、定期的に食事に行ったり、自宅を訪ねたりと、プライベート面でも付き合いが続いた。当時、岸田が住んでいた恵比寿の自宅に泊まったときだった。

「翌日は撮影があったんです。それで朝、起きたら森さんが、『豊、俳優は同じ服を2日続けて着てはいけない。これを用意してあるから、着替えて行きなさい』と言って、自分の服を貸してくれた。『朝食はトーストとコーヒーね。テレビのニュースでも見ながら食べなさい』と。僕は、森さんは本当に優しいな、と思いながら食べました。その間、森さんは向こうで何かやっていたけど、気にしなかった。『さあ、僕も食べよう』という声がして振り向いたら、森さんは、ハム、玉子、レタス、トマトとか具が一杯入った分厚いサンドイッチを持っていたんです。僕はシンプルなトーストなのに、『森さん、何よ、それアリ？』って感じでしょ。僕にそれを言わせたくて、わざと豪華なサンドイッチを作っていたんですね」

岸田はまた、水谷を自分の交際相手に引き合わせたこともあった。最初の妻だった悠木千帆と離婚した後、再婚した相手である。

「ある日、『豊に会わせたい人がいる』と言われて。その人は銀座のバーのママだったんですね。お店に行ったら、森さんが耳元で『彼女、可愛いだろ』と聞いてきたけど、僕から見ると可愛いを通り越していて、すごく年上の人だったから。『そ、そうですね』『今、彼女と付き合っているんだよ』『そうなんですか。いいですね』なんて会話をしてね。それでしばらくして、二人は別れました。別れて間もなく、森さんが『うちに来いよ、豊。女のすごさを見せてやる』と言うのね。何かと思ったらビデオテープだった」

岸田が見せたのは、『傷だらけの天使』を自宅で録画したビデオである。

「森さんが『彼女が俺の出ているシーンを全部消去していったんだ。全部だぞ』と言って、再生したら、本当に森さんの登場シーンだけが消えていた。でも、幸いなことに、彼女は森さんが大事にしていた蝶々のコレクションは持っていかなかったって」

岸田が国内外の蝶の採集、収集をするコレクターだったことは有名である。『傷だらけの天使』の放映が始まった74年の時点で、約2000頭集めていたという。

「そんなごくプライベートなことまで、僕に見せてくれたんです。お付き合いをしているうちに、森さんから教えてもらったことも多かった」

ある時期、岸田がゴルフに夢中になったことがあった。当時のプロゴルフ界には、青木功、ジャンボ尾崎、中嶋常幸などのスター選手たちが並び、最盛期を迎えていたが、ゴルフ場はほとんどが会員制でプレーの料金が高く、金持ちがやるスポーツと見なされていた。

「森さんには似合わないと思ったので、『ゴルフってそんなに面白いの』と聞いたら、『面白いよ。でも豊はまだやっちゃ駄目だ。理由は、まだ20代の豊が会わない方がいい人と会うからだ』って言うんですよ。そういう所に来る人たちは、いわゆる社会的に立派な肩書を持つ人たちですよね。森さんは『豊は今、そういう人たちに会わない方がいい』と。その言葉を聞いて、森さんの僕に対する思いが、よく分かりました」

岸田からは様々なことを学んだ。極め付きは、演技に関する教えだった。

「森さんからは、『俳優にとって最高の褒め言葉は、地でやっているんですか、と聞かれることだ。それは芝居をしているのが見えないって意味だから』と教えてもらいました。『何を演っても水谷豊だと思われること、これがすごいんだ』。その言葉がずっと残っていますね。僕が目指すのは、まさにそれだったし、いつも自分でいたいというのがテーマだったから。俳優としての大きな指針を与えてもらったと思います」

その岸田が亡くなったのは、『傷だらけの天使』が終了してから7年後の82年だった。

「訃報を聞いたとき、僕はもう、ショックと悲しみで、しばらくは立ち上がれなかった」

岸田の死因は食道ガンで、享年43。六本木でバーを経営するほど酒好きだったので、過度の飲酒が命を縮めたとも言われた。岸田の兄貴分とされる若山富三郎が「こんなことになるのなら、ぶん殴ってでも、絶交してでも、酒を止めさせるべきだった」と嘆いたほどだ。

同年12月29日、水谷は通夜の席で『傷だらけの天使』以降、疎遠だった萩原健一と再会した。この年の萩原は、映画では『誘拐報道』(伊藤俊也監督)、テレビでは『君は海を見たか』(フジテレビ系列)に主演し、それぞれ話題作になっていた。

「萩原さんは、僕を抱きしめながら『豊、森ちゃんが俺たちを会わせてくれたんだ。森ちゃんの分も頑張っていこうな』と話した。わずか半年あまりの(『傷だらけの天使』の)撮影でしたが、三人は不思議な縁で結ばれているのだと思いました」

葬儀にも参列した水谷は、岸田の事実婚の妻だった女優・三田和代に招かれ、親族の控室に入った。その部屋で彼は意外なことを耳にしている。

「僕はアメリカに行ったとき、森さんにウィスキーを買って、それをお土産にしたんです。そしたら森さんが、『豊、これは幻の酒といってね、すごい酒なんだよ。よくこんな酒を買ってきてくれたな』と言って喜んでくれたの。だけど、葬儀の控室で三田さんから『あなたからいただいたお酒も棺桶に入れました』と聞いてびっくりした。森さんは僕に『あんなに美味い酒はない』と言っていたのに、飲んでいなかったのね。『岸田はボトルの開け方が分からなかったそうです』と三田さんに言われて思い出したのは、そのウィスキーのボトルはとても複雑な形をしていて、僕が見ても、どこから開けるのか分からなかったこと。珍しい形だから、森さんが喜ぶと思って選んだのに、飲めなかったんですね」

開け方が分からないウィスキーを「飲んだ」と言い、「あんなに美味い酒はない」と喜んでみせた岸田の水谷への気遣い、人柄が偲ばれるエピソードである。

「森さんとは、最後まで、そんなふうでしたね。だから、亡くなったあとの喪失感が大きくて、仕事をする意欲がまったく湧いてこなかった。森さんがいなくなったことを契機にして、芸能界を去ろうと本気で考えたこともありました」

海外ひとり旅

『傷だらけの天使』の乾亭を演じて注目を浴びた水谷には、出演依頼が殺到した。

75年には『おそば屋ケンちゃん』（TBS系列）、『太陽ともぐら』（フジテレビ系列）、『俺たちの勲章』（日本テレビ系列）などにゲスト出演。さらには『ほおずきの唄』（日本テレビ系列）や、『傷だらけの天使』を撮った工藤栄一監督に呼ばれて、京都で『影同心Ⅱ』（TBS系列）を撮影。同時期に東京で『夜明けの刑事』（TBS系列）に出演するために新幹線で往復し、慌ただしく掛け持ちの仕事をこなしている。

「『ほおずきの唄』は、島田陽子さんと近藤正臣さんが主演のドラマで、大山のぶ代さんとも共演しました。僕の役は青柳勘兵衛という日本舞踊のお師匠さん。弟子たちにおネエ言葉で話す面白いキャラクターでした。撮影が終わってからですが、夕方、赤坂の街を歩いていると、お店に出勤する前であろう着物姿の〝綺麗なおネエさん〟が近寄ってきて、『貴方は私たちの代表よ』と言って僕の手を握ったんです。僕は決して彼らの、いや彼女たちの代表ではなかったのですが、ドラマの影響の大きさを実感しましたね」

『ほおずきの唄』を演出した田中知己は、日本テレビ生え抜きのディレクターで、萩原が主演した『前略おふくろ様』の演出も手掛けている。

「その田中さんが、のちに僕と大竹しのぶさんが夫婦役の『オレの愛妻物語』（78年）、そして『熱中時代』（78～81年）を作ってくれた演出家でした。実は『ほおずきの唄』は演ろうかどうしようか、迷った作品でした。でも、もし演っていなければ田中知己さんとの出会いもなかったのですから、『熱中時代』も生まれてなかったかも知れません。作品もさることながら、人との出会いにどれだけ恵まれてきたかがよく分かりますね」

恩人とも言える人との出会いはあったものの、1年間に多数のドラマに出演した結果、へとへとに疲れてしまい、休養が必要になった。

「これに懲りて、それ以来、テッパリ（スケジュールが他の作品の撮影や収録と重なること）はやっていません。翌年（76年）はまとめて休暇を取り、ひとり旅に出たんです」

このとき彼は23歳。初めての海外旅行である。

「3ヵ月間の予定で、旅行会社の人に希望を話してスケジュールを組んでもらいました。グレイハウンドのバスに乗って、アメリカ各地を巡るつもりでした」

本土へ行く前にはハワイに寄り、オアフ島で1週間ほどゆったりと過ごした。

「最初の目的地はロスアンゼルスです。ロスには立川市にいた頃に知り合ったチャイニーズアメリカンの友人がいたので、彼に会うつもりだったけど、住所と電話番号を書いたものを忘れてしまったんです。ロスの空港に着いてから気付いたので、どうしようかと思ったけど、『ほおずきの唄』で共演した大山のぶ代さんが『長期休暇を取ってアメリカに行くのなら、この人たちに連絡してみなさい』と紹介してくれた人がいることを思い出した。その人に電話したら、空港まで迎えに来てくれました」

空港で会ったのは、ビーチさんとトシさんという日系二世のご夫婦だった。二人は70歳くらいで、人のいいおじいさんとおばあさんに映った。

「僕はどこかホテルを紹介してもらって、そこに泊まるつもりだったんだけど、トシさんに『そんなことは心配しないで、家にいらっしゃい』と言われて、マリナ・デル・レイっていう大きなヨットハーバーがある街に連れて行ってもらった。そこに住んでいる裕福なご夫婦だったんですね。当時は果樹園とか営んでいたのかな」

マリナ・デル・レイはロスアンゼルス郡南部の高級シティリゾート地だった。近くにユニバーサル・スタジオ・ハリウッドがあり、セレブたちが好んで訪れる。

「おじいちゃんのビーチさんは日本語がまるで話せなくて、おばあちゃんのトシさんは片言くらいだった。昔は夫婦でホテルを経営していたそうです」

水谷はトシさんに「アメリカで何をするつもり？」と聞かれ、グレイハウンドバスのスケジュールを見せた。トシさんの反応は意外なものだった。

「『こんな所へ行ったらだめだ。あなた、殺されるよ。何を考えているの』と大反対されたんですよ。『初めてアメリカに来て、何も知らないのに、南部のこんな危険な地域へ行くなんて、とんでもない』とか、とにかく行かないように説得された。『そのスケジュールはすぐにキャンセルしなさい。あなたがやりたいことを何でもやらせてあげるから、ここにいなさい』と言われてね」

彼はトシさんの言葉に従い、しばしマリナ・デル・レイに滞在することにした。

「今、考えると、もし日本で立てた計画を実行に移していたら、何が起きていたか、分からないですね。人種差別とかある街も含まれていたから、危なかった。それで、猛反対してくれたトシさんというのが、傑作なおばあちゃんでね。彼女は話が面白くてお元気で、ビーチさんが仕事から帰って来て一緒に食事をした後、僕と二人で朝までコーヒーを飲みながら話すんです。若い頃、ポール・ニューマンに会ったときにあまりにも格好良くて、体が震えて腰を抜かしてしゃがみ込んでしまった話をジェスチャーを交えながら面白おかしく話してくれたり、お腹がすくと夜中の1時だろうが2時だろうが、近くのファミレスへ二人で行ったりして、日系二世だけど、アメリカ人よりもアメリカ人らしい人でしたね」

彼女はよほど水谷を気に入ったのか、退屈しないように、日々気を配ってくれた。

「トシさんはギャンブル好きで、ラスベガスにも何度か連れて行ってくれて、ブラックジャックとかの賭け事も教えてくれました。彼女は、ラスベガスではどこへ行っても顔が利いて、ホテルのショーを見るときも、マネージャーとひと言ふた言ヒソヒソ話をするだけで案内されたのがいつもセンターのブース席でした。なにか特別なパワーを持っていたのでしょうね。トシさんのおかげで、刺激的で楽しい経験をたくさんさせてもらいました」

18歳で家出したときもそうだが、水谷が困っているときには助け船がやってくる。本人も認めるように、人との出会いに恵まれているのだ。トシさんに守られ、マリナ・デル・レイで過ごした時間は、忘れられない思い出になった。

「そのあとは、トシさんが探し出してくれたチャイニーズアメリカンの友人と会って、ロスでしばらく遊びました。ロスを選んだのは、友人がいたこともあるけど、僕が中学生の頃、ママス&パパスの『夢のカリフォルニア』という歌が流行《はや》っていて、カリフォルニアはどんな所だろう、という興味があったからです」

水谷が帰国して3年後、トシさんとビーチさんが来日した。二人に再会した水谷は、トシさんの友人宅で食事をしたり、楽しいひと時を過ごしたという。

初の海外旅行のあと、水谷はロスアンゼルスを好きになり、まとめて休暇を取るときには、西海岸を中心に訪れるようになった。

「当時はニューヨークの方が危険と言われていて、ロスより犯罪件数が多かったんですね。20代で最初にニューヨークへ行ったときには、一人で食事に行かないように注意されたくらいだった。でも、あるときから逆転するんですよ」

　１９９４年、第１０７代ニューヨーク市長に就任したジュリアーニが、徹底して市の凶悪犯罪撲滅や、治安改善に努めた結果、大きな成果をあげ、犯罪件数が激減したのだ。

「ニューヨークの方がロスより安全になったので、そのうちに行きたいと思っていたけど、なかなか機会がなくて、二度目に行ったのは10年以上あとのことですね」

　プライベートではもっぱらアメリカを訪れていた水谷だが、仕事では世界各地へ渡航している。後年になるが、ドラマの撮影でインド、アフリカ、フランス、イギリス、香港へ。コマーシャルの撮影ではポルトガル、イタリア、デンマークなどを訪れ、世界の多様な文化に触れることができた。

　海外では楽しい思い出が圧倒的に多いものの、赤面するような場面もあった。プライベートなひとり旅を続けていた頃のことである。

「僕が16歳のとき立川で知り合った友人は、ジェリーっていうチャイニーズアメリカンなんだけど、彼とロスアンゼルスで会って、『ビバリーウィルシャー・ア・フォーシーズンズ・ホテル』でお茶を飲んでいたのね。このホテルは『ビバリーヒルズ・コップ』とか、『プリティ・ウーマン』にも登場する有名なホテルで、観光スポットになっている」

　ビバリーウィルシャー・ホテルは、１９２８年に創業。ハリウッドエリアにあり、セレブ御用達の超高級ホテルである。エリザベス・テイラー、エルビス・プレスリー、エルトン・ジョン、ロックフェラー一族らが定宿にしていたことでも知られている。

「その頃はまだ外で煙草を吸ってもよかったんですね。それで僕は、映画に出てくるような綺麗なウェートレスに『アス・トレー、プリーズ』と頼んだら、彼女が驚いた様子で、『ワ、ワ、ワッ?』って聞き返してきたの。高級ホテルだから、僕はちょっと気取って『アス・トレー、プリーズ』と言ったのに、通じてなかった。そしたら、ジェリーが『それは灰皿ではなくて、尻皿だよ』って。灰はアッシュ、アスはお尻のことだけど、僕が気取って発音したら、アッシュじゃなくて、アスになっていた。ウェートレスは僕に、『尻皿を下さい』と言われて、どうしたらいいか分からなかったのね。これは、かなり恥ずかしかった」

水谷が英語の勉強を続けていた頃のエピソードである。

レポーターたちとのバトル

「僕は一時期、マスコミにすごく嫌われていたんです。週刊誌でも、テレビでも、水谷豊は生意気だ、みたいなことを言われていた」

当時の水谷もまた、マスコミを嫌っていた。嘘を報道するからだ。

「有ること無いことというより、無いこと無いことを書かれるから、もうカーッとなるんですよ。テレビのワイドショーは、毎日、芸能人のスキャンダルを派手に扱っていたでしょ。僕はそのことにずっと抵抗していたんです。テレビのドラマに出演している役者たちは、テレビの手足になっているような存在なのに、昼間のワイドショーでスキャンダルを取り上げて叩く。平気で手足を切るようなことをする。役者はそれほど下等動物じゃないので、簡単に手足は再生しないのにね。そんなことを続けていたら、テレビはダメになるぞって、ずっと言い続けてきたら、あいつは生意気だということになった」

とある日、彼はプライベートの時間にホテルのラウンジでお茶を飲んでいた。どこで聞きつけたのか、そこに、ワイドショーのレポーターがやってきた。週刊誌が報道した噂の確認のためである。彼がこんなことは許せないと思い、レポーターに強く抗議したところ、その姿がそのまま放映されてしまった。

「そういう人たちは仕事があるから存在しているわけだけど、そもそも彼らに仕事を与えているテレビ局がいけないんです。さらにはそんな番組を支えているスポンサーってどうなんだろう。スキャンダルを流して、自分の会社の商品のイメージが良くなると思っているんだろうか。疑問があったし、テレビの有り様に不信感を持っていた。そんなことを喋るから、僕は嫌われたんですよ。ごく内輪で話したことであっても、どこからか伝わっていき、目障り耳障りな僕を叩くという雰囲気ができあがる。ずっとそんな感じでしたね」

大勢いたワイドショーのレポーターがテレビから消えるのは、それから30年も過ぎた頃だ。

「あるときから自主規制するようになって、強引な取材ができなくなったんです」

それでもマスコミとの攻防は終わらなかった。以後は週刊誌など紙の媒体の取材が主体となり、テレビ局が記事を後追いするようになっていったからだ。

「週刊誌の記者ともぶつかったことがありますね。僕と仲の悪い記者だったんだけど、ある日、家に帰ったらその記者がいたんですよ。お袋とお茶を飲んでいた」

水谷の母はおおらかな性格で、来客があればもてなすことが習慣になっていた。まるで知らない人を夫の仕事仲間と思い込み、一晩泊めてもてなしたところ、酔っ払って家に入り込んだ赤の他人だったというエピソードもある。

「お袋はいつも、人が来るとお腹が空いていないか尋ねるんです。食事がまだだったら、何か作って勧める。その記者も僕の留守に厚かましく入り込んで、話を聞き出していた。お袋が用意したお茶菓子とか食べながら」

水谷には信じられない光景であり、記者に向かって「出て行ってくれ」と伝えた。

「そのあと『水谷豊は母親っ子』と書かれたんです。母親のおかげで仕事が続いているって。お袋が言うには『あの人たちも大変なのよ。ああやって、一所懸命仕事をして生活しているのよ』。僕からしたら、ちょっと待ってよ、という感じですよ。息子のことを悪く書く記者を家に上げてお茶を出す必要はありませんよね。今だから笑える話ですけどね」

週刊誌の記者たちは、その後も水谷の家に出入りし、母親から様々な情報を引き出している。母親はいつも「息子をよろしくお願いします」と話し、取材の意図を疑うことなく質問に答えていた。ただ、週刊誌をほとんど読まない水谷にすれば、どこからそんなプライベートなことが漏れていたのか、分からないことが度々だったという。

第二章

幾多の出会いと別れ

『青春の殺人者』

水谷の俳優人生において『傷だらけの天使』はひとつのエポックとなったものの、作品には暴力やエロなど、ＰＴＡから抗議がくるような描写が数多く含まれていた。特に主婦層からの反撥が大きく、「子供には見せたくない番組」という声が上がった。さらには視聴率が一桁寸前まで低迷したため、清水欣也プロデューサーが「第８回から番組の路線変更をします」と宣言。女性の裸のシーンを減らすことで矛先をかわした。

あくまで役柄のせいなのだが、『熱中時代』の教師編（日本テレビ系列 78〜79年、80〜81年）で小学校教師を演じるまで、水谷には不良のイメージがついてまわった。

「昔から、不真面目なことも一所懸命にやるタイプだったからでしょうか（笑）」

ただし、演技力への評価は別だった。水谷が主演した『青春の殺人者』（長谷川和彦監督 76年）が高く評価され、キネマ旬報主演男優賞を受賞したのだ。

「僕は76年から79年まで、ＮＨＫの土曜ドラマ『男たちの旅路』に出演していて、その番組のディレクターの中村克史さんが、長谷川和彦監督と東大の同級生だったんですね。ある日、長谷川監督が『男たちの旅路』の収録現場を見学にやって来た。そのとき中村さんから監督が僕と話したがっていると聞いて、収録後にＮＨＫ近くの喫茶店で会いました」

長谷川監督は挨拶もそこそこに、初対面の水谷を「豊」と呼び捨てにした。

「『豊、ジェームズ・ディーンをやらないか』と言われたんですよ。監督は僕がジェームズ・ディーンを好きなことを知っていたんです」

ジェームズ・ディーンは、生涯に『エデンの東』（エリア・カザン監督　55年）、『理由なき反抗』（ニコラス・レイ監督　55年）、『ジャイアンツ』（ジョージ・スティーブンス監督56年）の三本の主演作品を残し、そのすべてが若者たちの熱狂的な支持を得た俳優である。ハリウッドの男優としては身長が170センチ前後と低かったので、揶揄されたこともあったが、「演技はインチでは計れない」という名言を残している。

当日、長谷川監督は、水谷に現在進行中の企画について話した。千葉県で若い男が両親を殺害し、逃亡したという実話を下敷きにした映画製作である。原作になるのは、中上健次の短編小説『蛇淫』だという。まだ脚本もできていない状況だったが、水谷は大好きなジェームズ・ディーンの代表作『理由なき反抗』をイメージして、心を動かされた。

「どんな話なのか、ほとんど知らないのに、『やります』と答えてしまったんです。答えたあと、僕は居眠りしてしまったんですね。夜遅い時間で、疲れていたので」

このとき長谷川は30歳。水谷は、ジェームズ・ディーンが夭折した齢と同じ24歳である。

「脚本を読んだときには、観念の世界に入っているという印象がありましたね。親殺しがテーマになっているけど、自分と親の関係を考えてみると、どこかの時間で親を精神的に捨てる必要があった。言葉を変えると、一回親を殺さなければ親から離れられない時期が来るんです。僕はそれを精神状態としては理解できた。親殺しの精神状態の元は、親離れにあるということから、役に入って行ったんです」

撮影は主に、実際の殺人事件が起きた千葉県内で行われた。長谷川の初監督作品で、低予算のアート系映画が中心のATG（日本アート・シアター・ギルド）の製作配給である。そのため、当初の予算は2000万円前後としごく限られていた。

「とにかくお金がないから、スタッフたちは宿の広間で雑魚寝《ざこね》です。僕には近くの民家の一部屋を取ってくれて、そこはお風呂が付いていたんです。明日が撮影初日という夜、長谷川監督に『ちょっと飲みに行こう』と誘われて、いろいろな話をしました。民家に帰ってきたら、監督が『豊、風呂に入ろうか』というんですね。監督は酔っていたから、覚えているかどうか分かりませんが、二人でお風呂に入ったら、『背中を流してやるよ』と」

『傷だらけの天使』で共演した萩原のときもそうだが、水谷はよく風呂に誘われる。

「監督は僕の背中を流しながら、『やっぱりなぁ、芝居とか演出の前に、俳優を好きにならないと、監督なんかできないからな』『役者を好きにならないとなぁ』と繰り返したんですよ。お互いに裸だし、ちょっと変な感じだったけど、監督と交代して、今度は僕が背中を流してあげて、『じゃあ、明日よろしく』と挨拶をして撮影に入った」

予算の都合で撮影日数が限られており、現場はかなりハードな状況だった。

「現場ではできるだけ〝生っぽく〟いたいから、流れを大事にして撮影が進んだけど、もう寝る間もないくらいでね。夜中の2時くらいに部屋に帰ってきて、食事をして風呂に入って疲れきった状態で眠るという連続だった。でも、監督は馬力が落ちないというか、タフでしたね。スタッフも同じで、いつ寝ているんだろうと思うほど、休みなく動いていた。僕も大変だったけど、苦しいとは思わなかったんですよ。同じことを二度はできないし、それは絶対無理だけど、大変さを楽しいと思わなければ、やり通せなかった」

水谷が演じる主人公・斉木順が両親を殺害したあと、浜辺で昔の父親の姿を思い出して、涙を流すシーンがある。この撮影には時間がかかったという。

「目薬という手もあるけど、監督は『泣くまで待つよ』と。でも、涙が出ないんですよ。予算がないのに、フィルムを長く回すのはまずいと思えば思うほど泣けなかった」

この作品のクライマックスになるのは、自暴自棄になった斉木順が、自分が経営していたスナックに火を放ち、焼身自殺を図るシーンである。千葉県内の市街地に建てたセットに火を付けて撮影が始まったのだが――。

「あれは消防署の許可が下りなかったのに、承知の上で燃やしたんです。だから、担当者は警察に連れて行かれたと思いますよ。セットに火が付けられたとき、僕は首に縄を巻いて、梁《はり》にぶら下がった状態だった。ギリギリまで我慢したけど、すぐ後ろで燃えているから、背中が凄く熱いんです。火傷の状態で真っ赤になっていたと思う」

長谷川監督は撮影の前、水谷に「我慢ができなくなったら『監督、ダメだ』と叫んでくれ。そしたらストップさせるから」と話していた。

「そのときに何を言うか、合図の言葉を忘れていたんです。熱すぎて意識が怪しくなっていたから。炎が凄いことになっているのに、僕はぶら下がったままでしょ。それを見た監督が、これは限界だと判断して、僕を下ろしたんですね。スタッフが集まってきて、倒れている僕の背中にバケツで水を掛けたことは覚えています。とにかく、生きた心地がしなかった。そのとき、映画の製作に関わっていた今村昌平監督が現場にいらしていたのは知っていたけど、もう挨拶ができるような状態ではなくて、監督はそのまま帰っていかれた」

様々なトラブルを乗り越えて完成した作品は、上映館が4館と限られていたが、親殺しというテーマもあって話題性が大きく、批評家たちの評価も高かった。

「もう大変な撮影だったからね。賞なんて縁がないと思っていたので、長谷川監督と『授賞式には何を着ていきます？　スーツに蝶ネクタイでもしようかな』なんて冗談を言っていたんです。そしたら、本当に受賞してしまった」

『青春の殺人者』は、第50回キネマ旬報ベストテン日本映画第1位、日本映画監督賞、脚本賞を受賞。水谷には最優秀主演男優賞をもたらした。ちなみに外国映画ベストテンの第1位に選ばれたのは、「カンヌ国際映画祭」でパルム・ドールを受賞した『タクシー・ドライバー』（マーティン・スコセッシ監督）である。

「作品って、演ってしまうともう終わったもの。もちろん、それぞれの作品に思いはあるけれど、もはや向かうものではない。観る人たちのものになっている」

それでも、受賞の栄誉は予想していたより、大きかった。

「賞をもらったら、朝日、読売、毎日と大手新聞社が取材に来たんですよ。それを『男たちの旅路』で共演していた鶴田浩二さんもご存じだったのでしょうね。記事をお読みになったようで、撮影で顔を合わせたときに、鶴田さんが、『おまえがそんなにいい俳優だったとはなぁ』と嬉しそうにおっしゃったんです」

台本は持たない

『山田太一シリーズ　男たちの旅路』は『土曜ドラマ』の第三弾としてスタートし、76〜79年まで4部に分かれて放映されている。水谷の出演は全12話のうち10話までである。

「警備会社に勤める元特攻隊員のガードマンを鶴田浩二さん。僕と桃井かおりちゃんは、戦後生まれの若いガードマン役でした。鶴田さんは大スターで大先輩ですけど、威張ったりしないし、僕には優しかったですよ。（鶴田が特攻機の整備士だったときの）特攻服姿の写真とか見せていただいたし。現場で大事なことも教わりましたね」

鶴田浩二は24年生まれで、ドラマ出演当時は52歳。60年代から70年代初頭にかけて東映の任俠映画『人生劇場シリーズ』『博徒シリーズ』『博奕打ちシリーズ』などで高倉健と二枚看板になり、歌手としても71年に『傷だらけの人生』を大ヒットさせている。

昭和を代表するスターに違いないのだが、東映に移籍するまでは、松竹からスタートし、新東宝、大映、東宝と渡り歩いた苦労人でもあった。

長い芸歴を誇る鶴田はまた、台詞覚えが抜群によく、立ち稽古の段階から台本を持たないことでも有名である。脚本家の山田太一が書く9分近くの長台詞を、淀みなくこなすのだ。

「いやあ、びっくりしました。本読みのあとの立ち稽古はまだリハーサルなので、普通は台本を持ってやりますよね。そこから台詞を覚えながら、本番を迎える。でも、鶴田さんは本読みが終わったら、台本は一切持たないんですよ。それで、かおりちゃんと二人で『鶴田さんが持たないのに、俺たちはこれでいいの？』と話し合って、台本を持たないでやってみたら、メチャクチャになってしまった（笑）」

その結果、台本を持たないで迷惑を掛けるより、持って迷惑を掛けない方がいいという結論に達し、鶴田の所へ「本を持たせていただきます」と頭を下げに行ったという。

「本読みのときの鶴田さんの台本が真っ白で、それにも感心していたんですね。後で分かったことですが、鶴田さんは台本を2冊もらっていて、自宅では1冊に書き込むとかして、台詞を覚えていたんです。見えないところで努力をなさっていたんでしょうね」

鶴田の努力の成果は、第1話の「非常階段」のクライマックスシーンで実感した。

「かおりちゃんが演じる悦子が、ビルの屋上から飛び降り自殺しようとしているとき、吉岡司令補（鶴田）は、止めるより、批判するんですよ。戦争中、生きたくても生きられなかった若者たちがいたのに、生死を軽んじているお前たちは何だ。俺は今のチャラチャラした若い者が嫌いだ、という内容で、とても重みのある長台詞だったけど、鶴田さんは一語一句間違えずに一発ＯＫだった。すごいなぁ、と感動しました」

このときの経験から学んだ水谷は、リハーサルの前に台詞をすべて頭に入れるように心掛け、台本を持たないで撮影に臨むことを実践している。

「それから、ちょっと驚いたのですが、鶴田さんが、撮影現場に奥さんとお嬢さんを連れてこられたことがありました。公私をきちんと分ける方だから、珍しいなと思って」

鶴田が現場に家族を連れてきた理由を水谷が知ったのは、鶴田が亡くなって数年後のことだった。東映の関係者が集まる会で、鶴田の妻と再会したのだ。

「奥さまから、『あのときはね、主人があなたを見てくれ、と言ったので、現場に行ったんですよ』とうかがいました。『あの鶴田が、そんなこと言ったのは初めてね』と」

普段は無口だった鶴田が、妻に向かって「水谷はいい。見てくれ。いいんだ。いい奴なんだよ」と熱の籠った口調で褒めたという。

『赤い激流』とピアノ

さらに一人、20代の水谷に大きな影響を与えた俳優の中に、宇津井健がいる。

「僕ね、当時25歳くらいだったけど、将来は宇津井さんみたいな大人になりたいと思っていたの。ユーモアがあって、大好きな人でした」

31年生まれの宇津井健は、早稲田大学在学中の52年に「俳優座」に入団。同期に仲代達矢や佐藤慶がいる。その後、新東宝に入社し、新東宝が倒産したのちは大映に移籍。フリーになってからはテレビ出演を増やし、『ザ・ガードマン』(TBS系列　65〜71年)、『赤いシリーズ』(TBS系列　74〜80年)などで主役を演じた。

宇津井と水谷の出会いは『赤い激流』（77年）での共演だった。水谷は天才ピアニストの田代敏夫役、宇津井はその義父で、音楽大学の助教授役を演じた。

「最初にお会いしたのは、乗馬クラブでした。宇津井さんは馬がもの凄く好きで、馬術歴も長い。それで、撮影に入る前に、一緒に馬に乗ろうと誘われたんです」

宇津井の乗馬歴は、早稲田大学の馬術部に入部したときから始まり、60年間に亘る。一時はアラブ系の馬を所有したこともあり、乗馬術は芸能界屈指だったといわれている。

「後日、『赤い激流』の芝居で僕が『自分は、馬で言えば血統のいいサラブレッドじゃない。みんなと違って雑種なんだ』みたいな台詞を喋るときに、宇津井さんが『こういう台詞は嫌いだ。血統がどうとかで馬を差別すること自体がおかしいんだよ』と話されたんです。その言葉を聞いて、宇津井さんの人となりが分かりました」

『ザ・ガードマン』の高倉隊長役や、『渡る世間は鬼ばかり』（TBS系列　2006〜13年）の岡倉大吉役など、出演したドラマでは実直で生真面目な役柄が多く、紳士と評されることが多い宇津井だが、意外な面があった。

「『赤い激流』はとにかくピアノを弾くシーンが多くて、コンクールの課題曲になる『ラ・カンパネラ』とか『英雄ポロネーズ』とか『テンペスト』とかの曲が繰り返し流れていましたよね。当時ピアノをやっていた若い人たちの間でも、このドラマが話題になって、課題曲の楽譜が売り切れるという現象が起きたそうです。それで、田代敏夫が先生からピアノのレッスンを受けているシーンのときでした」

水谷がピアノを弾いている間、宇津井はピアノの側面を専用の布で拭いていた。拭きながら、励ましの台詞を話すシーンだった。

「宇津井さんが真剣な表情で、『敏夫君、今度の全日本ピアノ拭きコンクール、頑張るんだぞ』と言うんですよ。本当は全日本ピアノコンクールなんだけど、そんなジョークをリハーサルの合間に、僕だけに聞こえるように話すんです。もう可笑しくて、吹き出しちゃった」

水谷は「笑い過ぎて、芝居にならなかった」という。

ピアノを弾くシーンについては「精神状態がおかしくなるほど難しかった」と振り返る。

「音はすでに（プロのピアニストが弾いたものが）用意してあるので、指のポジションを教えてもらうんです。ポジションと曲のリズムが合わないと、音が使えない。本当に弾いているようにポジションを覚えるのは難しくて、猛練習しましたね。僕に付いて教えてくれたのは、桐朋学園大学音楽学部の熊谷洋《くまがいひろし》という先生で、素晴らしい方でした。僕は熊谷先生に習って、『エリーゼのために』が3日で弾けるようになったんですよ。みんな『初めてピアノを習った人間にそんなことはできない』と信じてくれなかったけど」

なぜ短時間でそんなことができたのかは、のちになって分かった。

「『陽のあたる教室』（2000年）という舞台公演で、またピアノを弾くことになって、そのときも思ったんだけど、大人って何かやるときに、まず頭を使うじゃないですか。でも子供は頭を使わずに身体で覚える。とにかく身体が覚えるという感覚を一番にして、僕も子供になってピアノに向かうことだと」

舞台公演のとき、水谷は47歳になっていた。『陽のあたる教室』での役は学校の音楽教師で、生徒に音楽を教えるときに、ピアノを演奏する。

「テレビと違って舞台だから、本当に僕がピアノを弾かなければいけないんですよ。5、6曲弾いたかな。そのときも桐朋学園大学の同じ先生に習って、舞台の稽古に入るまでは、2、3ヵ月しか時間がなかったけど、交響曲とか、ジャズとか、ブギウギとか、生徒たちとセッションする曲とかを練習してね。生徒たちに教えるので、語りかけながら弾くんです。舞台は人の音を被せることができない。僕の生演奏です」

『赤い激流』から、23年。離れていたピアノの前に座った水谷だが、様々なジャンルの曲を観客が見守る中で生演奏するのは、かなりのプレッシャーだった。

「最初の頃、ピアノを弾こうとすると、金縛りに遭ったんです。身体は固まるし、手は震えるし。でも、お客さんが待っているから弾かなきゃいけない。シーンとしている場で、ピアノをダーンと始める。自分で金縛りを解くしかないから、心の中で『おまえに負けないぞ』『おまえには負けないぞ』と言い聞かせるんです」

初日から、極度の緊張のあまり、ピアノを弾こうとすると、手がぶるぶると震え、身体をギュッと摑まれる感覚になり、その状態が何日も続いた。弾いているうちに金縛りが解けていくのだが、精神的なプレッシャーが解けることはなかった。

「だけど、東京公演が終わって、大阪公演が始まったときに、なんでこんなに思い通りにピアノが弾けるんだろう、という日があったんですよ。今日はどうしたんだ、俺って感じで、どんどんピアノが弾けちゃう。イメージした通りの音が自由自在に出てくる。金縛りにはならなかったし、弾くのが楽しくなって、ウキウキしちゃうくらいの感じでね。そのときのことを、知り合いのピアニストに話したら、『一生に何回か、そういうことが起きるんだけど、もう経験したのか』と言われたの。その状態を『ピアノの神様が降りた』というんだって」

舞台で演奏するためにピアノを購入した水谷は、あるとき、貧しくてピアノが買えない国があることを聞いた。子供たちの役に立つのなら、と寄付することにしたのだ。

「それ以後は、ピアノに縁がなくなりましたね。まったく触っていません」

話を戻すと、『赤い激流』のストーリーについては、意外な秘話がある。

「最終話近くまで、誰が犯人か決まっていなかったんですよ。だから、小沢栄太郎さん、赤木春恵さん、岸恵子さん、堀内正美さん、竹下景子ちゃんも、登場人物のみなさんが怪しげな振舞いをするんですね（笑）。監督が堀内さんに『君、そこからこちらの方を覗いて、ちょっと怪しそうな顔をしてくれ』と指示して、堀内さんが『どうして、僕がそんな顔をするんですか』と尋ねていたのを覚えていますね。そのときはまだ、堀内さんが犯人になる可能性もあったから、監督は『いいからやってくれ』と答えていたけど」

このドラマの撮影はかなりタイトだった。ギリギリのスケジュールで撮影しているので、放送に間に合わない可能性もあった。それがいい緊張感を生んだという。

「僕の前に（松田）優作ちゃんが『赤い迷路』（74〜75年）をやっているでしょ。優作ちゃんがね、『あのシリーズの撮影がどんなに大変か、豊もやってみな。やってみたら、どれほど酷い現場なのか分かるから。寝る時間がないんだぜ』と話していたけど、本当にそう。徹夜に近い日が何日もあって、もう早く終わってほしい、と思うほど疲れていた」

次回はどうなるか想像がつかないストーリー展開だったおかげか、『赤い激流』は、最終回が37・2％と、『赤いシリーズ』の中で最高視聴率を記録した。

「あのドラマで宇津井さんに出会えたし、そこからご縁がずっと続いて、よくしていただきました。大人には反撥することの方が多かったけど、あんなふうになりたいと思ったのは、宇津井さんが初めてでした。僕は出会いに恵まれていたなぁ、と思いますね」

ユーモア溢れる宇津井健との共演ではほのぼのとした気持ちに包まれた水谷だが、『赤い激流』の翌年、78年2月に放映されたドラマでは、真剣勝負に挑んだ。芝居に一切の妥協を許さない伝説の俳優、三國連太郎との共演である。

テレビ朝日系列の土曜ワイド劇場『逃亡　雪原の銃声』で、水谷は銀行強盗を働いて逮捕される大学生、三國は逮捕した身柄を護送する刑事を演じた。護送の途中で、彼は刑事の拳銃を奪い、手錠に繋がれたまま雪原を逃亡する。途中で山小屋を見つけて押し入ると、小屋の主人の嵐寛寿郎と、孫娘の檀ふみがいた。

「三國連太郎さんとの共演は『逃亡』だけでしたが、僕の作品にあの三國連太郎さん、『鞍馬天狗』のあの嵐寛寿郎さん、そして檀一雄さんのお嬢さんのあの檀ふみさん、皆さん、〝あの〟がつく方々が脇を固めてくれたことに僕自身が一番驚いていたと思います」

三國はすでに『飢餓海峡』（内田吐夢監督　65年）や『にっぽん泥棒物語』（山本薩夫監督

65年）の演技で高い評価を受け、毎日映画コンクールとキネマ旬報賞の主演男優賞を受賞し、日本を代表する俳優の地位を確立していた。79年公開の『復讐するは我にあり』（今村昌平監督）では、ブルーリボン賞、キネマ旬報賞、報知映画賞の助演男優賞を受賞する。

「ほとんどが雪の中での撮影でしたが、すべてにおいて本気を感じさせてくれる三國さんの芝居に、僕も本気で向かっていきました。緊迫感があり、充実した芝居の日々でした。撮影が進んでいたある日、三國さんから食事に誘われたことがありました。食事しながらいろいろなお話をしていたのですが、途中で三國さんが穏やかに微笑みながら、こんなことを言ってくれました。今回、出演を承諾した理由について、『僕は水谷豊という俳優に興味があったんだよ』と。僕にとっては忘れられないひと言になりました」

『熱中時代』

「あれは針の穴を通すような企画だった、と言われましたね。でも、僕の子供好きを見抜いていた人がいたんです」

78年10月、日本テレビ系列で始まった『熱中時代』教師編は、水谷豊の代表作の一つに数えられるドラマである。パートⅠ、パートⅡに分かれ、パートⅠは78～79年に、パートⅡは80～81年に放映された。

当時26歳の彼が演じる小学校教師・北野広大は、その型破りともいえる熱血指導ぶりが広く支持され、パートIの最終回はニールセン調べで46・7%の高視聴率を記録した。

「僕はそれまで『傷だらけの天使』とか『赤い激流』とか、不良の役ばかり演ってきたじゃないですか。『青春の殺人者』の役も破滅型だったたし、そういうイメージで見られることが多かった。だけど、『ほおずきの唄』で僕を、おネエ言葉で喋る日本舞踊のお師匠さんにキャスティングした日本テレビの田中知己さんというチーフディレクターが、『豊ちゃんはコメディもできる。子供たちと一緒のドラマなら、きっと面白いものができるはずだ』といって、『熱中時代』の企画を立ててくれたんです」

田中ディレクターは、水谷が成人してから初めてテレビドラマの主役を演じた『オレの愛妻物語』（78年）の演出も手掛けており、水谷の演技を高く評価していた。

「『オレの愛妻物語』は、僕が大竹しのぶさんと駆け落ち結婚したトラック運転手の役で、物凄く面白いコメディだったんですね。当時、大竹さんは桐朋学園演劇専攻の2年生でしたが、既に見事なプロの役者さんでした。ゆったりと喋る独特の台詞回しと受けの芝居、そしてリズム感の良さは、これまでに無いタイプの役者さんだと思いました。二人でシリアスとコメディを使い分けた会話のやりとりがあり、とても楽しい仕事になりました」

夫婦が住み込む下町の猫田運送店の長女役は、27歳で夭折した夏目雅子だった。

「夏目雅子さんは、共演したときは20歳を過ぎたばかりでした。その年齢で後にスターの道を歩むであろうことを想像させるカリスマ性がありました。いつも明るくてケラケラと笑っていたという印象ですね。時にこのシーンの芝居をどうしたらいいかと相談されたりすると、お、僕を信頼してくれているな、と嬉しくなったものです。お互いにまたいつか共演を、と話しながら叶わなかったのが残念です」

男優陣も演技派が揃っており、猫田運送店の店主に藤岡琢也が、水谷が演じた花輪武の父親・花輪誠吉役を池部良が務めている。

「このドラマで、あの銀幕の大スター・池部良さんが僕の父親になって下さったのは、この上なく光栄なことでした。本番の合間に、控室で池部さんと二人で煙草を吸っていたときのことです。気がついたら、灰皿が見当たらない。僕が、『あ、灰皿を取ってきます』と言って立ち上がったら、池部さんが、『動かない、動かない。主役は動かないで、座っていなさい』と仰って、ご自分が立ち上がり、灰皿を持って来て下さった。まさかのひと言に何と答えていいやら、逆らうわけにもいかず、恐縮しきりでした。大先輩を前にして緊張していたであろう僕を包み込むような、大きな愛情を感じた出来事でした」

藤岡琢也とは、『オレの愛妻物語』を初めとして、『熱中時代・刑事編』（日本テレビ系列79年）、『事件記者チャボ！』（日本テレビ系列 83～84年）、『気分は名探偵』（日本テレビ系列 84～85年）など多くのドラマで共演している。

「僕は笑い上戸なので、相手の芝居が面白いと、吹き出してしまうことがよくあります。とは言っても、普通はテストまでで、本番には収まるのですが、藤岡さんだけはあまりの可笑しさに笑いが止まらず、本番を繰り返したんです。そこに立っている藤岡さんがただ振り返るだけのシーンなんですけどね。終いには藤岡さんから、『豊、おまえ、そんなにね、笑って芝居ができなくなるのなら、俺は別にこの芝居をやらなくていいんだよ。どうしてもやりたい芝居じゃないんだから』と言われて。『いえいえ、それ、面白いからやって下さい。次の本番は頑張ります』。そんな会話の後、結局、僕はまた吹き出してしまい、ついに30分の休憩に入ったことがありました。通常、撮影現場では有り得ない現象ですね。僕はなにかのツボにはまると、笑いが止まらなくなる。ツボが多いんです」

他のドラマで共演したときも、藤岡の芝居があまりに面白く、笑いが止まらないことがあった。そのときも、撮影が一時ストップしたという。

「普段は意識していないけど、人間には、ある種の滑稽さがあって、それを演じるときの藤岡さんの表現力は抜群でした。お付き合いが続き、僕を弟のように可愛がってくれ、たくさんのことを学ばせてくれた藤岡さんに今でも感謝しています。芸能ではない世界へ行きたいと思い続けてきたけれど、振り返ってみると、素晴らしい方々との出会いの連続でした」

また、『オレの愛妻物語』では、主人公がトラックを運転するシーンが多いため、水谷はクランクインする前に、大型自動車免許を取得している。

「免許は取ったのですが、結局ドラマでは普通免許で運転できる4トンロングまでしか運転しませんでした。でも、教習所で大型トラックを走らせるのは気持ちよかったですね」

さらに、水谷はこのドラマの主題歌『故郷《ふるさと》フィーリング』（作詞・阿木燿子／作曲・宇崎竜童）を歌い、ヒットさせている。

『オレの愛妻物語』は視聴率がよく、これを受けた田中知己チーフディレクターは、同番組の脚本家の一人、布勢博一と再び組んで、水谷を主役に据え、子供たちと共演するドラマを作ろうと考えた。『熱中時代』教師編である。

だが、金曜日の21時というゴールデンタイムの番組とあって、企画を通すためには大きな壁を突破しなければならなかった。日本テレビの役員たちが集まる、〝御前会議〟である。

「ほとんどの役員が反対したと聞きました。理由は二つあって、一つは、不良のイメージが強い水谷豊に教師の役ができるのか。もう一つは、小学生の子供たちを半年間も拘束してドラマが作れるのか、ということでした。絶対に無理だと」

幸運だったのは、当時、第一制作局長の職にあった井原高忠が賛成してくれたことだ。

「井原さんは、『光子の窓』とか『11PM』を作った方で、会議では発言権が大きい。その井原さんが、『田中ディレクターが、どうしても水谷豊を使ってドラマを作りたいと言っているんだ。やらせればいいじゃないか』と発言してくれたんです」

鶴の一声で通った危い企画だったものの、田中には、これは絶対に成功するという確信があった。水谷の性格をよく承知していたからである。

「僕は子供が好きで、子供と芝居するのも好きなんですよ。子供と動物は苦手という俳優もいますが、僕は一緒に遊ぶのも好きだし、芝居をしているうちに、子供たちの世界から何か出てくると、楽しくて仕方がない」

水谷には「子供と動物には食われる」という感覚が全くないと言う。この場合の「食われる」とは、俳優がいくらいい演技をしても、子供や動物の無垢な存在感には敵わないという意味だ。「場を持っていかれた」と表現する俳優もいる。

「食うとか食われるとか、同じ役で競争しているわけじゃないからね。現場では、それぞれの世界を生きているだけなんですよ」

北野広大は、生徒を指導する立場だが、個々の生徒に寄り添い、同じ目線で問題を捉えようとする。見下ろしたりはせず、膝を折って子供と向き合うのだ。

「クランクインして3ヵ月ほど経った頃、僕のところに生徒役の女の子が二人やってきて、『私たち、先生に謝りたいことがあります』と言うんですよ。理由を聞いたら、『撮影が始まったとき、先生の役は草刈正雄の方が良かった、と話していたんですけど、今は先生で良かったと思っています。すみませんでした』と頭を下げたんです」

水谷は北野先生の口調で「そっかぁ、それは良かったなぁ」と答えたという。子供たちは、生徒を演じるうちに、水谷を俳優ではなく、本当の先生と思い込むようになっていた。

「ある日、生徒役の子から、『第二スタジオに○○さんという有名人が来ているんですけど、一緒に行ってください』と頼まれたので、『これから授業だから、駄目だよ』と答えたら、『先生は、芸能人を見たくないんですか』と真面目な顔をして聞かれたんです。現実とドラマの境目が分からなくなっていたんですね」

水谷と子供たちの関係が最高潮に達したのが、パートⅠの最終回「さようなら　熱中先生」での別れのシーンだろう。北野は生徒一人一人に通信簿を手渡しながら、それぞれに親しく話しかける。通常の撮影なら、数人に手渡して終わるのだが、20分近くの時間をかけて、全員が通信簿を受け取るシーンを収録したのだ。最後に北野は黒板に「さよなら」と書き、「さあ、大きな声で読んでみよう」と呼びかける。

「通信簿を渡し終わってみんなで『さよなら！』『さよなら！』『さよなら！』と3回叫んだ後、撮影は終わっているのですが、子供たち全員のゴーゴーという声が続きました。泣き声がゴーゴーという響きに聞こえたんです。子供たちが泣き止むまで20分ほどそのまま待ちました。思えば北野広大は教員試験で補欠だったのですが、欠員が出たことで先生になれた男ですから、決して優等生ではなかったんですね。教師としては新米で、人間的にも未熟です。そのぶんと言っていいと思いますが、何事にも一所懸命で、子供の目線で物事を考えられる、つまり子供と同じ気持ちになれる先生でした。僕も、最終回には自分が思い描いていた世界に辿り着いた、最大級の達成感を感じたのを覚えています。子供達との別れと共に、北野先生も終わったんだと思った途端、涙が溢れました」

水谷と子供たちの気持ちが一体化した名シーンであり、もらい泣きしたファンも多い。

一方、同じ最終回でもパートⅡの「さようなら！　さようなら！　熱中先生」では様相が異なる。生徒たちと別れ、小笠原諸島の小さな小学校へ赴任することを覚悟した北野は「さよなら！」ではなく、「手紙くれよ！」と叫ぶのだ。涙は見せず、平然としている。

「パートⅡは北野広大も経験を積んだぶん、子供たちと共に過ごしたパートⅠに比べて、子供たちを引っ張って行く気持ちや、教育問題を考える意識が強かったと思います。自らの意志で小笠原への赴任を選んだのだから、最後は泣かないと決めていました。涙を我慢できる人間になっていたい、と考えていたと思います」

『熱中時代』教師編は、小学校が舞台とあって、教師も生徒役もほとんどがレギュラーである。中でも、北野広大のよき理解者である天城順三郎校長を演じた船越英二に対してもまた、感謝の気持ちが強い、という。

「船越英二さんは、『熱中時代』が始まったときはまだ50代半ばでした。あの落ち着いた大きな存在感は、今思い出しても驚嘆します。芝居をしていても、その懐の広さに安心して甘えることができました。そこからのご縁で、僕が30歳を過ぎた頃、東京で役者を始めた息子さんの英一郎と二人で、湯河原にある船越邸に泊めて頂いたことがありました」

水谷より8歳下の船越英一郎は、日本大学芸術学部卒業後、82年に芸能界デビュー。その2年後に『気分は名探偵』で水谷と共演している。

「ご自宅に伺った夜、奥様の長谷川裕見子さんと英一郎、妹の洋子さんたちと一緒に湯河原のフレンチレストランで食事をしました。僕には夢のような時間でした。次の日は、ご自宅に温泉を曳いているお風呂に入れていただきました。そこから見える庭の景色がまた素晴らしいんです。すっかり気分が良くなって、北野広大が歌った民謡『江差追分』が口をついて出たんですよ。お風呂を出たあと船越（英二）さんに『豊ちゃん、大きな声で歌っていましたねぇ』と言われて、アッ聞こえていたんだと赤面しました。奥様の裕見子さんもくすくすと笑ってらっしゃいましたね。英一郎とは今も兄弟のような付き合いが続いています」

もう一人、同じ小学校教師で、北野が想いを寄せる小糸桃子役が志穂美悦子だった。

「志穂美さんはJAC（ジャパンアクションクラブ）出身のアクションスターという印象でしたが、ご一緒したときは新鮮な芝居と立ち居振る舞いで、『熱中時代』のマドンナにピッタリの方でした。教師編パートIの第5話『ぼくの先生はフィーバー』の撮影のとき、二人でディスコダンスを踊るシーンがありました。当時は、ジョン・トラボルタが主演した『サタデー・ナイト・フィーバー』（78年）の印象が強く残っていた頃で、振り付けをして貰い、志穂美さんと踊ったことがとても楽しかったのを覚えています」

運動神経が抜群の二人が踊る軽快なダンスは、今でもファンの間で語り草になっている。また、当時9歳の原田潤が歌った『ぼくの先生はフィーバー』（作詞・橋本淳／作曲・平尾昌晃）はパートIの主題歌であり、こちらもヒットして話題を呼んだ。

大人から子供にまで好感度が高く、様々な要素が重なった結果、『熱中時代』教師編はパートIの平均視聴率が27％、パートIIの平均視聴率が27・8％と、大ヒットとも言えるドラマシリーズになった。その数字を見た日本テレビの役員の一人は、水谷に向かって、「ごめんね。企画会議のとき、僕は反対していたんだ」と謝罪したという。

水谷はこの番組で大きくイメージが変わり、一躍お茶の間の人気者になった。同時期に歌手活動も始めていた。

歌手デビュー

「歌のお誘いがあったのは、『熱中時代』の1年前（77年）。フォーライフ・レコードからでした。まったく知らない世界だったので、ちょっと経験してみようか、と」

フォーライフ・レコードは、75年、人気フォークシンガーの小室等、吉田拓郎、井上陽水、泉谷しげるが集まって設立したレコード会社である。老舗のレコード会社にとって、現役のミュージシャンが会社を経営することは衝撃的な出来事であり、話題を呼んだ。

「向こうは俳優の僕に興味を持ったんでしょうね。『もし、水谷さんが歌を出す気持ちがあるのなら、作曲は井上陽水、作詞は松本隆さんで作りますが、いかがですか』と言われて、出来上がったのがデビュー曲になる『はーばーらいと』です」

作曲の井上陽水は、レコーディングの前にキーを合わせるため、水谷を自宅に招いた。

「陽水さんはギターを持って、僕の声で音合わせをしたり、お茶を飲みながら、雑談をしたり。ほとんど雑談でしたが（笑）。歌うことについては、この先も続くとか続かないとか、まるで予感はなくて、どうなることやらと思っていました」

一抹の不安はあったものの、水谷にとっては新鮮な体験であり、次々とレコーディングが決まった。77年から78年にかけて、作詞・阿木燿子、作曲・宇崎竜童のコンビで『やりなおそうよ』『表参道軟派ストリート』『故郷フィーリング』などのシングルを発売。

「『はーばーらいと』のあと、12曲を収めたアルバムを作ることになって、南こうせつさんとか、谷村新司さんとか、山本コウタローさんとかが、曲を提供してくれました」

歌う俳優が珍しいのか、ミュージシャンたちが、水谷のレコーディングの見学にやってきた。その内の一人が谷村新司で、「一度、職業欄に俳優と書いてみたいな」などとジョークを飛ばして、場を和ませていたという。

「すべて歌い終わったら、谷村さんが拍手をしながら、レコーディングルームに入ってきたんです。『素晴らしい、素晴らしい』と言いながら」

水谷は何を褒められているのか分からなかった。

「『歌のリズムと身体の動きがまるで合っていないのに、ちゃんと歌えている』って（笑）。谷村さんには不思議に思えたんでしょうね。それを言われて僕は気付いたんですよ。僕には音楽的なリズム感はないと」

水谷の演技やアクションシーンを見ると、リズム感がないとは思えないのだが。

「自分のリズムはあるけど、それは音楽的な規則正しいリズムではないんです。つまり、芝居では自分で間が作れるけど、音楽の場合は間が決められている。音楽が難しいのは、リズム通りにやらなくてはいけないということです」

これまで自分の間で演技してきた彼にとって、楽譜に従って歌うことは、身体を縛られているような不自由な感覚だったのだろう。

「歌は好きですが、やはり、自分は歌手ではなくて、俳優だと自覚したんです」

そんな水谷に共感してくれるミュージシャンがいた。宇崎竜童である。

「宇崎さんと阿木さんが作ってくれた『表参道軟派ストリート』をシングルカットで出すときに、宇崎さんが、ギターで曲を聞かせてくれたんですよ。『こういう曲なんだけど』って。

そのあと、『同じ曲でもね、アレンジ次第でジャズにもなれば、ロックにも、演歌にもなるんだ。どれがいい？』と言って、まず、演歌風にコブシを回しながら、歌ってみせてくれた。当時の宇崎さんはサングラスをかけて、つなぎ姿で歌う人だったから、会うまでは怖い人というイメージがあったんだけど、まったく違いました」

打ち解けた水谷は、宇崎に「音楽では自分の間が作れない」という悩みを話した。

宇崎の返事は「歌いたくなったら歌い、歌いたくなかったら歌わない。好きなときに歌うというのが、本当は自然なことなんだけどね」というものだった。

「だけど、それではもう、一日中歌わないってことにもなるでしょ（笑）。あのとき宇崎さんは、僕に音楽の面白さ、自由さ、楽しさを教えてくれたと思うんですよ。決められた中での素晴らしい世界があるということを」

翌年（79年）に発表した曲が、『熱中時代・刑事編』の主題歌にもなった『カリフォルニア・コネクション』（作詞・阿木燿子／作曲・平尾昌晃）である。売り上げ枚数が65万枚と大ヒットし、歌番組の『ザ・ベストテン』（TBS系列）で、4週連続1位を獲得した。それまで1位だったサザンオールスターズの名曲『いとしのエリー』を追い抜いたのだ。

歌うことに苦手意識を持っていた水谷が、歌手として脚光を浴びた時間だった。

「『ザ・ベストテン』は生放送だったんですよ。放送時間はいつも『熱中時代』の撮影中だったので、よみうりランドのプールとか、生田スタジオから中継していたんです。ドラマの本番中なのに中断して、歌番組のリハーサルをやって出演するわけ。生放送だから緊張するし、気持ちの切りかえも必要だった。そんな状態で歌うことが苦しくなって、4週目で出演を終わりにしてください、とお願いしました」

もし水谷が断らなかったら、歌番組の記録は更新されただろうが、俳優の仕事と並行しての歌手活動には限界があった。

優勝はしたけれど

20代後半に入った水谷の芸歴は、すでに10年を越えていた。名前が知られるようになってからも、スターを気取るわけではなく、可能な限り一般人と同じ行動を取ろうとした。

当時に受けたいくつかの取材の中で「お金があるからといって、簡単にタクシーに乗るのではなく、最終電車に向かって走る自分でいたい」「日常で経験する感覚を大事にしたい」などの発言をしている。普通であることが演技にも影響するのだという。そんな心構えのひとつとして、一般人に混じり、あるチャレンジをした。

「正確な年齢は覚えていないんだけど、20代の頃、コマーシャルの打合せで盛岡市へ行ったときに、わんこ蕎麦の競争をしたんです。部屋に客が何人かいて、蕎麦を何杯食べるかを競うんですね。面白そうだから、ちょっとやってみたい、くらいの気持ちだった。薬味が沢山あって美味しそうだったけど、とにかく量を食べなきゃいけない。お店の人には『蕎麦は噛まずに丸飲みしてください』と言われて、最初は胡坐《あぐら》の状態で始まった」

食べる量を競うのは、予想していたより大変だった。途中でどうしようかと迷ったが、競争するからには勝ちたい、途中で止めるのは悔しい。そんな心理状態で、椀を重ねていった。「胡坐から正座して、苦しくなったら立て膝になって、最後は立って食べる。で、蕎麦をお椀に入れてくれる女性がいて、『あ〜い、これからこれから、まだまだまだ、それそれそれそれ、じゃんじゃんじゃんじゃん』というお囃子や掛け声を掛けながら、お椀に蕎麦を投げ込んでいく。ギブアップするときには蓋を閉めるのが合図で、だけど、両手を使ってはいけないというルールがあって、モタモタしていると蕎麦を入れられてしまうんですね」

ギブアップするためには、まずお椀を置き、次に箸を置き、最後に蓋をするのが順序だが、これを素早く行わないと、蓋をする前に蕎麦が投げ込まれる。

「競争しているみんなに同じようなスピードで蕎麦を入れていくらしいんだけど、時々、個人攻撃されるんです。僕は狙い打ちされたのかな。『これからこれから、まだまだまだ』とお囃子に乗って食べ続けたら、85杯までいった。たぶん、今のわんこ蕎麦より、大き目の束を使っていたと思います。それで僕が優勝したんです」

勝者となった水谷を女将が「おめでとうございます」と称え、景品を手渡した。

「その店の暖簾をもらったんだけど、全然嬉しくなかった。もうね、苦しくて苦しくて、顔色が青くなっているの。食べ終わった時点で立てないんです。その後、お店を出て、盛岡の駅へ向かったら、駅構内に立ち食い蕎麦屋さんがあった。それを見たら、うううっと気持ちが悪くなって、1年くらいはお蕎麦が食べられなかった」

盛岡には、わんこ蕎麦の競争の他に、もうひとつ思い出がある。

「コマーシャルの代理店の人に、『先生はお召し上がり物は、何がお好きですか』と聞かれたんです。『いや、先生はやめてください』と言ったら、『いやいや、先生のお好きな物は？』と繰り返すから、『あ、熱中先生という意味ですか』と聞いたら、どうやら違う。僕が演じた北野先生の先生という意味なら分かるけど、その方は僕よりかなり年上ですからね。若造に向かって、先生はおかしいでしょ。打合せをしている間に何度も僕を先生と呼ぶので、『本当にその先生というのは止めてもらえませんか』と強めに言ったら、『またまた！　そういうところが先生の人気の秘密！』だって。もうどんなに頼んでも駄目だった」

僕は晴男で雨男

水谷豊は天気を操ることができる。眉唾に聞こえるだろうが、ドラマ出演していた俳優やスタッフなど、彼が天候を変えてしまう光景を目撃した人は多い。

「僕が24歳の頃、慶應大学出身の友人からある話を聞いたんです。野球の早慶戦で慶應が負けているとき、彼は『雨が降ればノーゲームになって負けは無くなる』と思い、一所懸命に雨雲を呼んだそうです。そうしたら、なんと雨が降り始めて、試合は雨天順延になった」

この話を聞いた水谷は、早速自分も試してみたくなった。

「ＴＢＳの『赤いシリーズ』のスケジュールのキツさは、関係者なら誰もが知っていますが、僕はちょうど、『赤い激流』の撮影だった。それで、今日は疲れが溜まっているので休みたいという日に試してみたら、にわかに雨が降って撮影が中止になったんです。その日の天気予報は終日晴れだったのに」

自信を持った彼は、翌年に出演した『オレの愛妻物語』でも試してみた。

「『オレの愛妻物語』(の撮影)はロケが多かったので、晴れてほしかったんです。そう願ったら、梅雨だったにもかかわらず、14日間全く雨は降りませんでした。また、僕の役はトラック運転手だったので、番組の宣伝のため一般のトラック野郎たちと写真を撮るイベントの予定が入っていました。その日は、あいにく台風の予想でした。でも僕は宣伝担当者に『写真撮影を中止にしないで下さい、必ず晴れますから』と伝えた。それでも信じてもらえず、結局、前日の夜に中止が決定しました」

翌日、台風は進路を変え、雨が降るどころか空は晴れ渡っていた。映像関係の業界用語で晴天をピーカンと呼ぶが、当日は朝から日暮れ近くまでピーカンだったという。

「続く『熱中時代』教師編で、真夏のロケをしていた日のこと。寝不足が続いていたので、1時間でも仮眠を取りたくなり、雨を呼んでみようとトライしてみました。当時の現場マネージャーには、『少し寝たいから雨を降らせる』と伝えました。彼は半信半疑だったけど、トライして10分程経つとザーザーと雨が降り始めた。僕の後ろで見守っていたマネージャーは『おおっ、来ましたね!』と嬉しそうでした」

またあるときは、タイミングが悪く、台風の最中にロケ地に到着したことがあった。撮影が中止になりそうだったので、水谷は晴れを願った。

「撮影現場がちょうど台風の目の中に入り、雨も風もなく、きれいに晴れたんです」

彼がトライする、というのは、なにかに向かって祈るとか願うことである。なにかとは神や仏、あるいは森羅万象の宇宙に向かってのことだろうか。

「雨を降らせたことも、晴れにしたことも数限りなくありますが、降らせるときには、怖いくらい大きく広い雨雲をイメージします。晴れを望むときは、頭上高く、距離では測れないほどの高所がクリアーであることを強くイメージします。上手くいく方が多いのですが、なかなか、思い通りのイメージに辿り着けないこともあるんですよ」

雨男と晴男なら、一般的には晴男の方が喜ばれる。特に地方ロケでは天候によって撮影スケジュールが違ってくる。あるとき、撮影スタッフが、ロケ先の旅館で待機していた水谷に電話を掛けてきた。「夕陽を撮りたいけれど、空が曇っているので助けてほしい」という。

「夕陽を頼まれたのは初めてでしたが、現場に駆け付けました。イメージがうまくいって、曇り空から夕陽が現れました。スタッフの希望通りになったわけですが、実際に見た人でないと、信じてもらえないでしょうね。それでいいんです」

最初の結婚

『熱中時代』教師編パートⅠに続く『熱中時代・刑事編』は、79年4月から10月まで26話にわたって放映された。元白バイ警官の新米刑事・早野武と、父を訪ねて来日したテキサス娘ミッキー・フランクリンを中心に展開するドラマである。

出演者は『オレの愛妻物語』のレギュラーだった藤岡琢也、宍戸錠、小松方正、森本レオ、木内みどり、宇津宮雅代、松金よね子らで、コミカルな展開が多く、刑事ドラマというよりは、ホームドラマの要素の方が大きい。

このドラマは、主題歌『カリフォルニア・コネクション』の大ヒットとともに、水谷にとって人生の節目となる出会いをもたらした。

共演したアメリカ国籍の女優ミッキー・マッケンジーとの交際が始まったのだ。二人はドラマで夫婦役を演じ、3年後に実際の夫婦になった。

82年12月、二人はハワイのカウアイ島で挙式した。このときの水谷は30歳。ミッキーは23歳である。ミッキー側は両親と姉妹、祖母などが参列。水谷の方は母と兄姉が参列し、父は、建築現場の高所作業で落下して背骨を傷めていたため欠席となった。

ハワイの青く澄んだ空の下、バンドが『ハワイアン・ウェディング・ソング』を奏でる。双方の家族や友人たちに祝福され、二人の幸せな結婚生活がスタートした。

だが、半年も経たないうちに、別居生活が始まった。日本で同居していたミッキーが、アメリカに帰ってしまったからである。

「結婚後、僕はテレビ番組を抱えていたので半年は日本にいたけど、残りの時間はアメリカへ行くという生活を続けたんですね。彼女が向こうで映画に出演していたときもあるし。アメリカで暮らすといっても暇だから、試験を受けてＵＣＬＡ（カリフォルニア大学ロスアンゼルス校）に通ったりしていたんです」

ＵＣＬＡでは英語の勉強をすると同時に、友人も作り、一緒に遊んだりした。

「季節だけの臨時の生徒みたいな感じで、ビザも発給してもらってね。その間に出会って、話ができてよかったという人も大勢いたし、結構、楽しくやっていたんだけど」

結婚後の水谷は、極力仕事をセーブしてアメリカに通った。

82年からの出演作のタイトルを並べると、『あんちゃん』（日本テレビ系列　82〜83年）、『事件記者チャボ！』（日本テレビ系列　83〜84年）、『逃がれの街』（工藤栄一監督　83年）、『気分は名探偵』（日本テレビ系列　84〜85年）などで、ほぼ半年の撮影で終わる仕事を選んでいる。残りの半年をミッキーと過ごすためだ。

そんな変則的な生活を続けるうちに、二人の間に、どうにも埋められない溝を感じるようになった。結婚から約3年後のことである。

「一緒に居過ぎるのも問題が起きるって言うけど、ずっと離れているというのもね。彼女は日本で暮らしていく気持ちはなかったし、僕も向こうにずっといられるわけではない。日本とアメリカという距離もそうだけど、気持ちも少しずつ離れていった。何事も、過ぎるのはよくないんです。ただ、夫婦のことは本人たちの問題で、外から見ても分からないことがたくさんあるでしょ。それで、二人で話し合って、最終的に、この結婚生活はもう無理だ、これ以上は続けられないという結論を出したとき、僕が彼女のお母さんに報告することになってね。僕は義母さんとも仲が良かったから」

辛い報告をする前に、水谷はミッキーの家族をラスベガスの近くにあるリゾート地、パームスプリングスに誘った。事情を知らない義母は、とても喜んだという。

「そこの映画館で観たのが、エディ・マーフィが主役の『ビバリーヒルズ・コップ』なんですよ。もう、みんなでゲラゲラ大笑いしてね。大笑いしたあと、ホテルに帰って、『実は義母さん』と打ち明けた。そしたら義母さんは『ええっ』とショックを受けて、もう泣いて、泣いてね。こんなにも泣いてくれるのかと、ちょっと驚きましたね」

そして、86年5月21日、水谷はロスアンゼルスの友人宅で離婚の会見を開いた。

〈ふたりの生活が東京、ロスを行ったり来たりなのは納得の上でした。でも、昨年春ごろから、彼女はゴルフのプロにならないかと誘われ、最近はツアーに出ていることが多くて、国際電話しても連絡がつかなかったり、逆に僕が仕事で家にいなかったりで、すれ違いが生じるようになってしまったんです。4月に彼女のほうから話し合いたいといってきたとき（離婚の）予感はありました（中略）。1週間じっくり話し合いました（中略）。彼女は〝もう元には引き返せない〟というし、それならお互いに後悔しない道を進もうということで考えが一致したんです〉（『週刊平凡』86年6月6日号）

水谷の母は、実家の2階を洋間に改装して、キッチンとトイレを新設。二人が結婚生活を送るための環境を整えていたという。けれど、ミッキーが実家で同居したのはわずか数ヵ月だった。この結婚をどう思っていたのだろうか。

「彼女の両親が日本に来たことがあって、そのときには、一緒に楽しそうに過ごしていましたけど、内心は、ずっと心配していたと思いますね。結婚はしたけれど、彼女は日本にいなくて、僕は1年の半分は向こうに行ってしまって、その間は、まったく何をしているか分からない。親としては心配だったでしょう」

離婚後、ミッキーはプロゴルファーになり、インストラクターの仕事を続けた。90年には来日し、埼玉のゴルフ場でインストラクターをしていたこともある。93年にプロゴルファーのアメリカ人男性と再婚したときには、水谷に報告があったという。

仕事をしろよ

お互いが納得ずくであっても、将来を誓い合った者同士の別れは、なにかしらの痛みを伴う。興味本位の報道に対する心理的な疲れもあってか、離婚が成立してから約1年半の間、水谷はほとんど仕事をしなかった。

「できることなら、もう芸能じゃない別な世界と出会いたいと思っていた頃でもありますね。その気持ちは結婚したあとも、変わっていなかった。素晴らしい人たちとも出会いながら、こういうことは嫌だな、とか。こういうことが起きる世の中は嫌だなとも思うことがずっと続いていた。そうじゃない世界がどこかに絶対あるはずで、そこへ行きたいと」

そんなときに、「休んでいないで、仕事をしろよ」と誘ってくれたのが、日本テレビのプロデューサー・小坂敬だった。小坂は、水谷が18歳で家出したあと、アルバイトを探していたときに、「いい役がある」と声を掛けてくれた恩人である。

「小坂さんは僕が彼女に慰謝料を払っていることを知っていて、『金がいるだろ。そろそろ仕事しろよ』と言うんです。『引き受けてくれたら、ギャラを前渡しするから』って」

このとき小坂は制作局第一制作部長兼チーフプロデューサーという立場にあり、水谷に4回分のギャラの前渡しを提示した。だが、水谷はその申し出を「まだ何もしていないから」と断わった上で、オファーを受けることにした。

「それで企画されたのが火曜サスペンス劇場の『浅見光彦ミステリー』（87～90年）で、僕にとって初めての2時間ドラマでした。ルポライターの浅見光彦が、毎回殺人事件を解決していく話です。光彦の実兄が警察庁刑事局長という設定でね。小坂さんは、『これは必ず、年に2回撮るとかのレギュラー番組にするから』と約束してくれて、その通りになりました。あのときの演技が、『相棒』の杉下右京のベースになったと思いますね」

『浅見光彦ミステリー』で、水谷は乙羽信子と共演していた。乙羽は、元宝塚娘役で、同期に越路吹雪や月丘夢路がいる。退団後は「百万ドルのエクボ」というキャッチフレーズで大映から映画デビュー。宇野重吉と夫婦を演じた『愛妻物語』（新藤兼人監督　51年）などの作品で人気女優になった。また、台詞がひと言もない実験的とも言える映画『裸の島』（新藤兼人監督　60年）では、モスクワ国際映画祭グランプリを受賞している。

「僕の母親役が乙羽信子さん、兄の役が高橋悦史さんで、素晴らしいキャストの家族でした。

乙羽さんは全てが何気なくて明るくて優しくて、現場でご一緒していてとても心地のよい方でした。乙羽さんからは、なんどかシャツなどの衣類をいただきました。撮影中は、乙羽さんではなく『お母さん』と呼ばせていただいていましたね」

乙羽からプレゼントされたのは衣類だけではなかった。

「当時、乙羽さんも僕もまだ煙草を吸っていたんです。ある日、乙羽さんが、『これからみんな煙草をやめていくと思うけど、私たちはやめないで頑張りましょうね』と言って携帯用の灰皿をプレゼントしてくれました。それからは会うたびに『あなた、裏切ってないでしょうね』『僕は裏切ってません。お母さんは？』『私も裏切ってませんよ』。クスクスと笑いながら、二人で話しました。そんな密やかな会話が楽しみでもありました」

役を越えて乙羽と水谷は結びつき、二人だけの約束を共有した。

「作品の中の乙羽さんは、さらりとした仕草や台詞に母親の深い愛情を感じさせて、素晴らしい演技でした。その乙羽信子さんとご一緒できたこと、しかも親子の役という、願っても叶わないことが起きたような思い出深い作品になりました」

当時の水谷は35歳。彼は〝俳優としては中途半端な年代だった〟と振り返る。

「若いときに売れたとすると、それはまさに若いから売れたわけですね。20代は若くて可能性があるから、失敗してもまた冒険ができる。だけど、30代はまだ自分の中には若さが残っているのに、そういう役は回ってこない。しかも上には40代、50代の先輩俳優たちがいるという、すごく中途半端な時間を一度過ごさなきゃいけない。若者でも大人でもない期間をどう過ごすかで、先が決まるんです。そこで終わってしまう人もいる」

水谷の場合は「あまりジタバタしなかった」と言う。

小坂敬のように、常に気にかけてくれる人が身近にいたお陰で、その後も日本テレビ系列で『ハロー！グッバイ』（89年）、『地方記者・立花陽介』（93〜2003年）、『事件記者・三上雄太』（04〜05年）などに出演し、大人の俳優へと成長している。

「ずっと後のことですが、小坂さんは、『プロデューサー人生の中で自分は一つ失敗をした。それは水谷豊を好きになったことだ。俳優を好きになれば、冷静な判断ができなくなるから駄目なんだ』と仰ったんです。僕の大切な恩人ですね」

二人の巨匠

長谷川和彦監督の『青春の殺人者』で高い評価を得たものの、水谷は映画出演に関して慎重だった。5年後に一本、7年後に一本出演したのみだ。どちらも脚本の内容というより、監督の人柄に惹かれて引き受けた。

『幸福』（市川崑監督　1981年）と『逃がれの街』（工藤栄一監督　83年）である。『幸福』の出演オファーがあったときに、水谷は「あまり気乗りがしなかった」という。

「20代で海外旅行をしたとき、西海岸の劇場で『ピーター・パン』という舞台を観たんですね。サンディ・ダンカンという女優さんが主役で、彼女がインディアンと踊る姿に圧倒されて、どこか別世界へ連れて行かれるような気持ちになったんです。それ以来、あの感動をお客さんに味わってもらえるような映画を作りたいと夢見るようになった」

彼は企画を実現させるため、様々な方面に働きかけた。脚本家の市川森一とシナリオを作り、懇意にしていた市川監督に相談したこともある。だが――。

「市川監督からは、『そういう企画は、自分と年齢が近い人と組んだ方がいい』と言われて、代わりに提案されたのが、『幸福』という映画への出演でした。妻に逃げられた子持ちの刑事役で、正直に言えば、あまり気乗りがしませんでした。役の設定も実際より5歳上で、後輩の刑事役の永島敏行さんを指導する立場だった」

それでも、仕事を引き受けたからには全身全霊で応えるのが水谷である。

「スケジュールもタイトだったけど、この映画は監督がシルバー・カラーの映像にこだわったので、撮影が大変だったんですよ」

シルバー・カラーとは、銀残しとも呼ばれる特殊な現像処理法だ。フィルムにこの処理を施すと画面の暗部がさらに暗くなり、明るい部分とのコントラストが強調されて、引き締まった画面になる。

「そのための撮影には、もの凄く強い照明を当てる必要があるんですね。とにかく熱い。東宝のセットで、刑事部屋の撮影をしているときに温度計を見たら、50度くらいあった。汗が落ちないように、スタートがかかるギリギリまで首にガーゼを当てているのですが、『よーい（用意）』でガーゼを外すと、あっという間に汗が流れてきて」

映画の試写会には市川監督の妻で、脚本家の和田夏十《なっと》も姿を見せた。

「その頃、僕はまだ独身だったけど、二人の子供がいる父親の役なんですよ。そしたら、試写を観た和田さんが『ちゃんとお父さんに見えましたわよ』と言ってくれて、どんな風に映るか気になっていたので、嬉しかったですね。市川監督は、和田さんの意見をとても大事にしているんですよ。監督は『夏十さんが、この映画はベストワンではないけど、ベストスリーに入る素晴らしい映画だ、と言っていた』と話して、僕を褒めてくれたんです」

市川監督は水谷を食事に誘い、「今回、一緒に仕事ができて良かった」と語った。

「監督は僕のことをミータニちゃんと呼ぶんです。『ミータニちゃんには色気のある俳優になってほしい。最近は色気のない俳優が多いから』と話して、俳優に必要な色気とはどういうことか、具体的に教えてくれました。『あのシーン、あのときのミータニちゃんの芝居が色気なんだよ』と。僕を食事に誘ってくれたのは、そのことを教えてくれるためだったのかと思います。だけど、そのシーンはカットされていたんですよ（笑）。残っていたら、色気があると言われた芝居を確認できたんですけどね。初めはどうなることかと不安もあったけれど、監督の言葉や現場の経験が、ずっと心に残る作品になりましたね」

水谷の言葉通り、この作品は、キネマ旬報ベストテン第6位、主演男優賞（永島敏行）、毎日映画コンクール日本映画優秀賞、ブルーリボン賞ベストテン入選、文化庁優秀映画選出など様々な賞を受賞している。

『逃がれの街』の工藤栄一監督もまた、水谷にとっては、忘れ難い監督だ。

「工藤監督とは、その前に『傷だらけの天使』や『影同心Ⅱ』でも仕事をしています。『影同心Ⅱ』は僕が23歳の頃で、撮影は京都でした。同時期に東京では『夜明けの刑事』の収録があって、スケジュールが重なっていたんです。前に話しましたが、あれに懲りて、以後は、テッパリはやっていません。京都と東京の往復が続くのはかなり厳しかった」

『影同心Ⅱ』の撮影中、工藤監督は、水谷にある提案をした。

「『このドラマのエピソードを、一本撮ってみないか』と言われたんです。『豊ちゃん、監督をやれ。俺が付いているから』と。僕が監督をするのなら、台本を変えたりしてもよかったんだけど、僕としては演出、いわゆる監督の仕事を意識したことも無かったし、東京で『夜明けの刑事』の収録を抱えていて、時間的にも無理でした」

工藤監督は水谷が監督すればどんな作品になるのか、見てみたかったのだろう。

「でも、僕はその頃は演じることが面白い時期だったし、監督が考えることの方がよほど面白いと思っていたのでね。今、振り返って思うと、工藤監督にとって僕は、息子みたいな感じだった。僕も監督に会いたくなったら、日帰りで京都へ行って、一緒に食事をしたり、色々な話をしました。教えてもらったことも多いですね。あるとき、撮影の途中で監督が『豊ちゃん、今から撮るシーンはとてもヘタだよ。でも、次のシーンは良く撮るから』と話して、それは次のシーンを効果的に生かすために、あえてヘタに撮るという意味だったんですね。全部をうまく撮ることはできないと教えてくれた。また、『カットを割るのが面倒くさいから、ここはワンカットでいく』とか、乱暴に聞こえることを言っても、ちゃんと細かく一つ一つのシーンを計算していた」

これらのエピソードを聞くと、工藤監督が水谷に強い関心を持っていたことが分かる。

「監督は、その前の『傷だらけの天使』でご一緒したときから、編集作業で僕がよく見えるようにしてくれていたんですよ」

水谷が演じる乾亨が、木暮修に呼びかける「アニキ〜」という言葉は、ファンの間で流行した。流行ると見抜いていたのが工藤監督だったという。

「監督が『豊ちゃん、ここでも、アニキ〜と言って』『ここでも言って』と繰り返したんです。『これはウケるぞ』って。ドラマを観ている人は、この言葉のニュアンスを喜ぶんじゃないか、と監督は察知していたんでしょうね。（『傷だらけの天使』は）他にも監督はいたけど、それを言ったのは工藤栄一監督だけでした」

工藤監督の狙いは当たり、修への呼び掛けは大いにウケて、口真似をするファンが続出した。監督は『逃がれの街』の撮影でも、島田紳助に「アニキ〜」と連呼させている。今回「アニキ〜」と呼ばれるのは水谷である。

『逃がれの街』で水谷は、電気製品を配送するトラック運転手・水井幸二を演じた。その水井を兄貴と慕うのが島田紳助演じる米倉で、上司の八田を阿藤海（のちに阿藤快と改名）。そして出色な演技を見せるのが、水井に殺されるヤクザの渡辺を演じた財津一郎だ。

この映画で水井は、八田と渡辺からさんざん殴られる。

「あの頃は肩が上がらない状態が続いていたんです。実は『傷だらけの天使』の撮影で右の肩を傷めてしまって、すぐに医者なり整体なりに行って検査してもらえばいいのに、若いから、治療も何もしないで放っておいたんです。そのうちに、痛みがひどくて、何かを投げたりすることができなくなった。肩が上がらないから水泳も無理でしょ。それでもアクションを続けていましたね。もう、気合でやっちゃうみたいな感じでした」

八田はボクサー上がりという設定なので、殴り方も本格的だった。

「海ちゃんは、アクションシーンのために、ボクシングのトレーニングに通ったと聞きました。財津さん（の役）はヤクザだから、不意打ちとか喧嘩の仕方がずるい。僕は投げ飛ばされたり、蹴られたり、顔を靴で踏みつけられたりで、結構派手でしたね。工藤監督はそういうアクションシーンを喜ぶんですよ。僕が殴られて吹っ飛ぶと、『そうそうそう、それでOK！』と嬉しそうに笑っていた。撮影中、監督には自由にさせてもらったというか、役に魂が入っていれば、多少動きが違ってもOKでした」

『逃がれの街』で、あちこちに身体をぶつける水谷のアクションを観ると、殴るより、殴られる反応の方が大変だと分かる。しかも、肩を傷めた状態で転げ回っていたのだ。

「映画の完全版は実は3時間30分もあって、僕のシーンはかなり削られているんです。でも、終わったことは追わないタイプだから、気にならない。だけど、この映画の撮影が終わったあと、やはり自分にはもっと向いている世界があると思いましたね。工藤監督のことは大好きだけど、映画を取り巻く環境とか、関わっている人間とか、諸々のことに嫌気がさしていた。何か虚しさを感じていたんです。自分の思いが報われる世界ではないなという思いがあった。そんなこと、昨日や今日に始まったことじゃないのにね。僕は子役から始めて、早生《わせ》のように思われているけど、案外、奥手なんですよ（笑）」

『逃がれの街』のあと、水谷の仕事はテレビが主になった。

「テレビというのは、俳優を野放しにすることが多い世界なんです。演技が未経験の新人は別にして、（ディレクターが）ある程度の演出はするけれど、『それ以上は自分で演ってください』と突き放すことが多い。そのせいで酷い芝居をして（俳優として）駄目になるのなら、この仕事に早く見切りをつけられるでしょ」

水谷がテレビを選んだのは、「駄目になるチャンスが多いから」だというが、駄目になるどころか、仕事は増えていった。野放しにされても、確かな演技で応えたからだ。

『逃がれの街』が公開された83年以降、彼はテレビドラマで刑事、ルポライター、探偵、事件記者、料理人、漫画家、演歌歌手のマネージャーなど様々な主人公を演じ、新たな境地を開いた。高視聴率を稼いだドラマがいくつもある。

「その間、映画のオファーもいくつか来たけど、魅力的な世界には思えなくなっていた。（映画の）仕事をするエネルギーが持てないし、もう嫌だという反撥を感じていたのね。仕事にはそれぞれの感性が集まるでしょ。近い感性の人と一緒なら幸せかもしれないけど、そうでない人と出会うことが多い時期だったから余計にね」

彼が再び映画に出演するのは、『逃がれの街』が公開されてからちょうど四半世紀、25年後のことである。

心に残る名優

『逃がれの街』のあと、テレビの世界へ向かった水谷は、その間に離婚という大きな節目を挟みながらも、84年から89年の間に10作品に出演している。

時系列で並べると、『気分は名探偵』（日本テレビ系列　84～85年）、『うまい話あり』（NHK　86年）、『浅見光彦ミステリー』（日本テレビ系列　87～90年）、『トレード』（TBSテレビ系列　88年）、『潜在光景』（フジテレビ系列　88年）、『ビキニライン殺人事件』（テレビ朝日系列　88年）、『彼らのいちばん危険な夜』（フジテレビ系列　88年）、『ハロー！グッバイ』（日本テレビ系列　89年）、『遮断機の下りる時』（フジテレビ系列　89年）、『パパはパパでも代理パパ』（TBS系列　89年）となり、制作局は様々である。

ドラマの共演者も様々だが、なかでも異色と言えるのは、NHKの『ドラマ人間模様』で4回にわたって放映された『うまい話あり』だ。水谷の役は、脱サラして、外資系の石油会社が新設したガソリンスタンドの経営を目指す津秋真吾。経営はうまくいかず、さらには妻が事故に遭うなどして悪戦苦闘する姿が描かれる。城山三郎の小説が原作で、共演者は小林桂樹、田中裕子、岸田今日子、倍賞美津子、山城新伍と豪華なメンバーだ。

なかでも小林桂樹、田中裕子については印象が深いという。

「田中裕子さんのことは、以前から芝居を拝見していて、何かが優れていると思っていたのですが、初めての共演でそれが何なのかがすぐに分かりました。夫婦役でしたが、全ての気持ちがリアルに伝わって来るんです。つまり芝居を越えたリアルさがある」

水谷より3歳下の田中裕子は「文学座」出身で、NHK連続テレビ小説『おしん』（83〜84年）の主役を演じて一躍有名女優となった。その演技力の評価は高く、同年に出演した『天城越え』（三村晴彦監督）では、モントリオール世界映画祭主演女優賞を受賞している。

「彼女は、作りごとの芝居を自身の中の真実に転換することができるのでしょうね。芝居を形で捉えてしまう役者が多い中で、田中裕子さんのそれはまさに才能ですね」

昭和の名優・小林桂樹との共演は、水谷にとって光栄ともいえる経験だった。小林は津秋の上司で、脱サラに反対する資材部課長を演じた。共演当時、小林は63歳、水谷は34歳。

52年に東宝と専属契約を結んだ小林は、生涯に265本の映画に出演し、昭和の映画史に欠かせない俳優の一人である。サラリーマン喜劇から、松本清張が原作の社会派ドラマまで幅広く演じ、映画のみならず、テレビでも多くの作品を残している。

「小林桂樹さんは、森繁久彌さんの秘書を演じた『社長シリーズ』（千葉泰樹・松林宗恵他監督　56〜70年）や、山下清さんがモデルの『裸の大将』（堀川弘通監督　58年）、高峰秀子さんと聾者の夫婦を演じた『名もなく貧しく美しく』（松山善三監督　61年）、『激動の昭和史　軍閥』（堀川弘通監督　70年）の東条英機役の他、NHKで『赤ひげ』（72〜73年）の新出去定という医者役などなど、名作傑作に欠かせない、まさしく戦後日本を代表する映画、そしてテレビドラマの大スターです。ある意味、それまでの映画スターのイメージを変えた方だったと思います。顔もスタイルも芝居も、すべて格好いいというのが従来の映画スターのイメージでしたが、小林さんは、50年代から70年代にかけて、一見すると地味に見える、けれどもリアルな芝居で主役を務めてこられたのですから」

また、小松左京のSF小説の映画化『日本沈没』（森谷司郎監督 73年）で日本全土の沈下を予測する田所博士を、『空白の900分 国鉄総裁怪死事件』（NHK 80年）では下山定則総裁を演じて、忘れ難い印象を残した。その演技が評価され、毎日映画コンクールでは三度の主演男優賞と、助演男優賞を、87年にはNHK放送文化賞を受賞している。

「その小林桂樹さんと芝居をすることに言葉には言い表せない幸せを感じました。それは小林さんの醸し出す独自な空気に侵食されることの喜びのようなものだったと思います。共演させていただいた『うまい話あり』の打ち上げの僕の挨拶を小林さんがとても気に入ってくれて『豊君のような人が脚本を書けばいいんだよ。書いてごらんよ』と言われたことを覚えています。当時は脚本など滅相もないと思いましたが、嬉しいひと言でした」

自分が脚本を書くなど考えたこともない、というが、この頃、水谷はある計画を練っていた。芸能の世界から去ろうとしていた人間にしては、唐突にも思える映画製作である。

「ゴルフは絶対にブームになると思って、プロゴルファーの話を作ろうとしたんです」

ドラマ出演を続ける最中に、そんなことを考えていたのだ。

「まずはプロデューサーに相談して、プロゴルファーを描いた原作を探しました。誰かに任せるのではなく、自分で作りたかった。34、35歳くらいのときかな、僕がゴルフを始める前のことです。なぜ、それまでゴルフをやらなかったかというと、（岸田）森さんの『20代の豊にはまだ早い。会わなくてもいい人間に会うから』という教えもあったけど、ゴルフをやっている先輩俳優を見て、ゴルフなんかに夢中になっているから芝居がダメなんだ、と思い込んでいた。だけど、自分でゴルフを始めたらすごく面白かったんです。これは続けたいと思った。それで、はたと気が付いたの。あれはゴルフをやっているからダメなんじゃなくて、元々ダメな人がゴルフをやっているだけなんだと」

水谷が実際にクラブを握ったのは30代の半ばだった。それまではもっと簡単だと思っていたのに、プレーを続けるうちに、ゴルフという競技の奥深さを知り、このテーマで映画を作るのは容易なことではないと実感した。

「自分でプロゴルファーを演じるつもりだったけど、とてつもなく難しいと分かった。芝居をしてもプロのようには見せられないし、やはりプロとアマチュアは別世界です。これは無理だと思って（映画製作を）諦めたんです」

その後も水谷はゴルフを続け、周囲から「スイングが美しい」と評されるまでになる。練習に熱中するあまり、自宅でスイングをして植木鉢を割ったこともあった。

「ありましたねぇ。（伊藤）蘭さんと結婚したあとですが、ウンベラータ（観葉植物の名）という植木の鉢を壊して注意されたことが（笑）」

彼にとってゴルフはコミュニケーションツールにもなり、友人たちとの親睦を深める役に立っているという。

最も長いお付き合い

水谷のフィルモグラフィーを検索すると、監督・演出に吉川一義という名前が頻繁に出てくる。1935年生まれの吉川監督は、2023年現在で88歳。現役である。

監督と水谷が組んだ作品を時系列で並べると、『浅見光彦ミステリー』(日本テレビ系列 1987〜90年)から始まり、『地方記者・立花陽介』(日本テレビ系列 93〜2003年)、『聖夜の逃亡者』(テレビ朝日系列 94年)、『行きずりの街』(テレビ朝日系列 2000年)、『事件記者・三上雄太』(日本テレビ系列 2004〜05年)、『パートタイム裁判官』(TBS系列 2005、07年)、『潮風の診療所〜岬のドクター奮戦記』(フジテレビ系列 2007年)、『だましゑ歌麿』(テレビ朝日系列 2009〜14年)、『外科医 須磨久善』(テレビ朝日系列 2010年)、『無用庵隠居修行』(BS朝日 2017〜23年)となる。

シリーズ物や単発を含めて10作品あり、水谷の俳優人生において、最も数多く仕事をした監督と言える。さらには、この先も仕事をする予定があるという。

「吉川監督との出会いは『浅見光彦ミステリー』全8話の4話目だったと思います。2時間ドラマというのは映画とおなじ長さなので、当時はテレビにそんなエネルギーは使えない、と思っていたのですが、吉川監督と出会ったことで、面白さを知りました。その後も監督とご縁が続き、『無用庵隠居修行』まで、およそ35年のお付き合いになります。『無用庵隠居修行』の制作が決まったときには、岸部一徳さんに出演をお願いしました。一つは僕が一徳さんと仕事がしたかったのと、もう一つは一徳さんに吉川監督の現場を味わって欲しかったからです。撮影が終わって一徳さんは監督の素晴らしさに感動していました。僕が長く吉川監督を慕ってきたことを分かってもらえましたし、一徳さん自身も『監督に出会えてよかった』と言ってくれました」

『無用庵隠居修行』で水谷が演じたのは、江戸城に勤める大番士の日向半兵衛。同僚たちの出世争いに嫌気がさし、「あらゆる欲を捨て去り、無の境地になって終わりたい」と決めて隠居生活を送ろうと思ったものの、次々と事件に巻き込まれてしまう。半兵衛の用人・勝谷彦之助に岸部一徳、半兵衛に好意を持っている旗本の息女に檀れいが配役されている。

「勝谷は用人なのに、家のことを知り尽くしているから態度が大きくて、半兵衛よりもいい着物を着ていたりするんです。檀れいさんの奈津は出戻りで、お転婆な女性なので、半兵衛に積極的に近づいてくる。半兵衛は現世の欲は捨てたといいながら、人に頼まれたら、首を突っ込んだり、気持ちがふらふらと落ち着かない。この三人のやりとりが面白いんです。吉川監督とは、その前に『だましゑ歌麿』という時代劇をやって、原作者の高橋克彦さんがとても気に入ってくださった。そこからまた時代劇という流れです」

　吉川監督の魅力について語るとき、水谷は饒舌になる。

「監督は撮影が始まるとき、頭の中にカット割りだけではなく、編集までイメージができているのだと思います。ですから無駄がない。もちろん必要な遊びは入れるのですが。必要な遊びというのは台本に無いことを膨らませることです。日常の些細なことからドラマチックな要素まで、バランスよく芝居に組み込んでくれます。そして常にユーモアを忘れない。俳優としては、監督がいろいろなことを引き出してくれるという充実感があります。僕だけではなく、藤田まことさんや市原悦子さんが吉川監督と長年コンビを組んだ理由も、まさに監督の演出に惚れ込んでいたからだと思います」

同じく吉川監督が演出したシリーズ物のドラマに、『地方記者・立花陽介』がある。新聞社に勤める立花陽介が、地方の通信局を転々とし、その地方で起きた事件を解決していくというストーリーである。陽介の妻役に森口瑤子。本社の先輩記者役で、片桐竜次が出演していることから、のちの『相棒』のメンバーを連想させるという声もある。

「『地方記者・立花陽介』は10年で20本演りました。つまり地方記者として1年に2回、20の街に赴任したことになります。ドラマならではの設定で、リアルにはあり得ないことですね。プロデューサーは小坂敬さんの一番弟子、長富忠裕さん。岡本克己さんの脚本も毎回素晴らしかったですし、吉川監督の演出も奥深く面白い。ある意味、役者として至福の時間でした。決して派手ではありませんし、大きな構え（ドラマ設定・制作陣など）もないのですが、じんわりと人の心を揺さぶる監督の作風が僕は大好きでした。役者として難しい時期に、この作品と出会ったことが間違いなく今に繋がっていると思っています」

俳優にとって地方ロケはスタジオを抜け出せて楽しみなのか、あるいは負担なのだろうか。

「ロケで地方に行くことは新鮮で嬉しいことでした。仕事でなければ行かないような場所に行けること、自然との出会いも含めて、毎回一期一会を感じていました。かつて栄えていた街がすっかり廃れてしまい、まさに地方の栄枯盛衰を目の当たりにすることもありましたが、温泉地での撮影となると、スタッフも出演者も温泉が楽しみで、撮影が終わる頃は疲れているはずなのに、生き生きとしてくる。これを味わえるのは地方ロケならではのことです。それを10年に亘って経験できたのですから僕はラッキー、恵まれていたとしか言いようがありません。その後は制作費削減や最近ではコロナの影響で地方ロケが圧倒的に少なくなってしまったのは、その時代を知るものにとっては寂しい限りです」

長く仕事をしてきた吉川監督からは、芝居だけでなく、人生についても学んだ。

「人はそれほど大袈裟に人生を送っているわけでもなく、かと言ってそれほど大雑把にも生きてはいない。また、全く過ちの無い綺麗な人生を送っているわけもなく、だからこそ人を責める前に自分はどうあれば良いのかを考える。これは人生における基本的な考え方であり、いつも戒めの言葉として心に置いています」

〝蘭ちゃんさん〟

俳優としては中途半端で難しい時期だったという30代後半を迎えた水谷に、プライベート面で春が訪れようとしていた。

ミッキー・マッケンジーとの離婚では様々な痛手を負ったものの、騒動の間にも心惹かれ、交際を考えるようになった女性に出会っていたのだ。

日本テレビ系列のドラマ『あんちゃん』に続き、『事件記者チャボ！』でも共演した伊藤蘭である。水谷は伊藤が三人組のアイドルグループ・キャンディーズのメンバーとして活躍していた（１９７２～78年）頃からのファンだった。

「初めて蘭さんに会ったのは、僕が23歳の頃で、『傷だらけの天使』が終わったあと。『週刊平凡』の表紙の撮影でしたね」

撮影の依頼があったとき水谷は、「駅の売店とかに、僕が表紙の雑誌が並ぶのは恥ずかしいから嫌です」と断わった。だが、編集部から、キャンディーズと一緒の表紙ならどうか、と打診されて、気持ちが変わった。

「僕にとっては初めての表紙撮影で、緊張しつつも、キャンディーズに会ったらいろいろ質問をしてみようと思い、前日は頭の中で質問や話し掛ける内容をイメージしていました。ですが、いざスタジオで撮影が始まると、全く質問できるムードではなく、どんどん撮影が進んでいく。あれよあれよという間に撮影が終わり、『豊ちゃん、お疲れ様でした。もう帰ってもいいですよ』という担当者の冷たい声が聞こえて」

キャンディーズはすぐにスタジオを出て行き、ひと言の会話もできなかった。

「あまり狼狽《うろた》えてもおかしいと思い、僕も『お疲れ様でした』と言って、スタジオを出たのですが、そのまま帰る気にはなれず、担当者に『三人に挨拶をしたい』と話すと『そんなこと気にしなくて大丈夫だよ』と。そこを粘って、キャンディーズの三人を玄関まで連れて来てもらったんです。勇気を振り絞って発した言葉が『握手してください』でした」

初対面の水谷に、伊藤はどんな印象を持ったのだろうか。

「蘭さんが後に話してくれたのですが、僕が家出から帰って来た19歳のとき、再出発になった『火曜日の女』シリーズのドラマ『あの子が死んだ朝』の放送を、お母さんと一緒に『怖い、怖い』と言いながら観ていたそうです。スタジオで表紙撮影しているときには『あの怖いドラマに出ていた人だ』と思ったとか。撮影中は、蘭さんとひと言も会話をしてないのですから、僕に対して特に印象はなかったと思います」

伊藤本人の記憶は少し違っている。

〈主人との出会いにしても、実はキャンディーズ時代に雑誌の表紙の撮影で会ったのが初対面なんです。でも主人が言うには、これはキャンディーズと話せるチャンスだと思って、〝忙しいんですか？〟と話しかけたら、〝はい〟で終わってしまって、なぁーんだって感じだったみたいですよ〉（『My Fortiesマイフォーティーズ』２００４年2月号）

彼に素っ気なく思える返事をしたのには理由がある。

〈あのころは、人とどんなふうにコミュニケーションをとればいいのかということも身につかないうちに、仕事の渦のなかに放り込まれて歌ったり踊ったりしていましたから、周囲の方たちとの関係を育むということがうまくできなかったんです。だから主人とも、一瞬すれ違った人、という感覚でしたね〉（同）

大好きだったキャンディーズが解散したのは１９７８年４月４日。水谷が『熱中時代』教師編を撮影しているときだった。後楽園球場で行われたファイナルコンサートは、5万5000人の観客を集め、約4時間にわたって開催された。

前年夏の日比谷野外音楽堂コンサートで「私たち、みなさんに謝らなければならないことがあります」と解散を宣言したとき、伊藤蘭が泣きながら「普通の女の子に戻りたい！」と叫んだ言葉は、同年の流行語になっている。

〈あの言葉だけがひとり歩きをしたというところはありましたけど、でも、あのときは言葉どおりの気持ちだったんだと、今ふり返ってみても思います。本当に歌って踊るだけの繰り返しでしたから、どこまでこの状態が続くのだろう。どんな状態でピリオドが打たれるの？という不安がありましたね。きちんと区切りをつけて次のステップに向かいたかった。自分の世界を持ちたかったんです〉（同）

当時の水谷には伊藤の気持ちは想像できなかった。華やかな印象の方が強い。

「同じ芸能界でも、歌謡界というのは、きらびやかな世界だと思っていたんですね。僕らは毎日、工事現場みたいなところで撮影していたし。だから、あの解散式は本当にカッコよかった。俳優が引退したって、あんな騒ぎにはならないでしょ。撮影所でもみんな『カッコいいね、キャンディーズ』って話してましたね。蘭さんとは、表紙の撮影以降、日本テレビのドラマで共演するまで会っていませんでした」

約2年半の交際を経て、水谷が伊藤との結婚を決めたのは、88年11月。この間、マスコミが二人の親密さを書き立て、すでに同棲しているという記事まで出回った。

〈主人とは『あんちゃん』という連続ドラマの兄妹役で共演したのですけど、最初の印象は、いい人だなぁ、すごい役者さんだなぁって。ただ、当時の彼は結婚したばかりでしたので恋愛の対象にはならなかったですね。私、家庭のある人っていうのは絶対にイヤなんです。よくあるドロドロした騒動がダメで（中略）。だから、あくまでもいい共演者、いいお友達で終わったかもしれないんですけど、たまたまむこうが離婚しましたので……〉（同）

水谷が離婚したあとで、交際が始まり、二人の仲は公然のものとなった。ある日、彼がなにげなく口にしたプロポーズの言葉は、「一緒に住まないか」だった。

「彼女から『それは同棲ってことですか』と聞き返されて（笑）。いやそうじゃないと答えたけど、結婚を申し込むときって、綿密な計画のもとにここで言おうとか、そういうことじゃないんですね。口に出した瞬間に現実になるわけです。口に出すまでは、何を考えていても現実じゃないんですよ。本当にコンマ何秒のこと。別れるときも同じで、口に出したところで現実になる。言わなきゃ終わらないし、始まらない」

一方の伊藤は、プロポーズを受けるまで結婚願望はなかったという。

〈私は結婚式にもウェディングドレスにもあこがれがなかったんです。というのも、うちの両親がそんなに順調な夫婦生活を送っているという感じではなかったものですから、母には〝急いで結婚することはないのよ〟（中略）と言われたくらいなんです〉（同）

今回の挙式場所も、最初の結婚と同じくハワイだった。

「結婚を承諾してくれたとき、蘭さんに、『前（の結婚式）と同じ服は着ないでください』

と言われました。僕がやりそうだって（笑）」

伊藤の希望通り、最初の結婚で着たタキシードは白だったが、今回は淡いグレーに変えて式に臨んだ。出席者も少人数で、家族の他はごく限られた友人たちだけだった。式場はマスコミの取材を避けるために、急遽、前日に決定した高校の校内にある教会だった。

「当時、彼女は僕を豊さん、僕は彼女を〝蘭ちゃんさん〟と呼んでいました。今は蘭さんですね。おい、とか〝ランちゃん〟とか呼び捨てにはできません（笑）」

二人は89年1月21日に入籍。同年10月には、新婚旅行を兼ねてニューヨークへ行く計画を立てていた。2週間の予定である。

だが、挙式の前年から、彼の身体に思わぬ異変が起きていた。のちにマスコミが〈水谷豊の深刻通院姿を目撃〉と書き立てた出来事である。

「これは一生言わないでおこうかと思っていたけれど、この齢になったから、もう話してもいいかな」

親友との別れ

親友の松田優作が膀胱ガンの治療のため、都内の病院に入院したのは、88年9月のことだった。このとき、水谷は優作から連絡を受け、見舞いに訪れている。

「電話で優作ちゃんは、『膀胱になにかできているらしいけど、大丈夫だから』と言っていた。実は僕にも、ときどき血尿の症状があって、そのことは優作ちゃんに話していたのね。それで、お見舞いに行ったとき、優作ちゃんから『病院に来たついでに、豊も調べてもらえよ』と言われて、検査することになった」

　検査の結果は初期の膀胱ガンで、手術が必要だった。医師から「最も早く入院できる日はいつですか」と聞かれたという。

「僕が手術入院している間に優作ちゃんが退院して、今度は優作ちゃんが僕のお見舞いに来てね。二人で病院のトイレに隠れて煙草を吸ったり、屋上のベンチで差し入れのコーヒーを飲みながら色々な話をしたのよ。とにかく、楽しい話をした記憶しかない。あれは二人だけの秘密というか、とても密度が濃い時間だった」

　水谷が病気を公表しなかったのは、「出演する作品に迷惑が掛かるから」だという。病名のインパクトが強くて、作品になんらかの影響を与えることが想像できたからだ。心配するからという理由で、母親にも打ち明けなかった。

「手術のあとは毎月、抗ガン剤を入れて、飲み薬で治療していたんだけど、僕が術後の定期検査で入院したとき、優作ちゃんが救急車で運ばれてきたことがあった」

　優作はハリウッド映画『ブラック・レイン』（リドリー・スコット監督　89年）の撮影が終了したあとで症状が急激に悪化し、再入院したのだ。腎臓から膀胱へ尿を送り出す腎盂に転移があり、すでに末期的な状態だったことを、水谷は知らなかった。

「その入院のときの病室が僕と隣り合わせだったの。それで、僕は病室の名札を本名にするわけにいかないから、二人の名前をミックスして『水田豊作』にしていたんだけど、優作ちゃんが見て、『おまえなぁ、いい加減にしろよ。なんだ、この名前は』って呆れていた（笑）。優作ちゃんが一貫して言っていたのは『絶対に手術はしない。しないで治す』。僕も『治るよ』と答えて『退院したら、二人でテレビのシリーズでも監督してみようか』なんてことも話した。それから優作ちゃんが、『これからは、監督の言うことはちゃんと聞こう。監督というのはやっぱり大変な仕事だよ。豊もちゃんと聞いた方がいいぞ』なんて言うから『俺はもう聞いているよ』って、笑ったりしたの」

水谷は定期検査を終えて退院。そして、優作が最後になる入院をした89年10月上旬、水谷は夫婦で見舞いに訪れた。

「蘭さんと皮を剝いた果物を差し入れしたのね。果物を食べる優作ちゃんを見たことがなかったけど、美味しい美味しいと言って食べてね。良かったなと思った。そのあと、もう一度、蘭さんとニューヨークへ出発するという前日、僕だけでお見舞いに行ったの。優作ちゃんは『ハリウッドからのオファーも、いくつか来ているけど、ちゃんと身体を治してからにする。今はあまり無理をしないでおこうと思う』と話していた。僕も『そうだね、元気になったら仕事ができるしね』とか、いつもと同じように二人で笑いながら話をしてね。僕が『2週間したら帰ってくるから、またお見舞いに来るね』と言って病室を出ようとしたら優作ちゃんが、『蘭ちゃんによろしく。ところで豊、英語でよろしくって、何て言ったっけ』と聞くから『SAY　HELLO！』と答えて、笑って別れたのよ」

その日、水谷は、優作の担当医であり、自分の手術も担当してもらった医師から、優作の病状について「腹水が上がっている」と聞かされた。

「僕に知識がなかったの。何のことか意味が分からなかった」

同10月下旬、水谷は伊藤とともにニューヨークへ出発した。2週間の新婚旅行である。

「ニューヨークでは、ブロードウェイで芝居を観たりして過ごそうと、蘭さんと話していたのね。そしたら、現地の友人に、『今ニューヨークでは〝ボトルマン〟が流行っているから気をつけなさい』と注意された。ボトルマンというのは、紙袋に入ったワインのボトルを小脇に抱え、通行人とすれ違いざまにぶつかって紙袋を落とし、割れたワインボトルをどうしてくれるんだと因縁をつけて金を脅し取る犯罪です。恐怖心からすぐにお金を出す日本人が狙われることが多いそうで、相場は100ドルとのことでした。でも、僕はボトルマンの話など笑い話にしか聞こえず、すっかり忘れてしまっていた」

だが、夫婦で『オペラ座の怪人』を観劇して近くのホテルまで歩いて帰る途中のことだった。黒人男性が水谷に、よろけるようにしてぶつかってきた。

「ボトッと音がしたので振り返ると、しゃがみ込んだ男が、落とした紙袋を拾い上げて我々を睨みつけているんですよ。その瞬間、『あ、ボトルマンだ！』と蘭さんが言ったんです。僕は忘れていましたが、彼が噂のボトルマンだった。『蘭さん、無視して行きましょう』と言って歩き出したら、背後の彼が、大きな声で『HEY！　YOU！　HEY！　YOU！』と叫んでいた。友人から、ボトルマンに遭遇して絡まれた場合は、警察を呼ぶぞとか、下手な芝居をするなとか、言い返すようにアドバイスを受けていたので、よし追いかけてきたら言おう、と思ったのですが、何と追いかけて来ない。振り返ってみると、彼が手にしたワインボトルは割れてなかったんです。ニューヨークならではの出来事でした」

楽しい新婚旅行を終え、夫妻が帰国したのは、優作が亡くなる前日の11月5日だった。

優作は夫妻が旅立った数日後、医師の判断で、点滴にモルヒネ液を注入する睡眠療法を受けるようになっていた。ガンの疼痛を和らげるための薬物療法である。11月4日には尿毒症を防ぐための緊急手術を受けたものの、容態は悪化し、危篤状態に陥った。

「考えたら、亡くなる前日に帰ってきたのも、不思議な話だよね。帰国する前日にね、蘭さんが、『優作さんの夢を見た。優作さんが私の手を引っ張って、暗い所へ連れて行こうとしたの』って、言うの。『それは、何か僕に直接言えないことがあって、(蘭さんから)豊に伝えてくれ、という意味じゃないの』と話したけど」

帰国の翌日、優作の逝去を聞いた彼はパニックになり、言葉が出なかったという。

「優作ちゃんも僕も、きっと治ると信じていたのに……。死ぬなんて、本人は最後まで考えていなかったと思う。もし、優作ちゃんが(自分に残された)時間のないことを知っていたら、あんなに笑わないよね。病院で別れるときも次の仕事の話をしていたんだから」

葬儀が終わり、火葬場で最後のお別れをするとき、水谷は棺に横たわる親友におおいかぶさり、「うわっ」と声をあげて泣き崩れた。

松田優作は享年40。彼と20歳で出会った水谷は、37歳になっていた。

「優作ちゃんが、あんなに早く亡くなると分かっていたら、ニューヨークには行かなかっただろうと、後になって思った」

優作は闘病中に力尽きたが、水谷の場合は早期に発見できたこともあって、ガンは完治した。現在に至るまで、再発はしていない。

優作の死後、二人が親友ということで取材の依頼が殺到した。だが、水谷は口を閉じた。

「とにかく（彼の）残された作品に思いを持ってほしいという気持ちがあったから、どんなことでも人が先入観を持つような話はしたくなかったのよ。優作ちゃんとは、お互いにいい仕事をすると嬉しく嫉妬していた。会うべくして会ったと思う。会えてよかった」

第三章

地味にいい仕事

娘の誕生

親友の死に打ちのめされた水谷だったが、翌90年の秋には、大きな喜びに包まれた。長女が誕生して、家族が増えたのだ。

「誕生日が優作ちゃんと同じ9月21日でね。偶然だろうけど、あれはビックリした」

伊藤の陣痛が始まったとき、水谷はテレビ朝日系列の『ザ・刑事』（90年）の収録中だった。架空の六本木警察署が舞台のドラマで、水谷は矢島慎吾という捜査一係の刑事を演じている。共演は丹波哲郎、片岡鶴太郎、江口洋介、榊原郁恵らで、23回にわたって放映された。

「ディレクターに頼んで収録を抜け出し、病院に駆けつけました。僕はもうそこにいるだけが精一杯で、蘭さんに声も掛けられなかった」

陣痛は約8時間続き、水谷はその間、妻の手を握り締めて見守った。

「娘が生まれる瞬間は、身体が金縛りになったような状態で、固まっていました」

自然分娩の出産に立ち合い、生まれたばかりの娘を抱き上げたとき、水谷はこれまでに経験したことのない感情を味わったという。

「まさに授かりものだと思いましたね。しばらくは躁状態でした」

そのときの感動を週刊誌の取材でも語っている。

〈女性のすごさを、目の当たりにして、無条件で尊敬するっていうか、これだけすごいことができる女性って存在感に圧倒されたんです。いやね、オーバーじゃなく、人生観、変わっちゃいましたよ〉（『女性セブン』２０００年2月10日号）
伊藤もまた、出産後に週刊誌の取材に応じて、喜びを語った。
〈『ホヘーッ』という小さな産声でしたけど、顔を見たら、すごく可愛くて……（中略）。母親の実感と言われても、まだピンとこなくて……。それより、出産の大変さは想像を絶するものがありましたね。（水谷が側に付き添ってくれたことには）でも私、夢中でしたので、あんまり覚えていないんですよ（笑）。でも、ずいぶん励ましてくれて感謝しています（中略）。（水谷が最初に娘を抱いたときは）変に上手で（笑）、はじめっからこわがりもせずに、きちんと抱いていましたね。きのう、オシメの練習をしてました。上手ですよ（中略）。自分が将来、結婚も、出産もしないだろうと思っていましたので、遅かったけれど、この日が迎えられてすごく幸せです（中略）。月並みですけど、人の気持ちのよく分かる、思いやりあるやさしい女の子に育ってほしいです〉（『週刊明星』１９９０年10月18日号）
娘の名前は、水谷が「趣きのある世界が好き」なので、「趣という漢字を使う」と決めていた。名付けを終えなければ、出生届が出せないのだが。
「だけど、どんな文字と組み合わせて名前にするか、なかなか決まらなくて。もう諦めて別な名前を考えようかと思っていたら、ある日、テーブルにメモが置かれていたんですよ。蘭さんが書いたもので、趣の下に里を付けると趣里という名前になる、と教えてくれた。だから、趣里の名前は彼女と二人で考えたんです」

戸籍に娘の名前が記載された頃だ。違う世界が見つかったら、いつでも俳優を辞めようと思っていた水谷が、できるだけ長く俳優を続けようと思ったのは。

「娘が生まれて、自然にそういう気持ちになったんですよ。自分が選ぶというより、オファーがあってこその仕事だから、一生やるとまでは言い切れないけどね」

36歳で再婚。38歳で父親になった水谷は、これまでの人生で何かを意図的に変えようと思ったことはないと言う。

「僕は変わる努力はしないんです。むしろ、変わらないものを持ち続けている方が大事かな。本当に必要なら、自然に変わりますよ」

スケールの大きな作品

趣里が生まれた90年から99年まで、水谷は紙媒体の取材をほとんど受けていない。仕事を休んでいたわけではなく、マスコミの取材を特に避けていたわけでもないのに、本人が語る言葉が残っていないのだ。なぜだったのか。

「自分では意識していなかったけど、もし記事が少ないとしたら、当時は娘のこともあったので、あまり私生活に触れられたくない気持ちが強かったからかも知れませんね」

ただし、彼は話題になってもおかしくない作品に出演している。

「90年の春、日本テレビの『水曜グランドロマン』の2時間枠で『愛のミチコ』というドラマが放送されました。『熱中時代』『オレの愛妻物語』と同じ田中知己監督、布勢博一さんの脚本です。『愛のミチコ』は、ドキュメンタリー監督の西江孝之さんがお書きになった本を原作にした作品で、夫婦の実話です。妻のミチコさんは、心臓発作と併発した脳血栓で半身不随になり、同時に言葉も失ってしまいます。彼女は大きな心臓手術を受けたあと、絵の勉強もしたことがないのに、突然絵筆を握ります。釈迦の絵とか、インドの象の絵などすごいとしか言いようのない絵を描き始めるんです」

西江孝之監督の妻・三千子が描いたのは、曼荼羅や仏伝画集だった。失った言葉を絵筆に託した彼女は、「私は花が咲くように描きたい」と表現している。妻を献身的に支えた監督と、命を燃やして仏教画を描き続けた妻の、苦悩に満ちた人生の物語である。

「僕がドキュメンタリー監督の西江役、妻ミチコ役は樋口可南子さん、弟を船越英一郎、父親の役が下條正巳さんでした。主題歌は今井美樹さんの『瞳がほほえむから』です。撮影では日本国内、インド、ネパール、アフリカのケニアを巡りました。釈迦が産湯を使った場所や、悟りを開いた菩提樹の下などでも撮影しましたね。娘が生まれた年だけに印象深い仕事であり、忘れられない経験でした。田中知己監督からは『いつか、豊ちゃんにスタンダールの『赤と黒』（のジュリアン・ソレル）を演ってほしい』と言われていたんです。話は違えど、この作品は監督からの素晴らしいプレゼントだったような気がしました」

夫婦役で共演した樋口可南子については、その空気感が絶妙だったという。

「素晴らしい俳優であることの条件の一つは、いい空気を纏っていること。それは台詞を喋る以前のことで、作ろうと思っても作ることができないものです。もっともいい空気であることが条件ですが、まさに樋口可南子さんがそうでした。樋口さんの芝居はどこにも無理のない自然なものでしたし、普段の彼女も自然な振る舞いで、一緒にいて心地のよい方でした。多くの方が共演を望んでいたのも分かります」

先祖供養

40歳を過ぎた水谷にある変化が起きた。先祖や亡くなった家族たちの写真を並べ、毎日水を供えて、手を合わせるようになったのである。

「写真は僕の書斎にあって、現在は両親、祖父母、長男、伯父夫婦などが5枚。蘭さんの母親、祖父母などが3枚で、合計8枚です。供養を始めたのは、特別になにか心境の変化があったわけではありません。気がついたら日々の習慣になっていたんです」

水谷は四人兄姉の末っ子だが、他にもう一人、長男の次に生まれた長女は乳児の頃に亡くなっていた。

「長女の名前は由美です。両親は子供を育てるのは四人までと決めていたそうで、その長女が亡くならなければ、僕の番は廻ってこなかった。だから、僕が今こうしていられるのは、由美さんのお陰ですと、感謝して手を合わせています。写真に裏書きがないのではっきりしませんが、母方の祖母が抱いている赤ちゃんが由美だと思います」

写真に向かうのは決まった時間ではなく、自宅にいるちょっとした時間だ。

「みんなもうあの世に行っているわけだけど、毎日、会話をするんですよ。『昨日はこんなことがありまして』とか、『今はこんな仕事をしています』とか。何もカッコ付けなくていいし、正直に色々な話ができるんですね。それが楽しみな時間というか、習慣になっている。正確には会話じゃなくて一方的な報告だけど、ご先祖様と会話をしているような気持ちになる。僕の話を喜んで聞いてくれている気がするんです。いいこと、嬉しいことがあったときには、感謝の言葉を伝えたりしてね」

現状の報告がもっぱらだが、願い事をすることも多い。

「家族とか、親族とか、周りの人のことことか、いい状態でいられるように願っていますね」

先祖を供養するのはまた、自分のルーツを確認する時間でもあった。

「自分はどこから来ているんだろう、とよく思いますよ。両親の出身地ということもあって、京都へ行くと落ち着くんだけど、そこで時代劇の撮影をしているときには、髷を被りながら、ご先祖様もこの時代に生きていたんだな、とか考えて。不思議な気持ちになりますね。僕の両親の上にはまた両親がいて、さらに両親がいてと、ご先祖様をずっと辿っていけば、大変な数になりますよね。僕は毎朝、52万4288人までイメージしているんです。そこまではイメージできる。具体的な数字に行き着くんです」

どうにも神懸かった数字だが、彼は自分の背後に大勢のエネルギーが連なっていることを感じ、一体、何のために続いているのかと自問する。

「人間で感動することもあれば、人間がやっていることに打ちひしがれ、この世の終わりさえ感じてしまうこともある。今、色々な国で起きている悲惨なこと、それだけをとっても、人間って本当に進化しないいんだと思う。未だに人同士で傷つけ合っている」

それを考えているうちに、「では、どうすればいいのか」と再び自問する。

「そもそもこの営みは何だろう。どうすれば、世の中は素晴らしいと思えるようになるのだろう。やってはいけないこと、やらなければならないことを考え続けている」

真剣に語る彼は、自分が現世でできることを具体的にイメージしたことはあるだろうか。

「天国と地獄のうち、地獄が勝っている状況ならば、僕の役割は、娯楽担当かと思います。少しでも苦痛を和らげてあげたい。病気を治すことはできないけれど、ひととき悩みを忘れて、楽しんでもらえるようなものを作りたい。そういう思いがあります」

彼が娯楽担当ならば、選ばれた人間であることを、次のエピソードが教えてくれる。

不思議体験

神秘的、超自然的な現象をオカルトと呼ぶが、水谷は20代から50代にかけて、なんどか不思議な体験をしている。最初の体験は20歳になった年だった。

「スピリチュアルというか、どうしてそんなことが分かるんですか、と聞きたくなる特殊能力のある人に何人か会っていますね。それはもうビックリします、すごいなって」

当時の水谷は「グループ71」という芸能プロダクションに所属していた。まだ、大学受験を諦めておらず、アルバイト感覚で仕事をしていた時期である。

「そこの社長に『もの凄く当たる占いのお婆さんがいるから、ちょっと会いに行かないか』と誘われたんです。昔、社長が独立して会社を作るときにそのお婆さんに観てもらったら、お婆さんが言ったことが全て現実になったそうで、信頼していたんですね。政界、財界の大物が頼りにしているような人で、とにかく凄いんだと」

彼が通されたのは10畳くらいの部屋で、そこに大勢の人が並んでいた。奥の部屋から聞こえてきたのは、「うちの女房は今どこにいますでしょうか」と泣いて尋ねる声だった。

「それに対してお婆さんが大きな声で具体的な場所を答えていたので、いや、大変な所に来てしまったなぁ、と思ってね。そのうちに、僕の順番になって、奥の部屋に入った」

待っていたのは白装束の痩せて小柄な老婆だった。老婆の前には二本の蠟燭が置かれていて、水谷が老婆と向かい合う形で鑑定が始まった。

「最初に聞かれたのは生年月日。それを教えたら『ちょっと背中を触っていい？　坊ちゃん』と言うんですよ。背中を触ったあとは『坊ちゃんは、あれなの、子供の頃から仕事をしていたの』『していましたね』『そうなの。ふう～ん』というやり取りがあって。僕を眺めているうちに、お婆さんが涙を浮かべて泣き始めたんですよ」

老婆は水谷に向かい「会えない人に会えた。嬉しい」と話した。「嬉しいから、今日はお神酒を飲んじゃおう」と言って神棚から酒瓶を下ろしたという。

「お婆さんは部屋の襖をバーンと開けて、待っている人たちに向かって『出ていけ、心の汚い奴はみんな出ていけ』と怒鳴り始めたの。それで、残ったのは僕と、一緒に行った事務所のデスクだけになって。デスクはお婆さんの剣幕を見て酷く怖がっていた。だけどお婆さんは僕の手を取って、ぐるぐる回りながら踊り始めたんです。『あなたは天下を取る人だから』と言うの。『あなたには50年に一度しか会えないから、もうこれで会えないのよ』って。泣きながらですよ。ちっちゃなお婆さんが泣きながら踊る姿を見ていたら、もらい泣きしてしまった。これは一体どうしたらいいんだろう、って状況ですよね」

しばらくすると、奥の部屋からお爺さんが現れ、狂喜乱舞する老婆に向かって「ばあさん、いい加減にしなさい」と声を掛けたという。

「もっと早く出て来てほしかった（笑）。忘れもしない成人の日の出来事でした」

老婆に会うことは二度となかったが、老婆は会わずとも、彼の状況を把握していた。

「『傷だらけの天使』が終わったら出演のオファーが殺到して、いくつか仕事をしたけど、僕はもう疲れて限界だった。それで（プロダクションの）社長に、『これ以上はできない。休ませてほしい』と頼んだら、社長が困って、あのお婆さんの所へ相談に行ったんです。社長が『水谷豊のことで相談したい』と話した途端、お婆さんは『休みたいと言っているんだろ、その通りに休ませてあげなさい』と答えたんですって。何も説明しなくても、お婆さんは僕の気持ちを知っていたんですね。それで社長が、オファーを全て断ったことがあった」

水谷は伊藤と結婚したあと、このときの経験を彼女に話して聞かせた。

「そしたら蘭さんに『ふうん。ところで天下は取ったの？　まだ取らないの？』と聞かれたので、『それがよく分からないんだよ』と答えたけど（笑）」

20歳で霊能者の老婆に出会った彼は、30代でも不思議な能力に遭遇している。コマーシャルの仕事でイタリアへ行ったときのことだ。

「アリタリア航空に勤めている日本人のご夫妻と親しくなって、ローマ市内を色々と案内してもらったんです。そのとき、『ホロスコープの第一人者と言われる女性と知り合いなんですが、水谷さんも観てもらいませんか』と言われて、お願いしたんですよ。『生年月日と生まれた時間だけで、名前や職業、その他の情報はいらない』ということで、料金はUSドルで50ドルくらいだったかな。帰国したあとに、イタリア語を日本語に訳したものが送られてきた。まず『この人は父親と縁が薄い』と書いてあって、その通りだった。次に『現在、女性にお金を払い続けている』。離婚して慰謝料を払っていたときだったから、これも正解。『世界の色々な国に行っている』のも確か。『インテリジェンスがあるが、本を読まない』。本を読まなくなったのも事実。『次に結婚する相手は○○の星座か、××の星座だ』とも書いてあった。○○の星座は蘭さんの星座だったの」

続いて、具体的な年月日のあと、〈この日は刃物、ガラスによる怪我に注意〉と書かれていたが、そのことはすっかり忘れていた。

「何年かして、テレビの撮影中にガラスで手をザックリ切ったんです。派手に血が飛び散って、本番は中止。病院で何針か縫いました。そのとき、そういえばホロスコープに書いてあったな、と思い出した。つまり、占ってもらった内容はすべて当たっていた」

さらに時を経て、彼は、白衣の老婆と同じ能力を持つ人物と知遇を得た。

「四国に住んでいる方で、〝見える人〟なんですね。その人と電話で話しているとき、『僕が成城の家に住んでいた頃に』と言ったら、『ああ分かります。あの白い家ですね』と。彼女は僕の家に来たことはないんですよ。『門を入って左側に大きな木がありますよね』って。門の中に入らなければ分からないけど、庭には区が保存樹に指定した公孫樹《いちょう》の木があったの。知っているはずがないのに、電話でいきなり指摘されて、驚きました」

特殊な能力を英語ではギフトと呼ぶ。不思議な体験を繰り返し、その都度驚かされたものの、水谷自身は「特殊な能力を欲しいとは思わない」と言う。

「超自然とか、自分には分からない事がまだまだ起こり続けるんでしょうね。やはり頭を使って何かを考える、頭で学ぶことには限界がありますね。何かを表現するときにも、同じことが言えます。言葉を使えば、言葉で表現できる範囲に留まるんですね。本当にその先にあるものを表現しようと思ったら、言葉のない世界へ行ってしまう。いくら考えても行き着けない世界です。それは芝居だけでなく、音楽も絵もそうかもしれない」

水谷は一切、験《げん》を担がない。これまで何度か引っ越しを経験したが、方角や引っ越しの日時など、風水に関することも気にしたことはないという。

「仏滅とか大安とかも気になりませんね。天中殺に悪いことが起きると信じている人もいるでしょう。だけど僕は『そういう追い詰められたときにこそ、いい事が起きる星ですね』と言われたことがある。そう言われてみると、自分は崖っぷちに立つと強い。普通はここで終わっているというときに、あれ?ということが起きる。何かの助け船が出る。だから、何があっても、いい方向へ行く、いい方向にしか行かないという思いがあるんです」

そんな彼も、若い頃には落ち込んで悩むことが多々あった。

「人を傷つけたんじゃないか、と気になって酷く後悔したり、逆にそのことで自分が傷つき、必要以上に自分を憐れに思ったりとか、若いときにある現象ですよね。でも、ある頃からあまりそういうことは無くなってきた。色々経験をして分かったのは、だいたいが心配したほどのことはなくて終わるんですよ。その結果、何か問題が起きたときに、心配しなくても大丈夫だ、と先に思うようになった」

あくまでポジティブ思考の彼も、未来に対する漠然とした思いがあり、毎年、年の瀬になると周囲に「来年は本気出すよ」と告げる。20年以上も、それを繰り返している。

「これもスピリチュアルな話ですが、四国の彼女から『もう少ししたら、なぜ水谷さんが生まれてきたのか分かりますよ』と言われたことがあるんです。僕が『来年は本気出すよ』というのはやってもやっても本気を出した気にならないからなんですね。命が尽きるまでに本当に本気が出せるのか、エネルギーを使いきれるのか、生き物としては、どうも時間が足りない気がするんですよ。しかし、そう思いながらも一方では、この先、自分から何が出てくるのか、何と出会えるのかは、常に密かな楽しみでもあります」

未知へ向かう彼は、そこで根源的な問題に立ち戻る。

「基本、人間って何だろうと思いますよ。人には寿命があって、いつか終わりを迎える。そしてまた次の人が生まれる。それを繰り返し続けることの意味、そもそも、こうして生きていること自体が、なんでだろうと思う。みんな幸せを求めて生きているはずなのに、そうじゃない状況を繰り返しているでしょう。だから、人が求めている幸せは、今ここにあるものじゃない、って思ったりする」

哲学的でもある問いを、彼は考え続けている。

愛されて京都

京都と水谷の縁は深い。両親の出身地ということは別にして、テレビや映画の撮影で訪れる機会が多いのだ。仕事絡みではあるが、京都になんども呼ばれている。

「京都では松竹の作品を撮るときに、東映のオープンセットを借りることがあって、そのときは俳優会館の控室を使わせてもらいました。僕が40歳のとき、松方弘樹さんが主役の『勢揃い清水一家　次郎長売り出す』（日本テレビ系列　92年）に石松の役で出演したんですね。東映の撮影所へ行ったのは、工藤栄一監督に『影同心Ⅱ』で呼ばれて以来だったから、17年振りです。控室は2階で、『ここを使って下さい』と言われて、角部屋に入りました」

東映俳優会館の2階は男優たちの控室になっており、角部屋は市川右太衛門や片岡千恵蔵など〝御大〟と呼ばれる大物俳優の専用だった。他の部屋より窓が多いので明るく、広い。

「周りからは、東映の太秦撮影所は『結髪さんが怖い』『衣裳さんが怖い』『鬘屋さんが怖い』とか聞いていていたけど、そんなことは全然なくて。みんな良くしてくれました。以前に工藤監督から呼ばれた俳優ということも影響していたのかもしれない」

時代劇の製作がメインの東映太秦撮影所には、伝統を重んじる職人気質のスタッフが多い。プライドが高く、東京からやってきた俳優の態度が大きいと本気で怒ったりする。時代劇に初出演する男優がきちんと挨拶をしなかったときには、照明器具をわざと天井から落とし、怖がらせたというエピソードが残っている。

ある日、水谷は衣裳のお針子さんたちから「部屋に来てほしい」と頼まれた。

「ドラマのスタッフから『芝居の衣裳を縫ってもらうんだから、呼ばれたら顔を出して、挨拶しておいた方がいいよ』と言われて、その部屋へ行くと、お茶とお煎餅が用意してあるんです。年配のおばさんたちが多くて『本当に豊ちゃんだけよ、こんなことは』と。普通は俳優を部屋に呼んでお茶を出すなんてことはしないんですね。僕はお針子さんたちとお茶を飲みながら、なんだかんだと話をしてから着替えに行く。みんなが怖がる結髪さんも、鬘屋さんも、衣裳さんにも、親切にしてもらいました。プロデューサーの方にもね、『ホテルに一人でいるのは大変だろうから、うちに泊まりにいらっしゃい』とか誘われて泊まりに行ったり、食事を振る舞っていただいたりしました」

愛され体質とでもいうのだろうか。京都のスタッフが彼を優遇するのは、これが初めてではなかった。75年放映の『影同心Ⅱ』から始まっていた。このときの水谷は23歳。

『影同心Ⅱ』はＴＢＳ系列のヒット番組『必殺シリーズ』と同系統の時代劇として制作され、『影同心』と合わせて52話放映されている。

「その日は朝一番で新幹線に乗り、京都に入るという予定でした。だけど、僕はかなり低血圧だったので朝が苦手なんですね。自宅でうとうとしていたら、電話が鳴った。所属していた事務所のスタッフからで、第一声は、『冗談はやめてくださいよぉ』という恨めし気な言葉。続いて、『まだ、出発していなかったんですか！』と怒られました。時計を見るとお昼近くになっていたんです。『まずいですよ。向こうのスタッフが探していますよ』とも言われたけど、これから新幹線に乗っても、向こうに着くのは午後3時近くになる。マネージャーは京都に先乗りしていたし、当日のロケ先はお寺だったんですね」

ロケ先で水谷を待っているのは、駆け込み寺の香泉院の尼僧・香月尼役の浜木綿子、寺社奉行所の同心・堀田源八郎役の黒沢年男（現・黒沢年雄）、南町奉行所の牢番・平七役の山城新伍とエキストラの人たちだった。水谷は、香泉院の寺男・留吉を演じており、全員が顔を合わせるシーンだったので、一人だけ抜けるわけにはいかない状況である。

水谷が慌てて新幹線に乗り、京都駅に着くと俳優課の担当者が迎えに来ていた。タクシーでロケ先へ向かうとき、その担当者が彼にある提案をした。

「『豊さん、身体の具合が悪かったことにしましょうか』と言うんですよ。申し訳ないとは思ったけど、『あ、それがいいですね』と答えたら『タクシーを降りるときに、私が肩を貸しますから、手を掛けてください』と。撮影は僕抜きで撮れるところは終わっていて、皆さんが僕を待っていると聞いたら、平気な顔をして現れるわけにもいかないし、芝居をすることにしたんです。タクシーを降りたときには、本当に具合が悪いような気分になってきた」

水谷の演技は真に迫っていた。今にも倒れそうな姿を見て、まず浜木綿子が反応した。

「『そんなに大変な状態なら、来なくてもよかったのに』って、同情してくれたんです（笑）。東京で倒れていたのに迷惑を掛けるからと無理をしてやって来た、みたいに伝わっていて、怒られるどころか褒められました。俳優課の担当者が、ここは具合が悪かったことにしよう、なんて言い出さなければ、正直に遅刻の理由を話して謝ろうと思っていたのに。やっぱり、僕は崖っぷちに強いんですね（笑）」

彼を待っていた俳優、スタッフたちは「よく来た」「普通なら休むところだ」「それでこそプロの役者だ」などと、口々にその根性を称えたという。

刑事貴族

日本テレビ系列で90年から始まった『刑事貴族《デカ》』は3シーズンあり、最初のシーズンは舘ひろしが主役の刑事で、途中から郷ひろみに交代するという変則的なスタートだった。

主役交代の理由は、舘が契約の際に条項に入れた16回という出演回数を終えたからで、残りの21話を急遽、郷が演じることになった。

シーズン1が好視聴率だったことから、シーズン2が制作されることになり、主役に決まったのが水谷である。シーズン2は40話制作され、続くシーズン3は26話で、水谷の出演回数は66話になり、『熱中時代』の全64話を抜いている。

架空の警察署である代官署に勤務する本城慎太郎（水谷）は、血の気の多い刑事で、過剰な捜査を繰り返すため、書いた始末書は数知れず。被疑者が自白するまで、腕相撲の勝負を挑んでみたり、変装が得意という特異なキャラクターだ。上司の刑事課課長を松方弘樹が、先輩刑事を地井武男が、そして、後輩の刑事を寺脇康文と高樹沙耶が演じていることから、のちの『相棒』シリーズを連想させるキャスティングである。

主役が水谷にバトンタッチされて以降、平均12％だった視聴率は15％台まで上昇した。

「『刑事貴族』は僕が38歳から40歳にかけて撮影していました。思えば、あの頃はどう羈믿を買うかを実践していた時期でした。『豊にはどんどんいい羈믿を買って欲しい』。そう言ってくれたのは『オレの愛妻物語』で初共演した藤岡琢也さんでした。いい子でイエスマンの方が生きやすい世の中かもしれませんが、たとえ羈믿を買おうと自分を貫くことでしか得られないものがある。人間らしく生きること、それを芝居で表現できる役者になること、それらの大切なことを藤岡さんが教えてくれたのだと思います」

『刑事貴族2』『刑事貴族3』で共演した松方弘樹については、日本映画の全盛期を経験した俳優ならではの魅力を感じたという。

「松方先輩、僕はそう呼んでいました。松方弘樹さんはシャイなところと大胆なところが同居している方でした。それが松方先輩の醸し出す、そして人を惹きつける色気だったのではないかと思います。心配だったのは食事会のときの酒の飲み方です。まるで水のようにブランデーをゴクゴクと何杯も飲み干すので、さすがに心配になって『松方先輩、そんなに飲んで大丈夫ですか』と聞くと『大丈夫、大丈夫。あぁ水谷は酒を飲まんからなぁ』と軽く笑うだけです。そして次の日は、何事もなかったかのように現場で芝居をする。それが一度や二度ではないのです。かつての映画スターは、みなさん、こんなにも豪快な酒の飲み方をしたのだろうか。それとも、酒豪が多かったという東映の俳優だったからなのだろうか、などと、いろいろ考えましたが、いずれにしても、映画が銀幕と呼ばれていた頃のスターの片鱗を見たような気持ちになったものでした」

寺脇康文は、『刑事貴族2』第20話からの出演で、水谷との共演を待ち望んでいた。

「新しいレギュラーに決まった寺脇康文との顔合わせは、都内の、とあるしゃぶしゃぶ屋さんでした。プロデューサーが三人、役者陣は僕の他にレギュラーの地井武男さん、鳥越マリさん、田中実、宍戸開が参加しました。寺脇は新入りなので、遅れてはいけないと思い、集合時間より早く来ていたようです。僕が部屋に入り席に着いたところで、寺脇が緊張の面持ちで近寄ってきて正座し、『寺脇と申す者でございます』と頭を下げました。まるで時代劇のような言葉遣いに、僕は少し吹き出してしまいました。後に寺脇曰く、緊張の余り、咄嗟に口から出た言葉がそれだったと。同時に『俺は何を言っているんだ』と思ったそうです」

水谷より10歳下の寺脇は、水谷の初主演作『バンパイヤ』を観たときからのファンだったという。当時の水谷は16歳なので、寺脇はまだ小学1年生である。

「寺脇はそもそも、『松田優作と水谷豊に憧れて俳優を目指した』と話していて、三宅裕司さんが主宰するSET（スーパー・エキセントリック・シアター）の入団試験を受けたときも、優作ちゃんと僕の物真似で合格したと聞きました。『刑事貴族』での出会いが、後の『相棒』に繋がることになったのですから、寺脇とは素晴らしい出会い方をしたと思うし、僕にとっては深い縁を感じる役者です」

趣里との時間

前述したが、趣里が生まれてから9年近く、水谷はマスコミとの接触を減らし、一方で単発のドラマ出演を増やしている。

「94年に『聖夜の逃亡者』に出演することになって、台本を読んだときには胸に迫りました。主人公と僕自身の生活に重なる部分があったからです」

『聖夜の逃亡者』は94年12月24日、テレビ朝日系列の『土曜ワイド劇場クリスマススペシャル』の単発ドラマとして放映された。サブタイトルは「まだ見ぬわが娘を救え！　サンタになれない父の最後の賭け」で、吉川一義監督と組んだ作品である。

水谷が演じたのは元タクシー運転手の岩野辰雄。6年前、岩野は酔って乗り逃げしようとした客とトラブルになり、誤って殺してしまう。服役することになった岩野は妊娠中の妻・恵理（かとうかずこ）と離婚。その後、恵理は岩野との娘であるミチルを連れて再婚した。

「この作品が思い出深いのは、趣里が幼稚園に入園した年に撮影、放映されたことです」

恵理の再婚相手は財閥の御曹司、菱川（篠塚勝）だった。服役中の岩野は、ミチルを誘拐し、金を奪おうと企てている者がいることを知り、心をかき乱される。そして、あと1週間で釈放されるという日に脱走する。娘の無事を確かめずにはいられなかったのだ。

「ミチルと趣里の年齢が近い設定だったこともあり、父親の気持ちがそのまま自分に重なって、自然に溢れ出てきました。どうしても娘に会いたくて脱獄する父親の心情が描かれた信本敬子さんの脚本に、胸が熱くなったのを覚えています」

紆余曲折を経て、岩野はミチルを救い出し、束の間の父娘の時間を過ごす。だが、犯罪者である岩野は、ミチルに自分が父親だと名乗ることはできない。ラストシーン近くで、サンタクロースの姿をした岩野がミチルをおんぶして歩く姿は切なく、視聴者の涙を誘った。

「その頃は、あまり仕事をしていない時期だったので、ほぼ毎日、娘を幼稚園に送っていきました。父兄の中で、僕以上に子供を幼稚園に送り届けた父親はいなかったと思います」

娘の送迎には自転車を使った。当時の水谷の様子を、伊藤はこう語っている。

〈その辺りに関しては、主人は柔軟性があるんです。まだ娘が小さかった頃、普通の仕事をしているお父さんより時間に余裕があったりするので、ときにはママ友の会に参加したりとか。（中略）何気なく家に上がり込んでお茶したりするんです（中略）。楽しかったみたいです。ママの中に入って会話するのが（中略）。だから、主人に対してストレスはないんですが、何かやってほしいことがあれば、すぐにやってくれる。キッチンには立ち入らないんですが、

それ以外はなんでも〉（『週刊文春ＷＯＭＡＮ』２０１９年8月30日号）

伊藤は出産後、女優に復帰し、テレビ朝日系列の『土曜ワイド劇場』や、日本テレビ系列の『火曜サスペンス劇場』などを中心に仕事をしていた。水谷は、食後の皿洗いや、風呂掃除、ゴミ出しなどの家事を手伝っていたという。

〈あれ、いいものですよ。お皿がピッカピカになると、なんだか得をしたような気になっちゃって（笑）。それから、ときどき家の掃除も、ぼくがやります〉（前掲『女性セブン』）

慈しんで育ててきた趣里が5歳になった頃だった。

「当時、娘の中で、どんなことでも大きさとか長さで表現することが流行っていたんですよ。気持ちの大きさもね。それで、娘が『ママのことが好きだ』と言うから、蘭さんが『どのくらい好きなの』と尋ねたら、『雲の上の神様まで好き』だと。すごいことを言うな、と思って、僕は『じゃあ、ダダ（パパ）のことは、どのくらい好きなのかな』と聞いたんです。娘はちょっと考えてから、『東京タワーくらい』と答えたの」

天上の神様と東京タワー。水谷は伊藤に「ママと差が付き過ぎている。どうしてなんだ」と訴えた。彼女の答えが秀逸だった。

「『子供はね、本能的に男のいい加減さを見抜いているのよ』だって（笑）。確かにね、見抜かれているんだなと思ったけど、教えてもいないのに、あんな小さな子供がどこで差を付けることを覚えたんだろう。雲の上の神様と東京タワーなんて、ひどくありませんか（笑）」

家族の何気ないやりとりを聞くだけで、幸せな光景が浮かんでくる。

趣里がバレエに興味を持ったのは、幼稚園の友だちの影響だった。

「一番仲のいい女の子がバレエを習っていたので、一緒に行きたいと言い出して、それで通わせていたら、すっかり興味を持ってしまってね。だけど、バレエに誘ったその子は辞めてしまって、趣里だけが残ったんです」

バレエに夢中な趣里を見ているうちに、心配になったことがある。

「日本ではバレエで食べていくのは、なかなか難しいですよね。バレエに限らず、芸術の世界で生きるのは大変なことです。将来のことを思って、娘に、『そういう世界は食べていけないから大変なんだよ』と言ったら、『ううん、先生はちゃんと食べてるよ』って。娘は、朝昼晩のご飯を食べているという意味で答えたんですね（笑）」

趣里が小学校に入学してからは、別なアドバイスをするようになった。

「こちらの世界には来ないように言っていたんです。僕も蘭さんも今こうしていられるのはたまたまで、偶然こうなれた。だから、娘にはもっと確実な道を歩んでほしいと思ったのね。この世界って、天国と地獄を見なきゃいけないでしょ。わざわざそこへ行ってほしいとは思わない。やってみなければ才能があるかどうかは分からないけど、やってしまってからでは手遅れだから。どう転ぶか分からないことを勧めたりはできなかったんですね」

しかし、水谷本人は12歳で劇団に入り、芸能の道を歩み始めた。自分の意志で、だ。

「自分のこととなると、あのときなんでやらなかったんだ、とか、こうすれば良かったとか、そういう後悔がない人生を送ろうと思っているのに、子供のこととなると、リスクを負わせたくないという思いが勝るんですね。とにかくこっちには来ないでと、繰り返していた」

そんな思いが変わったのは、かなり後年のことである。

「自分が娘の年齢のときに何をしていたのか。それを自分に問い返すと、いやいや、そんなことを言える立場か、と思いましたね。親の言いなりに生きてきたわけでもないし」

地味にいい仕事に恵まれる

93年から始まった『地方記者・立花陽介』シリーズは２００３年までに全20回放映されているが、このドラマ以降、『探偵　左文字進』（ＴＢＳ系列　99〜２０１３年）全16回まで、シリーズ物といえるドラマへの出演は限られていた。

『探偵事務所』（テレビ朝日系列　94〜99年）の全5回、『時の王様』（ＮＨＫ　96年）の全4回、『演歌・唄太郎の人情事件日誌』（ＴＢＳ系列　96〜97年）の全3回で、あとは単発の仕事である。1年に二、三本のドラマ出演で終わった年もあり、94年から98年までの5年間を「水谷の不遇の時代」と呼ぶマスコミもあった。

ただし、水谷本人は「地味だけど、いい仕事に恵まれていた」と語る。

例えば96年の『時の王様』は、86年の『うまい話あり』以来のＮＨＫ出演で、北海道小樽市が舞台のドラマだった。水谷は妻に逃げられた時計職人を演じている。

「ＮＨＫ札幌では18年振りのドラマ制作と聞きました。演出家は、これまでドラマを撮ったことのない若い人でしたが、その熱心なオファーに心動かされて、札幌へ行く決心をしました。僕の役は奥さんに駆け落ちされて独り身になった時計屋の松村清志。生活に刺激を求めることもなく、飼っている亀のゆっくりしたリズムに共鳴したかのように、ひたすら穏やかに日々を送っている主人公です。全4話のエピソードで、なんらかの問題を抱えているお客さんたちとのちょっとした触れ合いが描かれます」

独り暮らしの松村は、亀の「マンネン」を友として淡々と仕事をこなす。平穏な暮らしを望んでいるのに、客に修理を依頼される時計は、どれもいわくつきだ。

「物静かな松村と会話しているうちに、お客さんそれぞれが抱えている悩みが浮き彫りになり、やがて解決へ向かいます。松村は特になにか行動するわけではなく、頼まれた時計を直すだけ。なんとも不思議な、演じていて楽しいドラマでした」

このドラマの第1話「短針だけの目覚まし時計」のゲストとして、当時32歳の阿部寛が出演している。阿部は市場で魚屋を営む北川雄二郎、妻の志津子に洞口依子という配役で、志津子が壊れた時計を持ち込んでくるところから物語が始まる。

彼女の頼みは「短針が外れないようにさえしてくれたら、他は直さなくていい」という奇妙なものだった。割れたガラスもそのままでいいし、長針もいらないという。

松村は、それを修理の依頼とは思えず「失礼ですが、他をあたってください」と断わる。後日、北川が妻を伴って時計店を訪れ、奇妙な依頼の意味を語り始めた。

「今から26年前のことになりますが、阿部さんは、自分の格好良さに全く頼っていない、むしろ自分の格好良さに気付いているのだろうかと思うぐらい現場では普通に振る舞い、淡々と芝居をしていたのを覚えています。それがとても魅力的でした」

ファッション雑誌『メンズノンノ』の表紙を3年半にわたって飾った阿部寛は、モデル出身の俳優として出発。中央大学卒業と同時に87年、映画『はいからさんが通る』（佐藤雅道監督）に出演して、注目されたものの、以後はモデル時代とは大いに異なる冷遇を受ける。189センチの高身長が「女優と釣り合わない」と敬遠されたり、いわれのないスキャンダルに晒されたあげく、自暴自棄な生活を送ったこともあるという。

そんな阿部が芝居に目覚めたのは、つかこうへい作・演出の『熱海殺人事件　モンテカルロイリュージョン　93』の舞台を踏んでからだった。著作の『アべちゃんの喜劇』（集英社）の中で、つかこうへい劇団のオーディションを受けたときのことを、自分にとっては起死回生の出来事であると語り、これまでの二枚目イメージを覆すバイセクシュアルの木村伝兵衛部長刑事を演じて、注目された。水谷との共演は、その舞台出演から3年後のことである。

「阿部さんのその後の活躍は、皆さん、ご存じの通りですね。唯一無二の存在感のある役者。彼の場合は、なるべくしてなったのだと思います」

『時の王様』の第2話は「旅館菊川の置き時計」、第3話は「気遣いの腕時計」、第4話は「夫婦の金時計」で、多々良純、平田満、東山明美、山田昌らと共演。どれも、登場人物が歩んできた人生の時間について考えさせられる人情話である。

「ファンタジーの要素もあるドラマでしたね。2年前の『聖夜の逃亡者』もそうですが、僕は人の心の機微を感じさせる、いい仕事に恵まれてますねぇ」

同96年放映の『演歌・唱太郎の人情事件日誌』で水谷が演じたのは、女性演歌歌手と二人で地方の温泉地をドサ回りするマネージャーの赤城唱太郎である。

演歌歌手役の浅田美代子と、二人が所属するプロダクション社長役の朝丘雪路との共演は、笑いが絶えない現場になったという。

「唱太郎は、かつてデビューしたけど鳴かず飛ばずの一発屋。自分の思いを浅田美代子さんが演じる演歌歌手の神崎あかねに託して、二人でドサ回りをする人情コメディです。あかねと唱太郎の掛け合いは可笑しいけれどほのぼのとしていて、浅田さんはアドリブの芝居にもすぐに対応してくれました。彼女は普段から全く自分を塗り固めていないというか、自然体の方でした。三本で終わりましたが、現場はいつも明るかったですね」

朝丘雪路の場合は、芝居以外の場面でも笑いをこらえることが難しかった。

「雪路さんのご両親は日本画家の伊東深水画伯と料亭勝田の女将・勝田麻起子さん。そしてご本人は宝塚娘役でご活躍。これだけ聞くと近寄り難いイメージを持ってしまいますが、とても明るくお茶目で、どこか浮世離れしたところがある方でした」

伊東画伯に溺愛されて育った朝丘には、いつもお手伝いさんが付いていて、その人がなんでもしてくれるため、一般人と感覚のずれが生じていた。津川雅彦と結婚したあとも、家事全般ができず、家政婦さん任せだったという。

そんな朝丘は女優業がメインだが、歌手でもあり、『ふり向いてもくれない』や『雨がやんだら』などのヒット曲がある。また、極端なほどの低血圧で、深夜のバラエティ番組『11PM』の司会をしていたときは「朝が弱い朝丘雪路」がキャッチフレーズだった。

「雪路さんはかなりの近視で、台本を読むときは顔をピタッと台本に付けておられました」

朝丘との共演は『気分は名探偵』（日本テレビ系列　84～85年）から始まっていた。ドラマにゲスト出演していた綿引勝彦と朝丘が、スタジオのベンチで雑談をしていたときのこと。

「僕がスタジオに入ってお二人に近寄っていくと、雪路さんが綿引さんを『室田さん、室田さん』と呼んでいるんです。綿引さんのことを室田日出男さんと勘違いしていたんですね。綿引さんは名前を間違えられていると分かっていても、大人の対応というか、微笑んで会話を続けている。でも、それは綿引さんには失礼なことですよね。そこで僕は、『雪路さん、ちょっとよろしいですか』と言って、雪路さんをスタジオの隅にお連れしました」

水谷は朝丘に「あの方は室田さんではありません」と伝えた。

「雪路さんは驚いて、『え？　だって私ついこのあいだ、室田日出男さんと仕事したのよ』『したかも知れませんが、あの方は綿引さんです』『あら～、悪いことしちゃったわね。教えてくれてありがとう』。そんなやり取りをして、雪路さんはベンチに戻って行きました」

しかし、安心はできず、水谷は再び、二人がいる場所に近づいた。

「雪路さん、今度は『私ねぇ、布引さん』と話しかけていたんです。僕と別れてベンチへ歩いている間に、ワタビキがヌノビキに変わっていたのでした。室田さんから布引さんになった綿引さんは、相変わらず微笑んでおられましたね。雪路さんは一緒にいると、とにかく楽しくて、周囲に笑いが絶えない方でした」

浮世離れしていると言われる朝丘には、ユニークなエピソードが多い。自動販売機に向かって「朝丘です。お茶をくださる？」と声を掛けた話は有名である。

なかでも金銭感覚が特殊で、一万円を基本の金額として、ごく少額の支払いにも一万円札を使った。受け取ったおつりは全て貯めておき、次の支払いにも一万円札を出していた。硬貨がお金だとは思っていなかったからだという。自宅の机の引き出しから大量の硬貨を発見した夫の津川が、仰天したエピソードが残っている。

水谷にも、自分ではどうしようもない癖というか、感覚があった。

方向音痴

「これは生まれつきなんですよ。幼い頃からそういう現象があった。僕が3つか4つのときだったと思います。北海道に住んでいた頃、叔母の家には同い年の従兄弟がいて、その従兄弟と二人で外に遊びに行ったんです。近くの公園で遊んでから家に帰るとき、従兄弟が走り出して姿を見失ってしまった。僕はぶらぶら歩いて、この辺りだったと思う家に入ったんですね。家の中には誰もいないし、家具も違うし、おかしいんだけど、僕はその家だと思い込んでるわけです。一人でずっと待っていたら、全然知らないおじさんとおばさんが帰ってきて、大泣きしたことがありました。それが最初の記憶ですね」

幼い子供だった彼に、自分が方向音痴だという自覚はなく、その後も方角が分からなくなって道に迷うことが続いた。大人になっても変わらなかった。

「3部屋しかない家の中でも、入る部屋を間違えたことがありますからね。ドアを開けたら、違っていた。自分ではどうしようもないんです」

水谷の方向音痴は、周囲の誰もが認めている。エピソードは数知れず、彼には失礼だが、どのエピソードもコミカルだ。

「優作ちゃんが池袋でコンサートを開いたことがあって、僕は車で向かったんです。コンサートが終わり、じゃあ豊の車で打ち上げに行こう、ということになった。優作ちゃんの他に原田芳雄さんもいて、駐車場に入ったら、どこに車を停めたのか分からないんですよ。そこにいた人たちが皆で探し回ってくれたけど、見つからない。駐車位置の番号、Bの何番とか覚えておけばいいのに、僕はそういうことがどうでもよくなっちゃうのね。優作ちゃんには『おまえ、いい加減にしろよ』と怒られたの（笑）。あのときは本当に大変だった」

方向音痴が周囲に認知された結果、水谷が仕事をしているときは、本人に運転はさせず、送り迎えが付くようになった。スタジオであろうとロケ地であろうと、撮影開始時間までに到着しない可能性が考えられるからである。

「熱海に家族旅行に行ったときは、蘭さんと蘭さんのお母さんと娘を乗せて、温泉旅館へ向かいました。カーナビはもちろん付いています。ナビの表示通りに運転しているのに、旅館に着かないんですね。家族もみんな地理に詳しくないので、おかしいと気がつくのも遅いんですよ。そしたら蘭さんがね、『これは道が間違っているんじゃない』って。『途中から、海が右側に見えてるわよ。熱海って、海は左側に見えるんじゃないの』と。それで、僕がナビに逆らってどこかでUターンしていたことが分かったんです」

熱海には予定より1時間半近く遅れて到着した。

「着いたら、宿の女将さんの機嫌が明らかに悪いんですよ。『もうお越しいただけないのかと思っていました』とか皮肉を言われてしまって。『夕食は召し上がりますか』『いただきます』。女将さんにしてみれば、こちらが着いてから食事を用意するわけだから、手間がかかるんですね。『申しわけありません。道に迷ってしまって』と平謝りでした」

地方だけではない、住み慣れた都内でも迷うことが度々だ。

「僕、何十回も行ったホテルオークラに着かなかったことがあるんです。蘭さんと知り合いとの食事会があるので、車を運転してホテルへ向かったんだけど、どうもおかしいのね。見慣れているはずのホテルのシルエットが低いんですよ。夕方だったからかな」

建築物の高さが時間によって変化するはずはないのだが、彼にはそう見えた。

「ホテルに着いたと思って、駐車場入り口の守衛さんに尋ねたら、どこかの会社だった」

友人宅を訪問するときも迷う。通い慣れている道なのに、突然、違う方向へ進んでしまう。

「本当に突然です。どうしてああいうことが起きるのか、分からないんですよ」

旧友の木梨憲武と飲食店で待ち合わせたときもそうだった。

「広尾にMというスーパーがあるでしょ。その中にお蕎麦屋さんがあって、そこで食事をしましょう、ということになったんですね。憲武と奥さんの（安田）成美さんと待ち合わせたんです。僕は蘭さんと一緒に車でMへ向かって、外苑西通りをずーっと走って行ったんです。テレ朝通りの方からぐるっと廻って、右に曲がったら左側にMがあると思っていたのに、見当たらないんですよ。さらに走っていたら蘭さんが、『もう、Mは通り過ぎているんじゃないかしら』『いやいや、まだ過ぎていない』なんて話してるうちに、西麻布の交差点に出てしまった。『あれ？　もう一回やり直させて』と言ってまた同じ道を走ったんですね。蘭さんは娘とメールのやりとりをしていて、ずっと下を向いている」

二度目のチャレンジでも同じ結果になった。再び西麻布の交差点が見えて来たのだ。

「それで三回目に、自宅の方へ戻ってやり直すことにしたんです。この時点で40分過ぎている。僕は走りながらMを探し続けていたけど、見えないんですよねぇ」

三度目も西麻布の交差点に出た彼は、自分で探すことを諦め、木梨に電話をかけた。

「向こうも心配していて、『これから道を教えるから、その通りに来てください』と言って、道案内をしてくれたんです。今度は日赤（日本赤十字病院）の方から廻って、やっと着きました。本来なら10分ちょっとですむところを、1時間以上かかったのかな」

Mの前を走っていながらも通り過ぎたのは、水谷の勘違いが原因だった。

「あとで蘭さんに『Mの駐車場の前には、車を誘導するおじさんがいたでしょう？』と聞かれたけど、僕はそのおじさんが工事中の交通整理をしている人だと思ったから、そっちの方へは行かないようにしていたんですよ」

そんな水谷が、一人で海外旅行をしたというのは奇跡のような話だ。空港内の通路で迷って、出発ロビーに着かないこともあっただろう。

「それは大丈夫。ゲートを抜けて大勢の人が移動する方向へ歩けば、辿り着くから。向こうの空港に着いたときには、誰か迎えに来てくれていたしね」

身の危険を感じたのは、ロスで映画を観たあと、車を運転して帰ろうとしたときだ。

「日本と車線が右左違うでしょ。駐車場を出て走り出したら、逆走していて、対向車にババババッと、凄まじいクラクションを鳴らされました」

よくまあ、ご無事で、と言いたくなるようなエピソードだが、妻の伊藤は、そんな夫の方向音痴についてどう思っているのだろうか。

「もうね、すっかり慣れてしまったみたい。呆れるのに慣れて、あまり呆れていない、みたいな感じですよ」

『相棒』へ向かう前哨戦

伊藤蘭と結婚して10年目。錫婚式を迎えた水谷は、『相棒』の前哨戦とも言えるドラマの出演を決めた。TBS系列の『月曜ドラマスペシャル』枠でスタートした『探偵　左文字進』である。99年から2013年までの15年間で16話が放映された。

このドラマで水谷が演じたのは、元弁護士で、今は探偵事務所を営む左文字進。左文字は事務所専属の特殊メイクアップアーチストによって変装し、犯人に迫るという独特な調査方法をとる探偵である。レギュラー出演者は、さとう珠緒（第1～第8話）、戸田恵子（第9～第16話）、山村紅葉、益岡徹（第1～第8話）、布施博（第9～第16話）、西田健らで、毎回、犯人役のゲストが登場する。

なかでも特殊メイクの見事さを堪能できるのは、第11話の「完璧な犯罪」だ。完全犯罪を企む県会議員役に石橋凌、議員宅の家政婦役が大山のぶ代。左文字は家政婦に変装して、議員を探るのだが、特殊メイクもさることながら、大山のぶ代の声真似や動作がそっくりで、水谷の人間観察の細やかさがよく分かる。

「最初はどちらかと言うとシリアスドラマで始まったのですが、プロデューサーやディレクターと話し合い、回を追うごとにコメディの要素を増やしていきました。番組を長く続けるためには、視聴者が笑って楽しめるドラマにしたいとの思いからです。特殊メイクは1時間半ぐらいかかりました。そもそも僕は左文字進を演じているのですが、メイクをすることで全く違う人物になりすまし、芝居の上に芝居を上乗せするわけです。つまり、左文字を演じながら、別な人物を重ねていく。これはなかなか楽しい作業で毎回楽しみでした」

ドラマが続くうちに、視聴者から思わぬ反応があった。

「このドラマの主題歌は僕が歌う『エンジェル STREET』（作詞・湯川れい子／作曲・平尾昌晃）でした。ある日、ＴＢＳに、左文字進で流れる主題歌のＣＤはどこで買えるのか、という女性からの問い合わせがあったそうです。彼女が話したのは『何年も前から植物人間状態で寝たきりの母は、昔から水谷豊さんのファンだったので、水谷さんが出演するテレビ番組はいつも見せてあげていました。もちろん、反応はありませんでした。でも先日、『探偵左文字進』の放送で主題歌が流れたとき、寝たきりだった母が身体を起こして、涙を流したんです。奇跡が起こりました』ということでした。その喜びとお礼の電話だったんですね。それを聞いて、のちに平尾昌晃さんと音楽の持つ力の素晴らしさを語り合いました。何とも嬉しい出来事でした」

水谷の次回作については、テレビ朝日で企画が進行していた。『土曜ワイド劇場』の2時間枠で推理サスペンスを作るという内容である。

プロデューサーはテレビ朝日から松本基弘、伊東仁。東映から香月純一、須藤泰司、西平敦郎という合同チームでスタートしたものの、脚本ができあがるまで1年待たなければならなかった。

第四章

相棒　鬣鬣を恐れない

ヒットの予感

脚本が完成するまで1年かかったのは、プロデューサー全員が推薦した脚本家の輿水泰弘が、他局の仕事で多忙を極めていたからだった。

輿水は当時、日本テレビを中心に仕事をしていた。明石家さんま主演の『恋のバカンス』(97年)、椎名桔平主演の『お熱いのがお好き?』(98年)などのドラマで視聴率を稼いでいた売れっ子で、テレビ朝日のプロデューサーから連絡があったときには、明石家さんま主演の『甘い生活。』(99年)を執筆中だった。

「僕に1年あまり待てるかどうかの打診もありましたが、推理サスペンスをあえてホームドラマが得意な脚本家で作る、という発想が面白いと思いました。また、その頃の輿水さんは日本テレビの演出家・水田伸生と組んで仕事をしていて、水田は小坂敬プロデューサーの愛弟子だったことから、僕とは若い頃からプライベートで付き合いのある人物でした。素晴らしい才能の持ち主である水田が気に入って付き合っていること。これが、輿水さんを1年あまり待つ価値があると思わせてくれる大きな要素になりました」

さらに水谷は、番組が放映される時期にも意味を感じていた。

「撮影開始は1999年で、放映は2000年になります。成功するかどうかはやってみなければ分かりませんけど、ミレニアムを迎えた年の一本目の作品が『相棒』であることに対して、なにかが起きそうな予感を覚えていました」

撮影が始まったとき、水谷は47歳。届いた脚本を読んだときには興奮したという。

「刑事物としてこんな本があるのかと驚いたし、とにかく面白かった」

水谷は輿水の過去の作品をよく知らなかったが、輿水は水谷のドラマをずっと観続けてきた。メインとなるキャラクターを造形するにあたって、輿水はこう語っている。

〈豊さんのことを考えたらふと、敬語で慇懃無礼なキャラが思い浮かんだんですねぇ。皮肉屋でも、豊さんなら嫌味なく演じてくれそうな。そういう役は覚えがないってマネージャーさんにも言われましたが、演じているのを見たら、勘は当たってたと思いましたね〉（『オフィシャルガイドブック相棒』扶桑社）

ハリウッド映画のバディ物やイギリスのミステリー作品が好きだという輿水が最初に書いた企画書には、「黄金刑事」というタイトルが付いていた。

〈ゴールデンコップスと読むんですけど、さすがに土ワイ（土曜ワイド劇場）でそれはないだろうと却下されました（笑）〉（同）

脚本が完成したあとは、ドラマ制作の要と言える監督の選定に入った。

水谷がこだわったのは、『沙耶のいる透視図』（86年）、『南へ走れ、海の道を！』（86年）、『民暴の帝王』（93年）など数々の映像作品で知られる和泉聖治である。当時の監督としては多作で、98年から99年の2年間だけで13本もの映画を監督している。

「和泉監督とは『遮断機の下りる時』（フジテレビ系列　89年）という1時間ドラマでご一

緒して、とてもアイデアが豊富な方だと思いました。それで『相棒』をスタートさせるとき、最初に和泉監督のスケジュールをチェックしました」

ドラマの演出を打診された和泉もまた、輿水の脚本に魅せられたという。

〈まずストーリーが今までの刑事ドラマと全然違うところから入っていて、切り口が面白かった。それとセリフが活き活きしてて、リアリティーがある。拳銃を持ったりはしないんだけど（中略）これをアクション劇で撮りたいなと思ったんです〉（同）

そして2000年6月3日、『相棒』のプレシーズンとなる第1話「刑事が警官を殺した⁉」が放映された。「警視庁ふたりだけの特命係」のサブタイトルが付いている。

主役は、頭脳明晰のキレ者ながら、上層部に疎まれ窓際に追いやられた杉下右京。右京の相棒・亀山薫役には、『刑事貴族2』『刑事貴族3』で共演した寺脇康文が選ばれた。

「相棒を誰にしようか、キャスティングをプロデューサーたちと話したときに、全員が寺脇を候補に挙げてくれたんですね。寺脇とは『刑事貴族』で楽しく仕事をした経験があるし、僕はもちろんOKなので、すんなり決まりました」

杉下右京の人物造形については、脚本を読んだ段階でイメージが浮かんできたという。

「『あの人、ちょっと嫌味な人ね』とか『冷たい感じ』とか、あまり人に好かれないタイプにしようと決めました。むしろ嫌われるキャラクターを意識的に創った。なぜ、彼がそんなふうになったのかは、時間をかけて分かってもらえればいいと」

実際、第1話の右京は、指名手配犯の人質となった亀山薫に、犯人の急所を教えて逮捕に結びつけるものの、礼をいう薫に対して、「テレビに映った君の姿は無様でしたよ。警察のイメージダウンもはなはだしい」と言い放つ。薫はこの言葉にムッとして右京に反撥を覚えるのだ。右京の慇懃無礼さがよく表れているシーンである。

「でも、彼の私生活は台本になくて、まったく謎なんです。想像するしかない」

杉下右京は東大を首席で卒業したのち、イギリスに留学。帰国後は警察庁に入庁し、その後3年ほど研修でスコットランドヤード（ロンドン警視庁）にいたことがある。キャリア組で、階級は警部だが、ある事件に関わったことで出世コースから外れた。

それらの経歴から水谷は右京の日常を想像し、ディテールを積み重ねていったという。

「いつもは隙のないスーツスタイルで、冷静沈着な人間だけど、休日はなにをしているんだろう。クラシック音楽を聞きながら、優雅に紅茶を飲んでいるのだろうか。寝るときは英国風にチェックのパジャマを着るのか。いや落語好きだから、案外、浴衣を好むかもしれない、とかね。ただ、それは演じる側の話であって、観ている方には自由に想像してもらった方がいい。具体的になにかを見せるということは、『想像しなくてもいいですよ』と言っているようなものですからね」

ミレニアムの年になにかが起きるという水谷の予感は的中した。

「第1話が放映された翌週、テレ朝の上層部から『あれをシリーズにしてくれないか』という話があったんです。ただ、僕としては、2時間ドラマの世界をもう少し試したい気持ちがあったので、シリーズ化の前に2時間枠で何本か作らせてほしいとお願いした」

第1話の視聴率は17・7％。テレビ朝日に限らず、2時間ドラマが全体的に低迷している時期としては異例の高視聴率だった。好スタートを切った『相棒』は、翌01年1月に第2話として放映された「恐怖の切り裂き魔連続殺人！」で、22％の視聴率を記録した。

第2話でロンドンの切り裂きジャックを模倣したシリアルキラー・浅倉禄郎を演じたのは生瀬勝久。東京地検の検事でありながら、女性ばかりを五人殺害し、六人目に交際相手の検察事務官（渡辺典子）を殺害した時点で、右京と対峙する。

脚本を担当した輿水は、第2話の高視聴率の理由をこう分析している。

〈シリアルキラー（連続殺人犯）という題材も、局内ではだいぶ反対が出たようです。でもきちんと犯人の物語を作って生瀬さんに当て書きしたら非常に評判になった。同じゲストキャラが何度も登場する方法のエポックになりましたね〉（同）

浅倉はこの回で右京に逮捕されるのだが、輿水は、浅倉が脱獄するなどシチュエーションを変えて6回再登場させている。

「恐怖の切り裂き魔連続殺人！」の見どころは、水谷にとっても印象深いシーンだった。ラスト近くで、右京が浅倉と対峙したときの、8分間にわたる長回しである。

「あれが『相棒』の長回しのきっかけになったシーンなんですよ。右京と薫、浅倉の三人のシーンで、途中に回想が入りますが、実は8分以上、僕は喋り続けていたんです。普通、回想が入るときは一旦止めて、台本を見ながら台詞を言ったりもできるけど、僕は回想の台詞も入って（覚えて）いたんですね。それで和泉監督から、『一回ワンカットでやってみましょうか。ダメならもう一回やればいいだけですから』と提案されて、カメラが回った」

水谷の台詞覚えのよさが、『相棒』の特徴とも言える長回しに繋がった瞬間である。

「始めてみたら、どんどん進んで行く。僕が喋り続けている間に、寺脇と生瀬が大変な精神状態になっているのがよく分かるんですよ。二人とも最後のあたりに台詞があるから、自分のところでNGを出さないように、もの凄く緊張している。異様なムードだな、と思いながら演ったのを覚えてます。これが成功したことで、和泉監督の長回し（の撮影）が続き、後にいろいろな人が大変な思いをすることになったんですね」

和泉監督も、長回しが俳優に与える影響について語っている。

〈そもそもは水谷さんがテストの段階で台詞をすべて覚えているので（中略）じゃあそれで撮ってしまおうと、長回しをするようになりました。長回しというのは、俳優をどんどん追い込んでいくものです（中略）。俳優たちも非常にいい表情になります（中略）。本当に役に入りきって緊迫した表情なんです。撮り終わった映像を見て、俳優が「僕、こんな芝居した？」なんて言うこともあります〉（『相棒 season 2下』朝日文庫）

長回しと同時に、長台詞も多用されるようになり、レギュラーだけでなく、ゲストの俳優たちも緊張を強いられた。

「NGを出すのではないかというプレッシャーですね、もう手が震えていたりしますよ」

続く第3話の「大学病院助教授、墜落殺人事件！」は01年11月に放映され、視聴率は17・4％。この回では安楽死の是非という重いテーマが描かれる。

ファンの間で印象的なシーンとされるのは、病院内で行方不明になった右京を探す薫が、右京のポケベルを持っていた女医に向かい「俺の相棒はどこだ！」と迫る場面だ。薫の右京への思いがそのひと言で伝わってくる。それまでなんども右京に反撥していた薫が、右京を他には代えがたい相手と認めたのだ。

相棒となった寺脇は、右京に対する気持ちをこう語っている。

〈最初、薫にとって右京さんは、『全然わかんねえや』という人だったけど、付き合ううちに、右京さんに『（一緒に捜査するのは君の他に）誰がいるんですか』と言われて、俺も薫の気持ちになって『わー嬉しい』と思ったりして（中略）。薫は俺の分身で、今では俺が薫だという思いもある〉（前掲『オフィシャルガイドブック相棒』）

以降、薫は右京への信頼感を増していくのだが、振り回されることも多かった。右京の思考は常に先へ先へと進むので、付いていくのが大変である。

「確かに右京は面白い人だけど、じゃあ、僕が彼と友だちでいたいかというと、どうだろう。仕事で会うのはしょうがないでしょうけど、年中会わなくてもいい人かもしれないですね。なんかあったら、見逃さないだろうし、許してくれそうにない人だから（笑）」

３回のプレシーズンで試行錯誤が始まったばかりではあったが、水谷は撮影中に、ある確信を持ったという。

「これはヒットすると思いましたね。まずはプロデューサー、次に脚本、監督、そして役者。このうちの二つが揃えばとりあえずはドラマができる。三つ揃えばヒットする。四つ揃ったら大ヒットすると、昔から思っていたんです。だけど、揃えたつもりでも、現実はそうなっていないことが多いんですよ。四つのうち、どれかが欠けていたりする。それが『相棒』ではすべて揃った。シリーズ化が決定する前に、揃ったぞ！という感覚がありました」

以後は和泉監督がメイン監督となり、数々の名作が生まれた。

「プレシーズンで手ごたえを感じて、次のシーズンの撮影に入ったのは2002年の春。和泉監督が56歳、僕が50歳になる年でした。そのとき二人で『監督として、主演俳優として、お互いに惜しみなく、できる限りのことを『相棒』でやりましょう』と話して、固い握手をしました。今でもそのときの熱い想いを覚えています」

和泉監督とは、もうひとつ誓い合ったことがある。

「鬱蹙を恐れないでいこう、ということですね。『相棒』を観て喜ぶ人とがっかりする人、つまり支持と不支持に分けたら、支持してくれる人が少し多ければ成立する。みんなに喜んでもらおうと思ったり、失敗を恐れて無難を選んだりはしない。『むしろ、鬱蹙は買った方がいいという思いで創り続けよう』と話しました」

水谷が『相棒』について語るとき、鬱蹙という言葉が頻繁に出てくる。

「視聴率は大事ですが、毎回狙って作るわけではないんです。時には気が滅入るような話もあるだろうし、一方でエンターテインメントに徹した話もある。鬱蹙とエンターテインメント、その両方ができたらいいと」

鬱蹙を恐れないという覚悟は視聴者にどう受け止められたのか。シーズン1が始まって間もなく反応があった。水谷はそれを日常の出来事で感じたという。

「うちに宅配便の人が来て、荷物を受け取るときに『相棒、観てますよ』と言われたんです。『私は好きなんですけどね、いいドラマだと思ってるんですけどね。うちのカミさんが、水谷さんは昔はあんな人じゃなかった、と言って観ないんですよ』と聞いて、あ、成功したなと思いました。『相棒』が始まったときに、右京はそんな簡単にいい人だと思われないようにしようと考えていたのでね。『嫌だ、あんな人』と言われたら成功だと」

水谷が演じた『熱中時代』の北野広大や、『あんちゃん』の住職・田野中一徹、『事件記者チャボ！』の中山一太、『刑事貴族』のどこかコミカルな刑事・本城慎太郎を知る視聴者には、『相棒』の杉下右京は冷淡な人間に映った。それは水谷が狙ったことでもある。

「先輩の俳優さんからも『豊ちゃん、今演ってる役、いいの？　あれで』と言われたんです。『よくあんな嫌味な役を演るよね』って。これはもう成功していると確信しました」

しかし、右京はかなりの落語好きという設定であり、落語には人情話が多い。右京も人情話が好きなはずだろうに、人情では動かない。

「僕は常々日本のドラマが描く情は、現実を上回っていると思っているんです。なんでも最後は情で解決しようとするでしょう。でも、それはリアルじゃない。ちょうどいいというか、現実に見合った情は必要だと思っていますけどね。右京も起きていることに見合った情は持っているけど、それが前に出ることはないので、冷たく映るのでしょうね」

妻の〝蘭さん〟は、彼が杉下右京を演じることをどう思ったのだろうか。

「『こういうキャラクターを演じた人は今までいないと思う。凄く面白い』と言ってくれましたね。新鮮な印象を持ったようです」

主役の心構え

水谷はこれまで数多くのドラマで主役を演じてきた。主役、すなわち番組を率いる座長を務めるにあたっては、他の出演者への様々な配慮や気配りが必要だろう。『相棒』でも主役を演じることになり、どんな心構えで臨んだのか。

「役者で一番残念なのは、カメラ前に立った時に緊張感に縛られ、本人の良さを発揮できないことです。『相棒』にゲストで出演してくれる若い役者、といっても僕から見るとほとんどが若い役者になりますが（笑）、彼らがリラックスできるような現場のムードを作るようにしています。撮影の合間にちょっと他愛のない会話をするとかね。ゲストには犯人役を演ってもらうことも多いのですが、そもそも、心身ともに健康でなければ、不健康な役はできないんですよ。とにかくのびのびと演じてもらう」

自分も役者なので、連続ドラマにゲスト出演するときの緊張感はよく理解できる。だから、相手の様子を見て、ジョークを飛ばしたりするのだと言う。

「それは役者同士の関係を考えても、ドラマのことを考えても、当然しなければいけないことですよね。できれば現場で良い経験をして欲しいし、彼らが魅力的になれば、作品の質にも影響します。主役だからといって、自分だけで魅力的になれることは無いのですから、まずは、スタッフも含めた周りのことを考えるようにしています。ゲストにまた出演したい、と言ってもらえたら嬉しいですね」

では、主役と脇役では心構えが違ったりするのだろうか。

「僕が脇役として出演する場合、最も意識するのは作品の邪魔をしないということです。作品の為になると思ってやっている事が実は大袈裟になり過ぎていたり、役の分量を見失ってバランスを崩したりすると、作品の世界観を壊してしまうことにもなりかねません。それは監督の演出でもありますが、例えばベテランの役者と、経験が浅い若い監督の場合、監督の方が遠慮してしまい、役者に言いたいことを言えなくなることもあるからです。俗に言う『爪痕を残そうとし過ぎて深爪状態』にならないように、ベテランになればなるほどその辺りのバランスが分かる役者でいたいと思っています」

あるとき水谷は、新劇の俳優と「魅力的な役者にはどうしたらなれるのか」というテーマで話をした。相手は水谷より芸歴が長い俳優だった。

「その役者さんは『それは魅力的な役をやることだ』と言ったんです。でも僕は、いくら魅力的な役でも、その人に魅力がなければ、そうはならないと思った。だけど、納得してくれないんですよ。『いや、魅力的な役をやるに限る』と言い張って。魅力的な役をやれば、誰でも魅力的な役者になれるのなら、誰が演じてもいいわけでしょ。それは違う」

杉下右京もまた、水谷だからこそ、類例のない魅力を持つ人物になり得た。

好調スタート

『相棒』はシーズン1のワンクール（3ヵ月）から始まり、シーズン2からは2クール（6ヵ月）の放映が定着している。ワンクール12話のくくりが、シーズンが進むに従って19話から21話までに増えたのだ。

「いきなり2クールというのは重いので、まずはワンクールからとお願いしたんです。それで、当初に僕が想像していたのは、シーズン5くらいまでは行くだろうということです。そのことを輿水さんやプロデューサーに話したら、『まだ始まってもいないのに、なぜ？』と驚いていましたね。『これは面白いから、5年くらいはやらざるを得ないと思うよ』と答えましたが、5年でも終わらなかったのは、嬉しい誤算ですね」

シーズンがスタートする前から、『相棒』のコンセプトは明快だった。

「大人がテレビを観なくなったと言われていた時代なので、大人を振り向かせるドラマをつくろう、と話し合いました。時代も社会も変化していくものだから、ドラマも常に今を切り取っているものにしたい。エンターテインメントでありつつ、社会性も備えた作品をと。もう一つ、みなさんが楽しんでくれているうちに終わらせたいと伝えていました。視聴率が落ちてから終わったのでは、観る側にも我々にも残念な記憶しか残らなくなってしまいます」

『相棒』というタイトルもまた絶妙だった。

「当たり前過ぎて思いつかない言葉をよく思いついてくれたと思って、須藤泰司プロデューサーに誰がタイトルを考えたのか聞いたことがありました。曰く『実は、誰が〈相棒〉と言い出したのか、プロデューサー陣もわからないんですよ』。ということで、このタイトル問題は迷宮入りになっています（笑）」

シーズン1の第1話は「警視総監室にダイナマイト男が乱入！」。初回から登場する警察庁長官官房室長（通称・官房長）・小野田公顕（岸部一徳）は、右京の元上司で、特命係の誕生に関わったキーマンである。登場直後から右京と特別な関係であることを匂わせる。

「シリーズ化するにあたって、必要なことが二つあると思いました。一つは、『相棒』は推理サスペンスであると同時にキャラクタードラマとしても面白くなければならないこと。もう一つは、杉下右京が警視庁の中で敵無しのスーパーマン的存在にならないように、敵わない存在を置くことでした。右京と同じ東大法学部卒の先輩・小野田公顕を官房長として警察庁に配置したのは脚本の輿水さんの発想です。右京と小野田の関係はどこかユーモラスでありながらも、時に激しくぶつかり合う。そのぶつかり合いで警察組織の裏側や機微が見えてきます。官房長は『相棒』には欠かせない、まさに裏相棒的存在でした」

小野田はなにかある度に右京と密会する。場所はハンバーガー店、回転寿司店、ラーメン屋、おでん屋など庶民的な店が多く、二人にしか通じない意味深な会話を交わす。

右京を「おまえ」と呼び捨てにする唯一の人間でもある。

「回転寿司の皿をレーンに戻さないように注意しても、官房長は忘れてしまうんですね。6

枚くらい積み上げて戻したのかな。お茶の淹れ方も右京が教えていましたね」

特命係の前身は、小野田がテロ対策のために組織した「緊急対策特命係」だが、右京は、自分が栄転になったと勘違いしている薫に、「特別に命令があれば、なんでもやる係です」と説明している。まもなく薫は、自分の前に特命係に配属された六人が警視庁を去っていたことを知り、特命係が「人材の墓場」と呼ばれていることに愕然とする。

右京はそんな薫の心中を知ってか知らずか、「細かいことが気になる僕の悪い癖」と「ひとつよろしいですか」の常套句で、事件の真相に迫っていく。

同シーズンの第10話「最後の灯り」は、長年映画製作に携わってきた職人の意地と悲しみが描かれる。右京と薫は、映画監督の不審死を調べる最中、何者かに襲われ、海岸近くまで運ばれ放置された。冒頭のシーンで、右京は呆然として海を眺めている。メガネにヒビが入り、額には血が流れた跡がある。一時的に記憶喪失になっているのだ。

まもなく、離れた場所にいた薫が近寄ってきて、なぜ自分たちはこんな所にいるのか、と右京に話しかける。二人で記憶を辿るうちに、事件の背景が見えてくるのだが、右京が足をくじいて歩けないのを知った薫は、「どうぞ」と促して右京を背負う。右京は少し照れた様子で、「亀山君、海が綺麗ですよ」などと呟く。

「背負われている時間が、結構長かったんですよ。『君に背負われる日が来るなんて』とか言いながら、右京はまんざらでもない。実はあのシーン、テストのときはゲラゲラ笑いながらやっていたんです。楽しんでる場合じゃないのに、いい大人がおんぶされている格好が面白くてね。寺脇におんぶされると、歩くたびに振動が来るんですよ。その振動に合わせて僕の身体が揺れるでしょ。その揺れ方が可笑しいって、二人で笑っていた」

後のシーンで、右京がスタンガンを当てられて意識を失ったことが分かる。この回を初めとして、右京が犯人に倒されるときには、スタンガンが頻繁に使われるようになった。

「『最後の灯り』は櫻井武晴さんの脚本で、ラストに『この素晴らしき世界』というルイ・アームストロングの曲が流れるんです。電飾さんと呼ばれたスタッフが、長らく仕事をしてきた監督が自分の名前を覚えていなかったと誤解して、殺人を犯す話でした。でも、監督が名前を覚えていなかったわけではなくて、『電飾』と呼んだのは愛情からだったんですね」

続く第11話「右京撃たれる　特命係15年目の真実」では、特命係が廃止され、右京は警察庁に復帰し、薫は運転免許試験場に転属という内示が出る。小野田が右京を手元に置きたくて工作したのだ。これに右京は反撥するが、小野田と話している最中に銃撃される。

「右京が入院するのはプレシーズンの3（『大学病院助教授、墜落殺人事件！』）以来ですね。パジャマ姿が話題になったそうですが、視聴者は思わぬことを喜んだりするんですねえ」

脚本担当の輿水が、シーズン1の中で強く印象に残っていると語るのは、最終話の「午後9時30分の復讐　特命係、最後の事件」である。

〈結末で犯人が捕まらない、勧善懲悪で終わらないところに踏み込みたかった。小野田が正義の名の下に悪と取り引きするんですけど、それと右京が対決することに意味があると思ったんです（中略）。あれができたことで、『相棒』でできることが広がりましたよね（中略）。

とにかく安定するよりはもっとやろうというのが『相棒』です。それでどんどん追いつめられていくんですけど（笑）〉（前掲『オフィシャルガイドブック相棒』）

この回で悪を象徴する元外務省官僚・北条晴臣を演じたのは長門裕之。自分を「閣下」と呼ばせ、好色かつ傲岸不遜な人物である。

「長門さんの役はしたたかで、本当に悪い奴なんだけど、芝居が面白くてね。僕と寺脇が長門さんと向かい合うシーンで、吹き出してしまったんです。もちろん本番なんだから笑ってはいけないんですよ。でも、長門さんの芝居を見ていると、可笑しくてどうにもならないんですよ。もうね、狂気のような面白さだった」

長門との付き合いは、水谷が『バンパイヤ』に主演していたときから始まっていた。

「ご自宅に伺ったのは僕が15歳くらいのときです。奥様の南田洋子さんもいらして、可愛がっていただきました。長門さんの弟の津川雅彦さんと会ったのはその数年後ですね。フジテレビで『肝っ玉捕物帳』（73〜74年）という京塚昌子さんが主演の時代劇があったんです。郷ひろみさんとか、朝丘雪路さん、西村晃さん、左とん平さんとか色々な人が出ていらした。美空ひばりさんもゲスト出演されたと思います」

津川もその番組に出演していた。津川はある日、水谷をメイクルームに呼んで言った。

「『豊ちゃん、時代劇だから眉毛を綺麗に揃えてあげる』と言って、眉をハサミでカットしてくれたんです。それからは、いつ会っても優しくしてくれてね。長門さんと一緒に食事に誘ってもらったり、ご兄弟には本当によくしていただきました。お二人とも僕が子供の頃からこの仕事をしていることを知っていたから、『相棒』で杉下右京というキャラクターを創ったことを凄く喜んでくれたんです。『よくやったね』と」

津川はシーズン2から、法務大臣の瀬戸内米蔵役で出演。元は僧侶であったことから、死刑反対の意志を貫くが、在任中に横領の罪で逮捕され、服役したあとは住職になった。ファンに人気のあるキャラクターで、全シーズンを通じて12回登場している。

「この頃だったかな。『相棒』のロケ先のホテルで待機していたときに、テレビを点けたんです。そうしたら、今最も人気のある俳優は誰かと、渋谷でインタビューしていて、若い俳優さんたちの名前が挙がっていた。へえと思って見ているうちに、場所を変えてのインタビューが始まった。そこでね、おじいさんが『水谷豊がいいね』と言ってたの。レポーターが『水谷豊さんがこちらでは一番人気でした』と報告するから、こちらってどこだろうと思ったら、巣鴨のとげぬき地蔵だった。僕は昔『表参道軟派ストリート』という宇崎竜童さんが作ってくれた曲を歌ってるとき、リーゼントで革ジャンを着てたんですよ。表参道でナンパしたけど、成功しなかったという歌詞で台詞もあって好きな歌です。以来、ずっと自分のイメージは原宿だと思っていたのに、杉下右京を演るようになってから、巣鴨に飛んでいた」

巣鴨のとげぬき地蔵は「お年寄りたちの原宿」と呼ばれている。

「『相棒』の人気のおかげでしょうから、喜んでくれているのなら、まあいっか（笑）」

なんでもあり

2003年10月8日に放映されたシーズン2第1話「ロンドンからの帰還　ベラドンナの赤い罠」は、右京のロンドン生活から始まった。シーズン1の終わりで警察学校の教官になった右京が休職中に渡英。ロンドンに滞在しているという設定である。

この撮影で、水谷は『相棒』初の海外ロケを経験している。

「和泉監督が、『豊さん、ちょっとね、イギリスに行って来てほしいんだ』とか言うんですよ。『右京の向こうでの生活を見せたいので、撮影してきてほしい』と。メンバーは僕の他に衣裳とかメイク道具を運ぶマネージャー、カメラマン、プロデューサーが二人の計五人です。限られた人数だから効率を考えて、渡航の前には向こうではどうしよう、こうしようと大まかなことを話し合って、3泊5日で行くことに決まりました。滞在中にウエストエンドの劇場で『キャバレー』の舞台を観る予定も入れたんです」

本隊が東京で撮影している間に、水谷のご一行はロンドンロケを敢行。なかば行き当たりばったりのロケだったが、これが逆に幸いした。市内を歩き回っているときのことだった。

「ベーカーストリート駅の前を歩いているうちに、シャーロック・ホームズの銅像を見つけたんです。狙ったわけではなく、たまたま見つけたので、じゃあ、挨拶をしなくてはと帽子をとって会釈しました。右京が『おや、こんな所に』という表情で銅像を見上げる姿が、リアルに映っていますよね」

そのあと、右京が「アリス」という名前の女性の墓に花束を供え、意味ありげに祈るシーンも、計算されたものではなかった。

「あれもたまたまアリスだったんです。それがアリスの謎とか言われて、いつかアリスが登場するぞ、と期待した人もいたようだけど、僕も右京とアリスには何かあったと思いながら手を合わせていたんですね。最初にアリスという名前を決めて、探したわけではないです」

3泊5日のタイトなスケジュールでも、『キャバレー』の舞台はきっちり観劇したという。

「『ハリー・ポッター』の舞台になったキングス・クロス駅へも行きました。メイキングのような撮影だったけど、放送されたら評判がよかった。こういうことができるのも、なんでもありの『相棒』だからですね」

ロンドンロケはまた、水谷にある人物との出会いをもたらした。ロケに同行したカメラマンの会田正裕である。会田はシーズン2から『相棒』に加わったばかりのカメラマンで、撮影監督を任されるのは後年のことだ。

「会（田）ちゃんの、カメラワークだけではなく、照明も作りながらの映像に僕はすっかり惚れ込んでしまいました。撮影監督になってからは『相棒カラー』と言われる画質を生み出し、更に進化を追求し続けているんです。そんな会ちゃんの姿勢には、信頼と尊敬の念を抱いています。『会ちゃん、こんなことできるかな?』恐らく困難だろうと思いながら尋ねたことも、会ちゃんは必ず『できます』と応えてくれます。こちらのイメージを様々なアイデアを駆使して画にしてくれるんですね。予想を超える映像を撮ってくれたことも多々あります。僕が60代になってから監督をやる決意をしたのも、会ちゃんとの出会いがその一つの要因になっていることは間違いありません」

一方の会田もまた、水谷への思いは熱く、ともに仕事ができることの喜びを隠さない。

〈もともと『熱中時代』からずっと豊さんのファンで、ミーハー的ですけど『撮ってみたいな』と思っていました。特に和泉監督の長回しで見る豊さんが素敵だったので、別の東映作品に関わったときにぜひ『相棒』をやらせてほしいとプロデューサーにお願いしたんです（中略）。実は自分的には、一番のキメのセリフじゃなくて、豊さんが歩いているシーンとか（中略）。何気ないところに快感のポイントがあるんですよ〉（『オフィシャルガイドブック相棒―劇場版』扶桑社）

ミスターサマー

『相棒』の撮影は、毎年、7月下旬から8月上旬という真夏にスタートする。

杉下右京は亀山薫のようにTシャツや開襟シャツなどのカジュアルな服装はせず、常にスーツ姿なので、汗だくの撮影になるはずなのだが――。

「僕は夏に強いんです。みんなに驚かれるほど汗が出ないんですよ。スーツにネクタイを締めていても、涼しい顔をしているんです。『暑いですね』と言われたら、一応『暑いですね』と合わせるけど、それほど暑さは感じていない。ミスターサマーですね」

日本の蒸し暑い夏にぴったりの体質である。

「便利でしょう？　僕は、夏バテというのは経験がないんです。気温が37度くらいの日に三つ揃いを着て、炎天下でのロケを3日間続けたときも、まったく平気だった。周りを見ると、捜査一課の三人組刑事もみんなスーツを着ているから汗だくになってる。ワイシャツなんか、汗で張り付いてそれは大変なんです。彼らはカットがかかったら、すぐにネクタイを外して、首を冷やしたりしてますね」

メイク担当にとって、汗をかかない水谷はありがたい存在だろう。

「喜ばれますね。メイクがあまり崩れないので、手間がかからない」

その昔、プロの俳優は顔に汗をかかないと言われたものだが、水谷もそうだった。

「だけど、僕は冬が駄目だったんですよ。血圧が凄く低かったので、冬は身体が動かないんです。仕事をしたくなくて、冬に休めるような職業はないだろうかと、本気で考えたりしていた。もう朝起きるのが嫌で嫌で嫌でね。冬は耐え難かったな」

ところがあるとき、体質が変化していることに気がついた。

「あれっ、と思ったんだけど、冬も早く起きられるようになっていて、早朝の撮影が苦痛ではなくなっていたんです。これはもう、齢をとって全身の細胞が寒さをキャッチしなくなったんじゃないかと（笑）。血圧も若い頃より高くなったし」

そのときから、ミスターサマーは返上した。

「今はミスターオールシーズンです」

右京は泣かない

シーズン2の第16話「白い罠」では、犯罪被害者と加害者、双方の家族の葛藤を中心にストーリーが展開する。殺人犯の死刑執行に立ち合った刑務官の工藤（小野武彦）は、その殺人犯の娘・沙雪（前田愛）に、彼女が好きな画集を贈り続けていた。そして、ある決意をした工藤は、最後の画集を渡すために、沙雪に会いに行く。

前15話に続く『相棒』国内初の遠方ロケで、北海道の雪原を中心に撮影が行われた。

「ラスト近くの撮影では、胸にこみあげてくるものがありました。小野さんの芝居を見ていて、もう本当に泣きそうだった」

水谷が涙を堪えたのは、小樽から札幌へ向かう列車の中のシーンだった。死刑執行になんども携わった工藤は、加害者家族の深い悲しみを知り、自分の仕事を悔いる。

刑務官の苦悩を描いた櫻井武晴の脚本には、こうある。

〈三十年……。たくさんの死刑囚に手をかけてきました。それにより、被害者の憎しみを晴らし、加害者の家族の苦痛に終止符を打ち、癒すことができる。そう信じていたからです。でも、そうじゃなかった（中略）。自分の人生を否定された今、これから私はどうやって生きていけばいいのか……〉（前掲『相棒 season 2下』）

嗚咽を交えて語る小野武彦の演技は、過酷な職務を全うしてきた人間の姿そのものだった。小野と向かい合わせに座っていた寺脇は、感極まった様子で涙を滲ませた。

「亀山君はいくら泣いてもいいんです。だけど、右京はどんなに辛くても泣いちゃいけない。右京が泣くと違うことになっちゃうと思うのでね。あのときは気持ちがギリギリの状態というか、涙をこぼさないように必死で堪えたんです。今でも思い出しますね」

このシーンは実際の車両を使って撮影された。移り変わる車窓の風景も同時進行である。

「いくつか先の停車駅で、前田愛ちゃんが待っていて、列車がそこに到着するまでの状況を撮影し続けていたから、リアルで生っぽいんですよ」

絶望感を抱えた工藤は、沙雪の姿を発見し、自分が贈ったコレッジョの画集を彼女が抱えているのを見て、胸を詰まらせる。右京はそんな工藤に声を掛けた。

〈どうやら、あなたの人生は否定されたわけではないようですね〉（同）

なにがあろうと泣かない右京と、涙もろい亀山の対比が際立つ回である。

長台詞

シーズン1からシーズン2へと回を重ねるにつれて、杉下右京が語る事件の背景や謎解きが数分間にわたることが増えた。水谷が長い台詞を難なくこなすので、脚本家も遠慮せずに書き連ねることができるようになったからだ。

ときには十数ページにおよぶ台詞をどうやって覚えているのか。

「それ、歌舞伎役者の方たちにも聞かれることがあります。あんな大変なことをどうしているのかと。いやいや、僕にとっては歌舞伎こそが奥深く、計り知れない世界に思えます。まず、台本は一度読んでざっと頭に入れたら、もう一度頭から読んで全体のイメージを作っておきます。どのシーンからどう撮られてもいいようにしておく。『相棒』は基本的に二本持ちなんですよ。一人の監督が二本の話を同時進行で撮影していく。だから、一日でイメージを作らないとスケジュール的に間に合わないんです」

水谷にとってイメージを作ることは、台詞を覚える作業とイコールである。

「自宅のどこでも、どんな状況でも構いません。テレビがかかっていても、音楽が鳴っていても平気。最初の頃は、これは大変だと思ったこともあったけど、あるときから、この大変さは僕だけの大変さだと思えるようになった。そうすると、自分にしか味わえない喜びに変わったんです。大変じゃなくなったから、長く続けていくことができた」

長台詞が喜びに変わるには、きっかけがあった。

「ずいぶん前のことですが、フランスに行って、帰りの飛行機に乗るときに、ド・ゴール空港近くのお寿司屋さんに入ったんですね。そこにコロンビアから来たというご夫婦がいて、話しかけられたの。ご主人が、『私たちはヨーロッパでジーンズを買い付けて、向こうで売る仕事をしている。それが大成功してラッキーな人生を送っているんだ』というんです。僕の方が若かったからでしょう、彼が、『人生で成功する秘訣はね』と教えてくれた。『それは一つしかない。楽しむことだよ』って。そのときはへええっ、という感じだったけど」

年に7ヵ月間続く撮影で疲れているとき、ふと彼の言葉を思い出した。

「そういえば、コロンビア人の彼が話していた、人生で成功する秘訣とはこのことだったのかと。どんなことでも、見方を変えれば、嫌なことも楽しいことになります。それなら、楽しくなるように物事を考えようと思ったんです」

そうなると、覚えることよりも、いかに長台詞をエンターテインメントに仕立てるかが課題になってきた。感情を交えない説明台詞がほとんどだからだ。

「説明だけを長々と聞いていたらつまらないでしょう。観ている人が楽しめるようにするにはどうすればいいか、それが最初のテーマでした。今は説明台詞こそがエンターテインメントの世界だと思ってやっていますね」

楽しんでもらうための工夫には、耳に心地よい語り口、リズム感も含まれる。

「アメリカの人がよく言うんだけど、日本語はブツッと切れていて、ダダダ、バババという音に聞こえる、って。それはたぶん、三船敏郎さんの時代劇の影響かと（笑）。三船さんを日本人の代表のように思っている人も多いですからね。ジョン・ベルーシというコメディアンが『サタデー・ナイト・ライブ』に出演したとき、サムライ・テーラーという出し物をやったんですね。三船さんの真似をしているつもりです。そのときの喋り方が、ドドドッ、ブルルル、ブルルン、ドドドッと、まあ極端に強調していたんです」

そこで水谷は英語と日本語の違いについて考えた。

「英語はどこで切らなければいけないということがなくて、続けられるところまで続けていいんです。日本語はここで切らないと意味が分からなくなるとか、法則があるでしょ。だから、日本語を英語のようにひと息で話せるところまで話してみようと。そういう試みをしていましたね。日本語でもこんなふうに長く喋ることもできるんだよ、という思いがあった」

そうして右京独特の長台詞のリズムが生まれた。

「でも、覚えやすい台詞と覚えにくい台詞があって、覚えにくい台詞というのはリズムが作れないんです。もう力技でねじ伏せるしかない」

美和子スペシャル

２００６年、『相棒』は2桁台という安定した視聴率をキープしたまま、シーズン５に突入した。このシーズンで視聴者から「あれはなんだ?」と声が上がったのが、第13話「Wの悲喜劇」で登場した「美和子スペシャル」である。

元新聞記者で薫と結婚した亀山美和子（鈴木砂羽）が作ったスープは紫に近いピンク色で、タコの足やがんも、大根、人参、カリフラワーなどが浸っている。国籍不明の料理で、見た目といい取り合わせの具材といい、かなり不気味である。どんな味だったのだろうか。

「僕は料理には全般的に疎いのでよく分かりませんが、食べられる味でしたよ。どんなと聞かれたら、具体的な説明はできないけど」

右京はスープを口にして「複雑怪奇」と感想を漏らし、組織犯罪対策第五課の角田課長（山西惇）は、「かなりうまい。いけてるよ」と褒めて、同席した刑事たちにも勧める。

「確かに凄い色だったことは覚えています。あれは消え物（一度しか使えない小道具）担当のスタッフが作ったんじゃないかな。味は調えてあったと思います。芝居をしているときに、みんなで飲むんだから、『これはないよ』というものは出さないでしょう」

衝撃的とも言える「美和子スペシャル」は、ファンの間で伝説の料理になった。

「そうか。視聴者の人たちはそういうことにも反応するんですね。流して見ないんだ（笑）」

『相棒』劇場版

シーズン５の撮影が続く中、水谷は嬉しいニュースを聞いた。『相棒』を映画にするという企画が通り、抱いていた夢が現実のものになったのだ。

「寺脇とは、いつか『相棒』を映画にしよう、と話していたんです。それで、映画になるまではシーズンを引っ張ろうと思っていた。和泉監督もやりたがっていたし、実現したのが、一作目になる『絶体絶命！42・195km東京ビッグシティマラソン』ですね」

劇場版の公開は２００８年５月と決まった。水谷の映画出演は83年の『逃がれの街』から途絶えていたので、実に25年振りになる。

「失敗する気はしなかったけど、たとえ失敗しても、チャレンジの結果ならいっそ清々しいでしょ。あのときやっておけばと後悔するのは嫌だった」

プレシーズンから数えて９年目。寺脇もまた、劇場版を望んでいた。

〈失敗するかも、なんてことは全く感じなくて、映画化は当然のことだと思いました。誰か1人でも関係者に後ろ向きな人がいたらダメだったかもしれないけど、すべてのタイミングがピタッと合ったんだと思います。ずっと「相棒」を作ってきて、面白くなる感覚がわかっているし、映画が似合う作品だと思っていましたから（中略）もうその時でしょ！という感じでした〉（前掲『オフィシャルガイドブック相棒―劇場版』）

都内で開かれる大規模なマラソン大会を舞台にして、右京と薫が無差別テロに立ち向かうストーリー展開は脚本の戸田山雅司によるもので、いくつもの危機的状況が用意されている。なかでも右京と大学生の守村やよい（本仮屋ユイカ）が閉じ込められた倉庫の爆破シーンは迫力満点の仕上がりだ。炎を床に這わせるため、多量の火薬が使われている。

「僕が本仮屋さんを床下の穴に避難させた次の瞬間、炎の塊が飛んでくるんです。火薬を専門に扱うプロがスイッチを押すわけだけど、その前に僕も穴に飛び込んでいなければいけない。あのときは、かなりの熱と爆風を感じているんです。タイミングを間違ったら、髪の毛はないです。滅多に経験できないシーンでね。なんでしょね、あの瞬間の嬉しさは（笑）」

危険な撮影なのでスタントマンも用意されていたが、水谷は自分で演じることを選んだ。なにしろアクションが好きなので、人任せにしたくないのだ。

「あの（松田）優作ちゃんから、『豊のアクションはアクションを超えている』と言われたのが、誇りです」

爆破の直前には、先輩の遺体を前にして泣き続けるやよいのシーンがある。本番前に本仮屋の演技を見た水谷は「これは早く撮ってあげなければ」と思った。

「リハーサルの段階で自分を追いつめてしまうと、本番で泣けなくなるんです。気持ちもすべて使い切っちゃって、その芝居ができなくなるんですね。だから彼女がいい状態のときに撮ってほしいという気持ちがあったと思います。涙って、実は機械的に流せるんですよ。感情がそこまで揺さぶられていなくても、自分でふっと流せる。監督によっては、役者が泣くまで待っているという人もいますが、役者が本当に悲しくて泣いているのかどうか。これが大事なことなんです。泣こう泣こうと思って泣くのは嘘の涙で、それなら気持ちがきちんと入っている状態で、目薬を使う方がいい」

水谷が出会った昔の監督たちは、俳優の状態を見て、泣きのシーンをどうするか判断した。

「いい監督はね、気持ちが本当だったら、涙にこだわらず、『はい、そこは目薬。目薬で濡らしてあげて』とよく言ってくれましたよ。もしくは、涙がなくても、観てる側に思いが伝わることを知っていた」

同作では、息子の仇を取ろうとして罪を犯す木佐原芳信（西田敏行）と右京が対峙するシーンも話題になった。水谷も印象深いシーンに挙げている。

「西田さんのことは存じあげていたし、なにかの機会にお話をさせていただいたこともあるけど、共演は初めてだったんです。取調室で右京に心情を語るシーンは10分近くありましたね。時計の針が進んでいるのが、映像に残っています。最初に横からのツーショットを撮って、あとは二人のカットバックで会話していくのですが、それを1回でやり切りました。西田さんとは言葉を超えた世界を共有できたと思います。監督とか台本とか、その場の雰囲気とかも影響しますが、その世界へ行けたというのは、滅多にないことですね」

右京は木佐原の告白を聞き、彼の切実な思いを理解する。理解はできても、警察官である自分は彼の行為を認めるわけにはいかない。

「気持ちは分かるし、その気持ちも間違ってはいない。けれど、やり方を間違った、と右京は伝えるんですね。いかなる事情があろうと、犯した罪はやはり償わなくてはいけない」

そのときの右京の気持ちを水谷は目の表情にこめた。相手への感情が瞳の色の深さに表れている。若い頃はギラギラと光を放っていた瞳が、今は憂いを帯びて滋味深い。

共演した西田にとっても、取調室のシーンは滅多にない経験だった。

〈役者として楽しいというのは（中略）お互いの気持ちやセリフを、書かれた文字としてじゃなくて音や声や全部含んだ胸の中から肉化して、自分の声として出せるように昇華するというんですかね、右京さんが木佐原に心から問いかけてくる言葉として染みてくるんです。言葉の持っているエネルギーを感じた時、その現場にいることが気持ちいいんですね。俳優としての居場所を感じた現場だったように思います〉（同）

伊藤蘭と共に情報番組のナビゲーターを務めたこともある西田は、撮影後、伊藤にメールして「今日は水谷さんと芝居の楽園に行ってきました」と伝えたという。

〈すぐに返事が来て「主人も楽しかったと言っていました」って〉（同）

２００７年６月５日にクランクインした劇場版は約50日間で撮影された。同８月３日にクランクアップ。編集作業が進む中で、『相棒』はシーズン6に突入している。

そして、2008年5月1日に公開された『絶体絶命！42・195km東京ビッグシティマラソン』は観客動員数三七〇万人、興行収入は44億4000万円という当初の予想を上回る記録を残した。同年上半期邦画部門興行収入ではナンバーワンである。

その成果を受けて、水谷はある決意を固めた。

主役をやれ

「寺脇と、『いつかやろう』と話していた映画を実現させて、それがヒットして、いい成績を残した。そのあとで、僕はかねてから考えていたことを寺脇に話したんです。『このまま続けていたら、ずっと僕の下でやっていくことになる。今なら『相棒』の勢いがあるから、よそで主役ができる。だから、いつまでもいちゃ駄目だ』と。彼を主役にしてあげたいという思いがあったし、本人もやりたかったと思うから」

水谷の話は寺脇にとっては予想外のことで、一瞬混乱したように映った。

「『相棒』の人気が落ちてから辞めたら、主役を摑むチャンスが少なくなるでしょ。『だから、いいところで出なきゃ駄目だ。そして主役をやれ』と伝えたんです。手遅れになる前に、覚悟を決めるように促したんです」

水谷は寺脇に「安住してはいけない」と説き、その理由もきちんと話した。

「寺脇は最後まで辞めたくなかったかもしれない。でも僕は『主役をやれ。主役として責任を背負う経験をするのは、役者にとって大きなチャンスだ。外に出て色々なことを経験すれば、新しく見えてくるものが、必ずあるから』と話した」

話を聞いた寺脇は、2008年12月17日放送のシーズン7第9話「レベル4〜後篇・薫最後の事件」を区切りに『相棒』を降板した。薫が警視庁を去るにあたっては、南アジアに位置するサルウィン共和国（架空の国）で、子供たちに日本語と正義を教えるために移住するという名目が用意された。

その後の寺脇は、降板の翌年に映画『悲しいボーイフレンド』（草野陽花監督　2009年）で主役を演じ、TBS系列で『守護神ボディガード・進藤輝』（12〜15年）、『信濃のコロンボ事件ファイル』（13〜17年）、フジテレビ系列で『警部補・佐々木丈太郎』（09〜16年）、テレビ東京系列で『検事・沢木正夫』（13〜16年）などの連続ドラマでも主役を務めた。さらには多くの映画や舞台に出演し、活動の場を広げていった。

「色々とやってますね。そういう経験がすべて自分に返ってくるんです。普段は思い出さないけれど、なにかのときに浮かび上がって来る」

寺脇の受賞歴としては、『相棒』の演技を認められて08年に橋田（壽賀子）賞俳優部門を、09年には日本アカデミー賞優秀助演男優賞を受けている。

一人だけの特命係

シーズン7は全19話。寺脇が降板したあとに10話残っていた。次の相棒が見つかるまで、右京は一人で捜査することになった。

続く第10話の「ノアの方舟」は、薫がいない2時間半スペシャルである。この回は開局50周年記念元日スペシャルとして制作され、渡哲也がゲスト出演している。

水谷は20代の頃から渡哲也のファンだったという。

「渡さんが石原プロ制作の『大都会』シリーズ（日本テレビ系列　１９７６〜79年）で黒岩刑事をやっていらしたとき、優作ちゃんもレギュラーだったでしょ。優作ちゃんに『ちょっと出てよ』と頼まれて、ゲスト出演することになったんです」

水谷が出演したのは『大都会ＰＡＲＴⅡ』の第５話「明日のジョー」だった。ヤクザに利用されて罪を犯すボクサー役で、渡と格闘するシーンもある。

「日活の撮影所へ行ったら、優作ちゃんが、『渡さんがいるから紹介する』と言って、食堂に連れていってくれたのね。その日は寒い日で、僕は半袖シャツだったんです。渡さんに、よろしくお願いしますと挨拶して、少しお話をしていたら、渡さんが付き人に何か耳打ちされた。そのあと、僕はびっくりしたんだけど、付き人が肩掛けを持ってきてくれたんですよ。『今日は冷えるから』って、渡さんが気遣ってくださったんです」

渡の心遣いに感激した水谷は、それ以降、どこかで渡の姿を見かけると、走り寄って挨拶するようになった。身体が反応してしまうのだ。

「渡さんとの仕事は、その『大都会』以来ですね。撮影中はファンの顔にならないように気をつけていました」

「ノアの方舟」で渡が演じた法務大臣の瀬田は、小野田官房長（岸部一徳）を通じて行方不明になった息子の捜索を右京に依頼する。このとき、法務省官房長補佐官役を演じた田畑智子が同行して捜査したため、彼女が次の相棒ではないかと話題になった。

一時は女性の相棒説が取り沙汰されたものの、第18話「悪意の行方」で元特命係の陣川公平（原田龍二）が登場するや、原田が復帰するのではないかという説が流れる。ファンの予想が入り乱れる状態がしばし続いた。

岸惠子との再会

第15話のタイトルは「密愛」。この回はメインゲストが岸惠子と国広富之で、ストーリーのせいか、登場人物がごく限られている。番組のラテ欄は空白が目立った。

「岸さんの『密愛』と言っても、僕が相手ではありませんでしたが（笑）。この回も相棒がいなくて、右京一人でしたね」

岸惠子は、51年に松竹から映画デビュー。53年には佐田啓二と共演した『君の名は』（大庭秀雄監督）が大ヒットし、一躍名前が知られるようになった。芸者の駒子を演じた『雪国』（豊田四郎監督　57年）は代表作の一つである。57年にフランス人監督と結婚してパリに移住。また若い頃から小説家志望で、川端康成との交流が長く、『巴里の空はあかね雲』（新潮社）、『ベラルーシの林檎』（朝日新聞出版）など著作も多い。

「岸さんは文章を書く方だから、ご自分の世界を持っていらっしゃる。そのときどきの感情がストレートに伝わってくるんです。右京の先生という設定でしたが、芝居をしていると、本当にそう思えてくる。演っていて楽しかったですね」

岸が演じたのは、右京の大学時代の恩師でフランス文学の翻訳家・宇佐美悦子。彼女は自宅の離れで使用人の榊敏郎（国広富之）が自殺していたことから、右京に榊の近親者探しを依頼する。身元の手がかりが運転免許証しかなかったのだ。

「岸さんとは『赤い激流』で共演して以来ですから、お久しぶりという感じでした。蘭さんは、NHKの連続テレビ小説（『こころ』２００３年）で岸さんとご一緒させていただいてますけどね。『密愛』は評判がよくて、いろいろな所で面白かったと言われたんですよ」

使用人の榊は密室状態で服毒自殺していた。部屋の中を検分した右京はある考察をする。

「台本を読んだときに思ったのは、宇佐美先生は男の身元というよりは、死の謎解きをしてほしかった。地元の警察が自殺と判断したんだから、そのままにしておけばいいのに右京を呼んだのは、男の死に関与した自分を逮捕してほしかったからだ、ということです」

右京が大学で落とした唯一の単位は、フランス文学だった。宇佐美は、男女の愛を描くフランス文学は右京とは相性が悪い、と指摘する。「お言葉ですが、僕は決して苦手だったわけでは」と反論する右京。「ムキになるところが昔と同じ」と笑う宇佐美に対し、右京は

「たしかに、男女の情愛ほど知性や理論が通用しない分野はありません」と認めてしまう。

　このときの二人の会話が「密愛」のテーマに繋がっていく。

「男には前科があって、女性をだまして金を奪うペテン師だった。世間ずれしていない先生が男の手管に引っ掛かったからと言って、責められるだろうか。宇佐美先生は学生たちの憧れの人だったけれど、実は生まれ持った身体的なコンプレックスがあった。それで人生を狂わせた女性を、右京は強く責めることはできないな、と思いながら演じていたのを覚えています。岸さんは教え子の右京に対しての振舞いと、犯罪者として右京と対峙するときの演じ分け方がとても見事で、感動的でした」

　右京は密室が偽装されていたことを解き明かす。それは恩師の罪を暴くことでもあった。

「先生は、逮捕されるのなら教え子の右京に、と思っていたんでしょうね」

　岸との共演は「その存在感の大きさを実感する時間」だったという。

「映画が全盛期だった時代を経験していらっしゃる大女優ですよね。映画が銀幕と呼ばれていた頃に活躍なさっていた方たちは、そこにいるだけで説得力がある」

　ラストシーン近くの右京の長台詞が終わったあと、岸は拍手をしてくれた。

「『今の芝居は簡単じゃないわよねぇ』と言ってくださって、とても嬉しかったですね。なにもかもが、さすが岸惠子さんでした」

お言葉ですが

寺脇の次の相棒に誰が選ばれるのか。

俳優であり、ミッチーの愛称を持つ歌手でもある及川光博の名前が公式発表されたのは、09年3月11日だった。警察庁警備局警備企画課課長補佐の神戸尊《かんべたける》という役名である。

「二代目の相棒を決めるときに、光《みっ》ちゃんの出演作品を見せてもらったんですね。プロデューサーと一緒に。『彼で行ける』ということでみんなの意見が纏まって思ったのは、『前の相棒の方が良かった』という声が必ず出てくるということ。何かを新しくすると、まず保守的な意見が出てくるんです。だけど、続けているうちに『こっちもいいね』という人が増えてくる。それは僕が色々な役をやってきて分かった実感です。不良の役をやって先生の役をやると、『不良の役の方がよかった』と言われる。その逆も同じです」

神戸尊の場合は、警察庁のエリートなので、右京と共通点があり、「エリート同士が相棒になって、何が面白いんだ」という声が出たという。

「エリートでも落ちこぼれでも色々あるのに、一くくりにする人が多いんですね。だけど僕は、同じエリートでもこんなに違うんだという面白さが出てくるから、いずれ分かってもらえると思っていた。なにより光ちゃんは凄いプレッシャーを感じていたはずなんですよ。シーズン1から8年続いたチームに入ってくるわけですからね」

及川自身は、相棒を引き受けるときの心境をこう語っている。

〈最初に『相棒』に参加するお話をいただいた時、僕は30代の終わりを迎えていて、これから始まる中年ライフをより楽しく美しく生きるために階段を上らなければと思っていました。現状維持って、攻めの姿勢で初めて成り立ちますからね。そして、大きなチャンスと大きな責任も手に入れた。信頼して選んでくれたスタッフと、受け入れてくれたファンの皆さんに失礼のないように、欲張らず、作品の中できっちりと〝いい仕事〟をしたいと思いました〉（『オフィシャルガイドブック相棒―劇場版Ⅱ』産経新聞出版）

神戸尊は、右京の相棒になるためではなく、右京をスパイするためにやってきた。警察庁の上司から、特命係が警察にとって有益な存在であるか、あるいは危険な存在なのか見極めてほしい、と言われて異動させられたのだ。もし、危険な存在という結論が出たときは右京を警察から排除する方針である。

「光ちゃんは冗談が好きで面白いんです。それに『熱中時代』のファンだったので、僕のことを先生と呼ぶんですよ。先生はないでしょ、と思ったけど『いや、僕にとって水谷さんは先生ですから』って。それでね、『相棒』が始まってから光ちゃんのコンサートを観に行ったら、歌だけじゃなくてトークも楽しいんです。やはり素晴らしいエンターテイナーですね。自分の世界をしっかり持っている。お客さんたちは彼の歌を聞いて喜び、トークを聞いて楽しむ。ファンにはたまらないだろうな、と思いながら観ていました」

及川は女性ファンを「ベイベー」、男性ファンを「男子」と呼び、ファンサービスが手厚いことはよく知られている。

デビュー当時のコンセプトは「ミッチロリン星の王子様」だったが、自分で作り出したキャラを封印したのはデビュー2年後の98年。フジテレビ系列のドラマ『WITH LOVE』で俳優活動を始めた年に、テレビ番組の取材を受けて「これをやり続けたら役の幅が広がらないし、自分の首を絞めることになると思った」と語っている。

「王子様と神戸尊、そのギャップがまた面白い（笑）。彼は自分が信じることに真っ直ぐだから、芝居に邪念がないんです。すっきりしていて、空気感がいいんですね。ちょっと驚いたのは、光ちゃんは撮影が終わるとすぐに帰るんですよ。まだいると思って『ねえ』って話しかけると、もう消えていますからね。明日も会えるからでしょうが。僕の場合は、終わったあと誰かに会うとつい立ち話をしたりするので、（帰るまで）少し時間がかかるけど」

神戸尊は右京に対して「逆らいはしませんが、意見ははっきり申し上げます」というスタンスで向かい合う。意見を言う前段階の「お言葉ですが」というひと言が口癖だ。

「神戸は右京を観察して、上司にレポートを書いたりするんですね。それが、最後に右京と別れる遠因になる。神戸が特命係にやってきた理由を右京は知らないけど、視聴者は知っているというのは、面白い設定でしたね」

レギュラーの面々

『相棒』は杉下右京だけでなく、レギュラーの出演者たちも個性が際立っている。なかでも特命係を邪魔者扱いする警視庁捜査一課の三人の刑事、通称「トリオ・ザ・捜一」の伊丹憲一（川原和久）、三浦信輔（大谷亮介）、芹沢慶二（山中崇史）にはファンが多い。

特に、伊丹刑事は事件現場で右京を見つけると「警部殿、どうしてここに。速やかにお引き取りください」などと嫌味を言う。特命係の臨場に舌打ちすることも度々だ。薫とは犬猿の仲で「特命係の亀山〜」と窓際部署であることを強調する。

「川原はね、ああ見えて繊細な奴なんですよ（笑）。川原が松本白鸚さんの長女の紀保さんと結婚するとき、僕は川原に頼まれて立会人を務めたんです。紀保さんは松本幸四郎さんの妹で、松たか子さんのお姉さんですね。結婚式のあとには披露宴が開かれて、そのとき僕は立会人プラス司会進行もやったんです。蘭さんと二人で」

伊藤は白鸚が幸四郎を名乗っていた頃、『シェイクスピア・ソナタ』（２００７年）という舞台で共演したことがある。この舞台には紀保も出演していた。

「そういうご縁もあって、引き受けたんです。だから僕は時々、川原に『忘れないでよ。僕は立会人だからね』と強調しておくんです。冗談ですが」

そのこともあり、川原は水谷に頭が上がらないという。

「トリオ・ザ・捜一」の上司である内村完爾刑事部長（片桐竜次）と中園照生参事官（小野了）も、右京に批判的で、ことあるごとに「おまえたちは余計なことをするな」と叱りつける。特命係が難事件を解決しても褒めたりはしない。

「僕が22歳のとき、（片桐）竜ちゃんは東映京都撮影所の大部屋にいて、その頃から知っています。『影同心Ⅱ』で仕事をしたことがあるんです。竜ちゃんはそのあと東京に出てきて、優作ちゃんと親しく付き合うようになった。優作ちゃんの『最も危険な遊戯』（村川透監督78年）にも出演してますね。三人で食事したことがなんどかあります。長い付き合いだから、現場で会うと優作ちゃんの話とか、懐かしい昔の話をしたりします」

内村刑事部長の腰巾着的存在である中園参事官は、常に上司の顔色を窺っているが、特命係には強気で、難題を押し付けるのも平気だ。

「小野さんもユーモアのある人でね。年々頭髪が薄くなっていくのを気にしていて、『今髪が生えてくるのなら、もう何色でもいいと思ってる』ですって（笑）」

また、毎日特命係に顔を出し「暇か？」と声を掛ける角田課長（山西惇）は、自分のコーヒーカップを特命係の部屋に置いているほど、打ち解けた関係である。

「『相棒』も長く続くと、さまざまな部分が減っている人、増えている人、色々だと思いますが、山（山西）は自分の頭髪について『俺は『相棒』に限らず、キャラクター的に減っても全く問題ない』と考えているのではないかと思います。勝手にですが（笑）」

庁内で孤立している右京に協力的と言えるのは、鑑識課の米沢守（六角精児）で、右京とは落語好きという共通の趣味がある。

「六角はバランスがいい奴だと思います。鑑識係の役だから個性的だし、どこか世界が偏っているように思われるけど、本人はバランスがいい。会話をしていると分かります。鉄道オタクでね、その関係の番組（ＮＨＫ－ＢＳプレミアム『六角精児の呑み鉄本線・日本旅』）も持っているでしょう。列車に乗って地方を旅している雰囲気とか、あの通りなんです」

米沢は、車窓の風景をただ映しただけのＤＶＤをうっとり眺めていたりする。神戸尊から「どこが面白いんですか」と聞かれたときには、「どこがって、すべてですよ！」と怒りを露わにした。六角本人も、米沢守と自分には共通点があると語っている。

〈僕は乗り鉄なので、こないだも舞台の地方公演で九州に行った時、個人的に少し乗ってきました（中略）。逃げた女房の話もそうですけど、米沢は僕の個人的な趣味や事実が取り込まれてできている人物ですから、鉄道の趣味があっても不思議はないです〉（『オフィシャルガイドブック　相棒ｖｏｌ．２』ＴＶｎａｖｉ特別編集　産経新聞社）

ちなみに、「トリオ・ザ・捜一」の川原和久、大谷亮介、山中崇史は演劇畑の出身で、自らも劇団に所属する六角とは旧知の仲である。川原と六角は一時期、同じアパートに住んでいたことがあるという。

右京のくつろぎの場所として登場する小料理屋「花の里」の女将・宮部たまき（高樹沙耶のちに益田育江と改名）は右京の別れた妻だった。たまきは和服が似合って物腰柔らかく、しとやかに映る。実際は、フルマラソンに出場するなど、アクティブな女性だ。

「沙耶ちゃんとは『刑事貴族２』でまず一緒だったんですよ。昔からいろいろなことに興味を持つタイプで、『相棒』でも２回くらい辞めるという話が出たんです。事務所も辞めてスキューバダイビングを本格的にやるとか、エコロジカルな生活に徹するとか。農業をやっているときには、自分で作ったものを送ってくれたりしてね」

益戸は沖縄に移住したあと、２０１２年に芸能界を引退。大麻はサステイナブルな天然資源だと語り、全面的な解禁を訴えたこともあった。

「ちょっと難しいところへ行ってしまったのかな。チャンスがあったら、会いたいですねぇ。元気でいてくれたらいいなと思います」

出演者ではないが、水谷が信頼してやまないのは、シーズン1から『相棒』のテーマ曲を作曲している池頼広である。池は音楽監督として、『相棒』の他にも多くの劇伴（サントラ）や、映画、アニメーション、CM音楽を手掛けてきた。文化庁メディア芸術祭アニメーション部門大賞、毎日映画コンクール大藤信郎賞などを受賞している。

「池ちゃんの紡ぐ音楽が、素晴らしい『相棒』ワールドを作り上げてくれました。劇場版を含めて、シーズン20までに120曲近く作曲してくれたんです。その世界を知ってもらうために開催された『相棒コンサート響』は回を重ね、22年には4回目のコンサートが東京、名古屋、大阪で開催されました。ありがたいことに、チケットはすぐに完売したそうです。『相棒』の初期シーズンからの映像を流しながら、池ちゃんの指揮によるオーケストラの演奏、ソプラノ歌手の独唱、『相棒』の出演者たちによるトークコーナーがあり、音楽、映像と共に『相棒』の歴史が蘇ります。終演後には杉下右京からお客さんへのメッセージ映像が流されました。ご自分の歴史を重ね合わせるのでしょう、感極まった様子のお客さんもおられます。才能豊かな池ちゃんの音楽のお陰ですね」

シニカルとコミカル

『相棒』は毎回テーマが変わる。シリアルキラーの凶悪犯罪、妬《ねた》み嫉《そね》みによる犯行、政治家の腐敗、警察組織による隠ぺい工作、芸術家のエゴイズム、町場の人情ものなどなど。世相を切り取ったシニカルな内容でも、どこかで視聴者が息を抜けるようなコミカルなシーンを作るのが定石だ。その最たるものが、右京が紅茶を淹れるシーンだろう。ポットを驚くほど高く掲げて、紅茶をカップに注ぐ。一滴もこぼさずに、だ。

「コツはね、ほんの少しの勇気です（笑）。毎回、台本を読みながら、どこで紅茶を飲めるか考えていますね。初めて見た人は驚くし、何度見ても面白いと言われます」

水谷はユーモアのある世界が好きだ。人を笑わせるのも、自分が笑うのも好きで、笑い過ぎて失敗したエピソードがいくつもある。

「かのアインシュタインだって、最後に人類を救うのはユーモアだ、と言ったくらい、ユーモアは大切でね。逆に、シニカルな世界も、心のどこかにないとバランスがとれないでしょうが。僕の好きなジャック・レモンが『酒とバラの日々』（ブレイク・エドワーズ監督63年）でアルコール依存症の役を演じたあと、『シリアスな役をやって、コメディがいかに難しいか気付いた』と話しているんです。（チャーリー）チャップリンも『人生は寄ってみると悲劇だが、引いてみると喜劇だ』と言ってます。ユーモアは真剣に生きているからこそのオアシスのようなもので、そこには潤いや救いがあります」

シニカルとコミカルのバランスを考えて作られてきた『相棒』だが、視聴者から「救いがなくて重苦しい気持ちになった」という感想が寄せられたドラマがある。

２０１０年12月15日に放映されたシーズン９第８話「ボーダーライン」である。

「この作品は結構話題になりましたね。台本ができあがったときに、プロデューサーのみなさんから『暗すぎるんじゃないか』という声も上がりましたが、この世界は確実にある。そういう意味では、こういう作品が一本あってもいいということで、意見がまとまりました」

「ボーダーライン」で描かれるのは、派遣社員の男性が雇い止めに遭い、その結果、社会から弾き出されることになった過酷な現実である。ブラックな会社に騙された結果、住む場所を失い、現金も底をついた男は、切羽詰まって生活保護を受けようとするが、区の福祉事務所の担当者から申請を断られる。結婚を約束していた女性も去っていった。

後日、男が死体で発見されたことから、事件に発展し、右京と尊は福祉事務所へ出向いて担当者に話を聞く。そこで明らかになったのは、生活保護というシステムの無情だった。

「他のドラマでは取り上げないテーマだったかも知れませんね。『相棒』だからやれた」

右京は、多忙を理由に申請を受け付けなかった担当者を諭す。

〈仕事を増やさないように申請をやめさせましたか（中略）。いいですか。あなたの待遇改善と生活困窮者の見極めは、全く別に解決すべき問題ですよ〉

放映後には視聴者だけでなく、別な方面からも注目された。

水谷と脚本の櫻井武晴が、２０１１年度の「貧困ジャーナリズム大賞」に選ばれたのだ。

「一般社団法人反貧困ネットワーク」が発表した受賞理由にこうある。

〈ニュースが伝えきれない貧困のリアリティをドラマが伝えた。死んだ者を救えたボーダーラインはどこにあったのか？　社会のありかたも含め、番組は視聴者に問いかける。困窮者の境遇に思いを馳せながら謎に迫っていく水谷豊の抑制的な演技も胸に迫る。現代の貧困を多くの視聴者の心に刻んだ歴史的なドラマ作品だった〉

「男が飛び降りたビルの屋上で死因を推測するシーンも長台詞でした。自殺だったから逮捕する犯人はいないんですね。いつもすっきり解決とはいかないのも、『相棒』ならではです」

官房長！

『相棒』が誕生して10年。記念すべき年に『劇場版Ⅱ　警視庁占拠！特命係の一番長い夜』が公開された。キャッチコピーに「あなたの正義を問う」とある。

ある夜、警視庁本部庁舎の会議室に拳銃を持った八重樫哲也（小澤征悦）が押し入り、占拠する。そこには警視総監をはじめとして警視庁幹部が顔を揃えていた。

八重樫がなぜこんな行動をとったのか、特命係が真相に迫るのだが、『相棒』ファンにとって一番の話題は、小野田官房長の殉職だった。右京の裏の相棒ともいえる小野田の死は衝撃的な出来事であり、『相棒』が次の段階に進むことを象徴していた。

「映画の前、シーズン8を撮っている頃、（岸部）一徳さんから、提案があったんです。このあたりで何かショッキングな出来事を起こしたらどうだろうかと。自分がこのまま出演するのもいいんだけど、右京と小野田が別れるとか、大きな変化があるといい。そういうアイデアを一徳さんが考えてくれた。ではどうするかと話し合った結果、映画で決着をつけようということになった。事件の最中ではなく、事件が解決に向かったときに官房長が殺されてしまう。そういうかたちで右京との別れが訪れるという話です」

小野田は右京にした仕打ちで恨みを買ったと思っている。右京になら殺されても仕方ないと思っていたのに、小野田にナイフを突き刺したのは、懲戒免職にした警察幹部だった。

腹部を突き刺された小野田は、地面に倒れ、駆け寄ってきた右京に呟く。「おかしいね。殺されるのならおまえにだと思っていたのに……」

このとき右京は、小野田の意識が遠のいていくのを見て叫ぶ――「官房長！」

「台本には『官房長！』のひと言だけ書いてあったんだけど、気が付いたら、僕はもう一度『官房長！』と叫んでいたんですね。心と身体が自然に反応していた。一徳さんも僕が二度叫ぶとは思っていなかったから、二度呼ばれたときには、泣きそうになったって。『これから死んでいくのに、涙がこぼれそうになった』と話してくれました」

右京の小野田に対する万感の思いがストレートに伝わってくる名シーンである。

「あのあと右京は特命係の部屋で椅子に座り、茫然としているんです。台詞はなくて、後ろ姿が中心の撮影という、言葉を超えた世界でした」

岸部一徳は、強烈な印象を残して『相棒』を卒業した。卒業は岸部の意向だったというが、この話にはユーモラスな後日談がある。

「一徳さんがそこまで『相棒』のことを考えてくれて、守り立てる提案をしてくれたわけですから、こちらもその気持ちを真剣に受け止めなくてはいけないし、いい送り方をしてあげたいと思いました。だけど、何年か経ってから一徳さんが『あのときはそういうふうに終わりたいと話したけど、引き留めなかったね。一度くらいは引き留められると思ったのに』と言うんですよ。ええっ、って驚きました。そんなこと、今更言われてもねえ（笑）。一徳さんのユーモアです。本音も少し入っているのかな」

不仲説

シーズン7の最終話から登場して3年、神戸尊は右京の相棒となり、数々の事件を解決に導いてきた。『相棒』ファンは亀山薫ロスから立ち直り、尊の活躍を見守ってきたものの、シーズン10を最後に、尊の卒業が発表された。

亀山薫が右京の相棒だった期間はプレシーズンを含めて8年半、神戸尊は3年、と半分以下の時間だったため、無責任な憶測が流れた。主役の水谷との不仲説である。

「光ちゃんがね、『なんで僕たち、こんなに仲悪く書かれるんですか』とよく言ってましたよ。『こんなに仲がいいのに、どうして』って。『仲がいいことはドラマを観てれば分かるよ』と答えたけど、なんだろう、あれは。人が不幸な方が楽しいのかな。光ちゃんとも、これ以上仲良くしなくてもいいでしょ、っていうくらい仲が良かったのにね」

及川が3年で卒業したのは、スタート時から既定のことだった。

「光ちゃんは、歌手でもあるからコンサートのツアースケジュールが大変なんですよ。それを削ったり、調整してこっちに来てくれるんです。『相棒』のためにツアーを犠牲にするのも限界があるだろうし、こちらも出てもらっているという気持ちがあるので、3年くらい頑張ってもらえたら充分だと思っていた。実際によく頑張ってくれました」

共演者との不仲はありえないことだった。それは及川に限った話ではない。

「芝居はね、仲が悪くなるとできないんですよ。現場の空気が濁っていれば、観ている人に分かります。そもそも、僕は役者同士の仲が悪くなるという現象が理解できない。芝居をしているときは、みんなで一つのことに向かっているという意識があるから、連帯感のようなものが生まれるんです。みんな同じ台本を持って、ああしたらいいか、こうしたらどうだろうとアイデアを出したりして創り上げていく」

神戸尊は、古巣の警察庁に異動するというかたちで特命係を去る。

シーズン10の最終話「罪と罰」で、右京を結果的に欺くような行為をしたことから「もう特命係にはいられない。杉下さんが大事にしているものを踏みにじってしまった」と覚悟したのである。必要があればいつでも特命係に顔を出せるというポジションへの異動ではあるが、ラストシーン、愛車で送ろうとする尊を断った右京の言葉には哀愁が漂う。

〈やめておきます。ようやく一人に慣れてきたところですから〉（『相棒　season10下』）

及川は『相棒』を卒業するにあたって、こんな言葉を残している。

〈『相棒』という作品を通して、表現者としてタフになったと思いますね。もちろん、そういったことは全部、水谷先生に教えてもらったことです（中略）。主に撮影の待ち時間ですけど、人間について、人生についてもおしゃべりさせていただきました。待ち時間が長い時は、結構深い話もできたんですよ。苦労も努力もひっくるめて、とにかく人生を楽しまないとって、教えていただきましたね（中略）。水谷さんが日々口にしていらした〝台本以上〟という言葉を胸に、僕はこの作品を卒業します。台本に書かれている世界をより面白く表現すべく、創意工夫と努力を忘れずに今後も精進していきたいと思っています。３年間、ありがとうございました！〉（『オフィシャルガイドブック相棒ｖｏｌ．３』産経新聞出版）

別れ際、水谷は及川からあることを頼まれた。

「『最後までずっと我慢していました』と言って、『熱中時代』の劇伴（サントラ）のアルバムを出したんです。『これにサインしてください』って。可愛いところがあるんですよ」

亀山も神戸も上からの命令で特命係にやってきた。三代目になる相棒は彼らと違い、右京自らが選んだ相手である。しかも、右京とは親子ほども年の差があった。

ダブルスコアの相棒

シーズン11から登場する甲斐享《かいとおる》役の成宮寛貴は、撮影が始まったとき30歳だった。

「僕は当時60歳だから、ダブルスコアの年齢差ですね。彼の場合は何人かの候補者の中から選ぶときに、右京が一度若い人と組むのも面白いだろうということになって、年の差による化学反応も期待されました。ナリ（成宮）のことは、強さと今にも壊れそうな繊細さを感じさせる、とても魅力的な若者だと思っていました。実際のナリはユーモアと柔軟性を併せ持っていて、笑いの絶えないとても楽しい現場になりました」

成宮は『相棒』のオファーがあったときの心境を、こう振り返っている。

〈『えっ？…あの「相棒」に僕が？…』っていう、それに尽きますよね（中略）。引きこもって、これまでの『相棒』シリーズをずーっと見たんですよ。それで思ったのは……今やっているドラマの中で一番面白いなって（中略）。それと、やっぱり水谷豊さんですね。僕、これまでの人生で、悩んだり、壁にぶつかったりしているときに、必ずそこから抜け出すきっかけになるようなキーパーソンが現れてきたんですよ（中略）。今回の話をもらってずっと『相棒』を見ているうちに、『あ、キーパーソンはこの人だ！』って急に気づいたんですよね〉

（『オフィシャルガイドブック相棒―劇場版Ⅲ』ぴあ）

甲斐享の父親は、警察庁次長の甲斐峯秋（石坂浩二）という大物である。享は父への反撥心が強く、一切のコネを使わずに警官になった。享と香港で出会い、総領事公邸で起きた事件を解決に導いた右京は、享を気に入り、峯秋に「ご子息を」と頼んで特命係に連れてきた。

「右京にしては珍しいことだけど、やはり誰か相棒が必要だったんですね」

成宮もまた、かなりのプレッシャーを感じながらスタートしたのだという。

「光ちゃんもそうですが、自分が出演して悪い数字（視聴率）が出たら、と緊張するんですね。いい結果が出たときに、ナリが涙ぐんでいた姿を目の当たりにしています。初期の頃は張り詰めた感じで撮影に臨んでいたけど、大事なのは緊張と弛緩なんですよ。シリアスな場面の撮影の前には、むしろ、ふっと気を抜いた方がいいんです」

享には年上でキャビンアテンダントの恋人・笛吹《うすい》悦子（真飛聖《まとぶせい》）がいる。真飛は元宝塚トップスターで、09年の『相棒』宝塚版では杉下右京を演じていた。

「真飛さんは笛吹悦子そのままというか、とても明るい方です。きちんとしていらっしゃるのは、宝塚で色々なことを身につけて、鍛えられてきたからでしょう。先輩後輩の関係もかなり厳しいと聞いています。それで思い出したんですが、昔、朝丘雪路さんと仕事をしているときに二人でスタジオの廊下を歩いていたら、前方にある女優さんがいらしたんです。そしたら、朝丘さんが『あっ、先輩だ！』と言って、僕の後ろに隠れたんですよ。その人はワンシーンだけのゲスト出演で、朝丘さんはスターなのに、本気で怖がっていたんです。退団しても先輩後輩の関係が続くのでしょうね」

右京のたっての希望により、特命係に異動になった享は、窓際の部署に追いやられたとしか思えず、「キャバクラかよ。指名なんかすると金とるぞ」と悪態をつく。右京が享をカイト君と愛称で呼ぶようになっても、「あんな奴と何年も続いた人が二人もいたなんて信じられねえよ」と愚痴をこぼす始末である。だが、右京と捜査を続けるうちに、警察官のあるべき姿を教えられ、気持ちが変化してゆく。

第7話の「幽霊屋敷」では、打ち解けた右京と享の掛け合いを見ることができる。

その朝、右京は内村刑事部長に呼び出され「おまえしかいないんだ」と言われた。珍しく頼りにされていると思ったが「手のあいている者がな」という理由だった。

幽霊屋敷と噂される空き家にやってきた右京と享は、庭の一角に土が掘り返された新しい痕跡を見つける。右京はその痕跡を両手を使って掘り始めた。

「杉下さん、なんか怖い、怖い、怖い」と享が後ずさったのは、右京が四つん這いになり、犬が穴を掘るのと同じ姿で土をかき出していたからである。

「スタッフもみんな笑っていました。犬かきは僕の思いつきで、昔、犬を飼っていたからできたんです。ナリが『怖い、怖い』と言ったのもアドリブです。台本には穴を掘るとしか書いてありません。時々、ああいうことをやりたくなるんですね」

それから2年後の14年4月26日、水谷は、テレビ朝日開局55周年記念『相棒─劇場版Ⅲ巨大密室！特命係絶海の孤島へ』の公開日を迎えた。

50日間に及ぶロケが敢行された沖縄は、梅雨に入っていたため、時折スコールのような激しい雨に見舞われたという。右京はジャングルの中をスーツ姿で走り、迷彩服の特殊部隊員と格闘を繰り広げる。どんな状況にいようとスーツの胸にポケットチーフを欠かさない。

「この作品でも、右京は持参したカップで優雅に紅茶を飲んでいましたね（笑）。沖縄には1ヵ月くらい行ってました。大変な撮影だったという記憶はあるんだけど、やってるときは大変さに気がつかないんですよ。目の前にあることに向かっていくだけで。後日に映像を見て、よくあんなことがやれたな、と思う。その繰り返しです」

劇場版の撮影のあとは、ゆっくり休みを取る間もなく、シーズン12の撮影に入った。

第12話の「崖っぷちの女」では享が右京を信頼して行動する姿が描かれる。警察に殺人の嫌疑をかけられ、自殺を図ろうとする音楽学校講師（小島聖）に向かって、「俺の知り合いに、どんな事件も解決しちゃう凄い人がいるんです」と説得するのだ。

「カイト君の気持ちが緩やかに自然に変わってきたんでしょうね。このあとの回で二人が衝突する場面があるので、ずっと仲良くとまではいきませんが」

続くシーズン13では、右京と享が捜査中に身柄を拘束され、留置場に入れられる第5話「最期の告白」、被疑者に自殺され、享が警察を辞める覚悟をする第7話「死命」、鑑識の米沢守が連続殺人犯の疑いをかけられる第11話「米沢守、最後の挨拶」、右京が大学時代の恩師・鮎川珠光（清水紘治）に監禁され、刑法が専門の鮎川から「人はなぜ人を殺してはいけないのか」という問いへの回答を求められる第15話「鮎川教授最後の授業」、右京と国会議員の片山雛子（木村佳乃）との対決を描いた第18話「苦い水」などの話題作が並ぶ。

「シーズン13からテレビ朝日のプロデューサーは桑田潔と佐藤凉一が引き継いでいます。東映はシーズン6からの西平敦郎、土田真通。良い意味でとても個性的なプロデューサーチームになりましたが、人気番組を継ぐのですから相当なプレッシャーがあったと思います。実はこの頃、僕は『相棒』の幕引きを考えていました。番組が始まって15年が経っていましたし、ナリの後が最後の相棒になるだろうと想像していました。そんな僕の思いとは別に、テレビ朝日がいわば、ドラマ部門のエースプロデューサーである桑田、佐藤の二人を出してきたのは、この先もまだ『相棒』を続けたいとの強いメッセージだと思いました。後に知ったのですが、この二人を差配したのが現テレビ朝日会長の早河洋さんでした」

シーズン13もまた視聴率は安定していたものの、成宮も3年で卒業が決まった。最終話の「ダークナイト」は、ファンにとっては衝撃的な終わり方であり、賛否両論の意見が飛び交った。脚本は『相棒』のメインライター・輿水泰弘である。

都内で警察の手が及ばない悪人たちに制裁を加える連続暴行事件が発生していた。犯人は世間の注目を集め、「ダークナイト」と呼ばれるようになる。はたして「ダークナイト」の正体は？というストーリー展開にはならない。ファーストシーンで、甲斐享が犯人であることが明らかになっているからだ。

享が逮捕されたあと、父親の甲斐峯秋は右京に尋ねる。

甲斐「後悔しているかね？　息子を君のそばに置いたことを」

右京「大いに後悔していますねぇ。いえ、手元に置いたことではありません。僕のそばにいながら、むざむざ渡ってはいけない橋を渡らせてしまったことをです」

右京は享の上司であった責任を問われ、無期限の停職処分を受けた。

「あれも顰蹙を買った作品ですね。右京としては、カイト君の思いは正しい、だけどやりかたが間違っているということです。要は彼の正義感を責めることはできないけど、警察官としては間違った。でも、人ってああなってもおかしくはないんですよ。僕は、人は極限まで行くことがあるという話をもの凄く納得して演じていたんです。日本の社会は、基本的に人が堕ちていく、なにか制裁を受けるようなところにはスポットライトをあてるけど、間違いを犯したあとにどうなったか、這い上がっていくこともあるわけで、そちらには関心が薄い。人として成長して、再生しても注目してくれないんですね」

右京はカイトと別れるとき、しかるべき時が来ればまた会えると話し、「待っています」と告げる。そして、「二人はまだ途中じゃないですか」と含みを残す。

再会を予感させるようなラストシーンだが、やはり、3年が既定の時間だったのだろうか。

「ナリの場合は、若い分、あまり長くこっちに縛っておくのもどうかという判断です。俳優として他にやりたい仕事も当然あるだろうし、そういう意味での3年だったんですね。それに常に先へ向かう『相棒』としては、これくらいのスピード感は必要かと」

ただし、マスコミの捉え方は辛辣だった。またしても不仲説が流れたのだ。不仲の原因は水谷の横暴にある、とまで書かれた。

「『相棒』の天皇、絶対君主、暴君とまで言われてね。僕をそんなに立派にしないでください、っていつも思いますすよ。僕の一存で番組を左右するようなことが決まるわけがない。でも、現場のスタッフたちが分かってくれているから、それでいいんです」

新たな活躍を期待しての卒業だったのだが、翌年、成宮は芸能界からの引退を発表した。

「残念でした。僕にはちゃんと連絡がありましたけどね。こういうことになってしまいました、ありがとうございました、という挨拶が。彼が自分で選んだ道ですからね。俳優でなくてもいいいんですよ。いい世界を持ってほしいと思いますね。右京と同じように、僕も彼にはまた会える日が来ると思い続けています」

水谷が切望した相棒

成宮のあとの四代目相棒に誰を選ぶか。模索していた時期のことだった。

「たまたま家でテレビをつけると、ＮＨＫ土曜ドラマ『限界集落株式会社』の放送中でした。関東地方の奥地、人口五〇人ほどになった限界集落の止村に戻ってきた男が、有機農業で村おこしに挑む話です。５話で構成されたストーリーの何話目だったのか、目に飛び込んで来たのはソリ（反町隆史）の姿でした」

『限界集落株式会社』は15年1月31日から5話連続で放送された。主演は反町隆史。共演者は谷原章介、長山藍子、松岡茉優、寺田農、平泉成など。

「なにげなく観ているうちに、僕はすっかりソリの芝居に魅せられてしまいました。ドラマが終わるとすぐにテレビ朝日の桑田潔プロデューサーに電話をかけて、ソリがどれほど素晴らしい役者かを語りました。興奮気味だったと思います。そのあと、プロデューサーの皆さん全員が賛成してくれて、四代目の相棒に決まりました」

甲斐享は杉下右京が連れて来た相棒で、反町隆史は水谷豊が選んだ相棒だった。

脚本の輿水泰弘は四代目を冠城亘《かぶらぎわたる》と命名した。四人の相棒の名前に共通点があることを指摘したのは、同じく『相棒』の脚本家の戸田山雅司である。

亀山薫、神戸尊、甲斐享、冠城亘。全員の名前が「か」で始まり「る」で終わるのだ。

「相棒の名前はすべてコシ（輿水）が考えています。コシに確認したら、三代目の甲斐享までは気が付かなかったそうです。戸田山さんに指摘されて初めて分かり、冠城亘はその法則に従って名前をつけたと聞きました」

冠城亘は、法務省から人事交流という名目で出向してきたキャリア官僚である。本来なら警察庁への出向となるのだが、警察の現場に興味があり、本人が望んでやってきた。

「冠城は法務省の官僚だから、警視庁内ではお客様というか、お荷物扱いされている。平然としているのは右京だけという設定も面白かったですね」

冠城が初登場するシーズン14第1話「フランケンシュタインの告白」には、強烈な印象を残す俳優たちが出演している。服役中の受刑者・梅津源平役の井之上隆志と、同じく受刑者の美倉成豪役の小柳心である。

「井之上さんは、本当に素晴らしいと思った。あれはね、簡単にできる芝居じゃないんですよ。あの関西弁のリズムとか、あの長台詞の芝居をやり通すというのは、大変なことです」

井之上が演じた梅津は、刑務官の横暴に怒り、法律を学んで得た知識で抗議する。

〈お前らのいじめの根拠になっとんは、戒護権の中の直接的維持作用ちゅう項目やろ。『被収容者が通常と異なる疑わしい行動をした場合、その者に質問し、また気をつけるよう注意し、さらに規律違反行為がある場合、調べ室に同行を命ずる指示をすることは刑務官の職務にとって当然である』。もっともや、異存はないで。ただし、文言通りに運用されとったらの話やけどな。お前ら拡大解釈しまくりやんけ〉（『相棒 season 14上』）

水谷が感嘆した井之上の芝居は鬼気迫っていた。「劇団カクスコ」の創立メンバーで、舞台を中心に活動してきた井之上の長台詞は明瞭で淀みがない。

『相棒』に出演した15年にガンが判明した井之上は、2年後、56歳で永眠している。

「井之上さんとは、チャンスがあれば、ぜひまたご一緒したいと思っていた矢先でした」

もう一人、梅津を慕う美倉役の小柳心は、刑務官にさんざん殴られたあとの面構えが実に不敵である。相手を射抜くような眼の光りも強烈だ。

「すごくいい顔をしているでしょう？　心さんはブラザートム（旧芸名・小柳トム）さんの長男で、弟の小柳友さんも、『相棒』に出演しているんですよ。二人とも素晴らしい。僕はドラマができ上がると観る側に回るので、右京との芝居で絡んでいなくても、いい俳優さんを見つけると嬉しくなる。ただ、しばらく前から、そういう人たちが出演できるような仕事が少なくなっていますよね。いい物を持っている人たちが力を発揮できない。スポンサーのビジネスターゲットが若い人に偏っているんです。残念な時代だと思いますね」

右京は甲斐享の事件で上司としての責任を問われ、無期限停職処分になっていたが、第1話で職場復帰する。右京の捜査能力を評価していた甲斐峯秋の配慮だった。

「冠城君は法務省にすぐ戻ると思っていたのに、居ついてしまいましたね（笑）。ソリとは

『相棒』の仕事が初めてだけど、本当にタフだと思いました。それとね、ソリは撮影が終わったらすぐに帰るんです。光ちゃんも早いと思ったけど、ソリはもっと早かった」

反町が演じた冠城は、当初は右京との距離を測りかねている様子が見られ、「あなたの事、ミスター・デンジャラスと呼んでいいですか」などとおどけてみせたりする。

その関係が強い絆に変わったことが分かるのは、シーズン18の第15話「善悪の彼岸〜深淵」における二人の会話である。右京にはロンドン警視庁で研修を行ったときの相棒がいる。頭脳明晰で数々の難事件を解決してきた南井十（伊武雅刀）だ。様々な経緯があり、南井は、右京の相棒である冠城の命を狙うようになる。（以下は二人の会話の概要）

右京「君にお願いがあります。特命係をやめてもらえますか」
冠城「どういう意味ですか。場合によっては怒りますよ」
右京「君が特命係をやめれば、南井のシナリオから外れることになります」
冠城「むしろ好都合じゃないですか。向こうから近づいてくるのなら」
右京「相手は拳銃を持っています。なにかあってからでは遅いんですよ」
冠城「右京さんこそ分かっているんですか。（僕が）特命係をやめることは負けを認めているようなものです」
右京「勝ち負けの問題ではありません」
冠城「法と犯罪の問題だと言ってるんです！　あれだけの数の人間を殺している男に俺た

ち警察官が屈したら、正義なんかどこにもないことになるじゃないですか!」
右京「でしたらひとつだけ条件があります。ここから出ないでください」

二人がここまでの激しいやり取りをするのは初めてのことで、緊迫した状況が伝わってくる。水谷はもちろんだが、反町の口跡の見事さが際立つ。

「面白いのは、彼と向かい合っているうちに、これが反町隆史という役者なのか、冠城亘というキャラクターなのか、境界線がぼやけていくことがあるんですね。最後は人間同士で対峙することになる。そういう意味でもお互いに影響し合っている部分はあると思います」

一方の反町は水谷との台詞のやりとりについて、こう語っている。

〈同じセリフでも、誰がどう口にしたかによって解釈は全然違うものになりますよね。当然、そのセリフの受けや返しも変わってくる。水谷さんが右京として口にした言葉だからこそ、亘だったらこう反応するだろう、こう返すだろうと、想像を広げることができるんです(中略)。水谷さんが度量深く受け止めてくれるからこそ、芝居の中で遊べるのは確かです〉

(『オフィシャルガイドブック相棒―劇場版Ⅳ』ぴあ)

前述したように、『相棒』は毎年10月から3月までの放送で、撮影期間は7ヵ月に及ぶ。初代の寺脇は別にして、二代目以降の相棒たちは、プレッシャーを感じながらスタートした。

「光ちゃんもそうだった。ナリもそうだった。ソリも。みんな最初のシーズンの撮影が全て終わったときにね、必ず涙を浮かべますよ。そのくらい7ヵ月間の撮影は過酷なんです。

日々芝居を作って、台詞を覚えて芝居してというのは。ましてや、すでにあるチームに入ってくるわけだから。精神状態もいろんなことになると思う。それを乗り越えて辿り着くから、ある種の感動が芽生えるんですね。特に最初の1年はインパクトが強い。終わったときに抱き合ったり、涙ぐんだりするのはみんな同じです。よくやったね、って」

『相棒』は通常の撮影の他に、シーズンの初回と元日と最終話の2時間超スペシャルの撮影が入る。スケールが大きくなるため、ハードなスケジュールが組まれるという。

「客観的に見ると大変なことで、精神がどこかに行きそうになるんですよ。しかもソリは、15年かけてすでにでき上がっている世界に、途中から入ってきた。心身ともにタフでなければ乗り切れません」

水谷は「好きな役者さんはたくさんいる」というが、なかでも反町は特別だった。

「ソリは、人間性が素晴らしくて、人に温かく優しさを持っている。シーズン14がスタートした当初は、杉下右京と冠城亘のコンビがこんなに長くなるとは誰も想像していなかったと思います。終わってみると、密度の濃い時間を二人で過ごした印象だけが残っていますね。俗に『いい男』と言いますが、ソリはまさに『いい男』という表現が似合う男でした。一緒に仕事ができてよかったなと思うし、チャンスがあったら、またやろうねとなる。もちろん、相棒役だけでなく、他の出演者にもいい役者さんがいるので、同じ気持ちでいますが」

シーズン15からレギュラーとして登場した警視庁サイバーセキュリティ対策本部の青木年男（浅利陽介）も、人気が高いキャラクターだ。彼は、警官でありながら警察嫌いで、かなりプライドが高く、特命係を潰してやろうと企んでいた。

「僕が浅利を好きなのは、彼が芝居を好きで好きでしょうがないように思えるところですね。『相棒』を6シーズンやって、この先も続けるべきか悩んでいるときには、僕のところに相談に来ました。彼が話したのは、芝居が好きであるが故の悩みでした。もちろんどっちへ進んでも不正解はないので『浅利が出した結論が浅利にとって正解だ』と、そんな話をしました。年を重ねてどんな役者になるのか、楽しみな一人です」

　そして21年11月、反町隆史がシーズン20をもって降板することが公式発表された。

「シーズン20の撮影に入ったとき、僕はソリと『ソリが望むのなら、この先も続けることはできるし、ここでいったん『相棒』を終わりにしたいということになってもいい』という話をしたんですね。『どっちを選んでもいい。それは俳優としての生き方だから。ソリがこの先をどう考えるかだ』と。ソリは7年目で（出演年数が）長く、次の世界を考えてもいい時期だと思っていたから」

　番組のプロデューサーもまた、水谷と同じ思いだった。水谷の話を聞いた反町は、シーズン20を区切りに特命係を去ることを選んだ。その際、水谷と番組スタッフは、反町がまたいつでも出演できるような設定を残そうと考えたという。

　シーズンの最終話「冠城亘最後の事件─特命係との別離」で、冠城が公安調査庁へ異動になることを知った右京は「もう少しだけ一緒にやりませんか」と話す。右京が相棒を引き留めるのは初めてのことだが、冠城は「最高のはなむけの言葉です」と答えて去っていく。

反町隆史は、シーズン20で寺脇の6年半を抜き、歴代相棒の最長記録を達成した。

「ソリは『相棒』に加わったときに40歳を過ぎていて、ナリとは違って年齢的にも落ち着いた状態にいたから、ここまで長く続いたんです」

全ての収録を終えて水谷と反町がテレビインタビューを受けたとき、反町は水谷に向かって、「ご飯をちゃんと食べて、早く寝てください……」と話し、ハンカチを取り出して涙を拭った。水谷が一日一食であることや、睡眠時間が短いことを気遣っていたのだ。

「寺脇、光ちゃん、ナリと順番に不仲説が出たけど、ソリだけは、時々、二人の仲の良さをマスコミに流していたので書かれませんでしたね」

マスコミに仲の良さを認めさせるひとつの材料になったのが、年に1回開催されていたゴルフコンペの「相棒クラシック」だ。

「シーズン17の撮影中に、ソリから、『シーズンが終わったらゴルフコンペでもやりませんか』という提案があり、『相棒クラシック』と名づけてメンバーを募りました。参加者は僕とソリの他に（警視庁警務部首席監察官）大河内春樹役の神保悟志、（サイバーセキュリティ対策本部）青木年男役・浅利陽介、（捜査一課）芹沢慶二役の山中崇史、『相棒』にゲスト出演してくれた西岡徳馬さん、他に一〇名ほどのスタッフです。優勝者には盾が贈られますが、賞金はありません。ソリのゴルフは別格で、2回優勝しています。神保さんも1回優勝。ソリがいなくなってからは、ちょっと中断していますが」

反町の卒業を知ったファンの間で話題になったのは、やはり、次の相棒役に誰が選ばれるか、ということだった。22年6月23日の公式発表まで、様々な俳優の名前が挙がり、ジャニーズ系のアイドルの名前が囁かれたこともあった。

結果は、初代の相棒、寺脇康文の復帰である。

「ソリの結論が出たと同時に、次の相棒を誰にするかという話になるんだけど、僕の中ではずっと、この番組が終わる頃には亀山がもう一回来るぞ、というイメージがあったんですよ。プロデューサーの皆さんも、そういうことが起きたらいいな、と考えていることが分かった。だから、相棒は四代目までで、五代目はいらないと思っていました」

異例ともいえる寺脇の再登板には、「主役を演じることで成長してほしい。新しい世界を見て戻ってきてほしい」という14年間の水谷の気持ちが反映されていたのだ。

ただし、亀山はサルウィン共和国で、子供たちに正義と日本語を教えるために警視庁を退職している。どんなかたちで特命係に戻ってくるのかは、脚本の輿水が考えたという。

「実は、ソリがいる間に、これまでの相棒を全員集めて映画を作りたかったんです。コロナの影響でうまくいかなかったけど、番組が終わるまでにはやりたいね、という話になっています。映画なら、みんなを集める話ができるし」

問題は、カイトこと甲斐享が罪を犯して刑務所に入っていることだ。

「そこは難しいんですよ。他の相棒たちと同じように、警察官としての復帰はできない。だから、違う形で再会できるといい。右京としては、やはりみんなに会いたい日が来るでしょう。大変なときもあったけれど、いい時間も共に過ごしてきているので、相棒たちに会いたいなと思う気持ちは当然あるわけです」

そうして『相棒』は22年10月にシーズン21を迎えた。第1話「ペルソナ・ノン・グラータ〜殺人招待状」でサルウィン共和国から里帰りした亀山は右京と再会。だが右京とともに事件を解決した結果、サルウィン政府から危険人物と見なされ、国外追放処分になる。妻の美和子も同様の処分だった。

そんな亀山に伊丹刑事が「警視庁に戻りたくないのか」と尋ねる。表向きは犬猿の仲であったものの、彼の気持ちを確認した伊丹は、警察庁長官官房付（警察庁次長から降格）の甲斐峯秋に面会し、土下座して亀山の復帰を頼んだ。伊丹のおかげで特命係に復帰できたものの、亀山は捜査権のない嘱託職員という立場である。

「相棒がまた交代して右京が変わるとしたら、それは自然な変化で、それが一番いい。ただ、右京はなにがあっても前に進みます。あの頃はできなかったけれど、今ならできるという発見が、必ずあるはずですから」

亀山の待遇については、嘱託職員のままでは捜査に深入りすることが難しいからか、第11話の元日スペシャル「大金塊」で、国会議員に絡む事件を解決に導いたことから、警視庁に正式な刑事として再雇用されるという、これまた異例な措置が取られた。

記念すべき『相棒』４００回目のエピソードは、23年1月25日に放送された第14話「まばたきの叫び」だった。美和子が取材先で襲われて負傷。美和子は受刑囚と獄中結婚した妻の取材中だった。その背景にある事件に右京と薫が迫っていく。

様々な事件に遭遇して、年月とともに心境に変化が起きたのか、シーズン21の右京は犯人に怒るというより、諭すように語りかけることが多く、人格が円やかになってきたように映る。いつも特命係を邪魔者扱いする伊丹刑事に対してさえ、信頼感を露わにするのだ。

第8話「コイノイタミ」では、伊丹刑事が人妻に横恋慕し、自宅に押し入るという暴挙に出る。だが、右京は捜査のごく初期の段階から、やむにやまれぬ事情があることを察知していた。伊丹が、なぜ自分を信じるのか、と右京に理由を尋ねると「あなたは伊丹さんです。根っからの刑事です。あり得ない。ゆえにその暴走の裏には刑事の職を賭するに足る重大事件があると直感しました」と答えるのだ。

また、第16話の「女神」には、最後のアングラ女優と呼ばれた銀粉蝶《ぎんぷんちょう》が心理カウンセラー役で登場。右京は彼女が過去に犯した罪を暴くよりも、約束の相手を待ち続ける彼女の心情に思いをはせる。第17話の「定点写真」では、14歳になった寺田心が、同じ建物の写真を毎日SNSにアップする高校生を演じている。彼が事件の鍵となるような人物を庇い、嘘をついていることは明らかなのだが、右京は彼を責めたりはしない。

「右京の怒りは、犯人の犯した罪の深さに比例するところがあります。確かに以前よりは怒りをぶつけなくなっているような気がしますが、それは人間的に右京のキャパが広くなったのか、あるいは強く怒りをぶつけるほどの事件や犯人に遭遇する機会が少なくなっているのか、判断がつかないところです。ですが、これからも究極の優しさと究極の怒りを追求して行きたいと思っています」

シーズンの後半になると、ファンを喜ばせるようなキャストが次々に登場する。

まず、第19話の「再会」では右京と薫が奥多摩の屋敷で襲われて、監禁されるが、なんとか脱出。そのあと右京は、神戸、享、冠城という歴代の相棒たちと同じ名前の人物たちに出会う。極め付きは、右京が亀山に向かって「君との再会は運命です」と語るシーンである。

続く第20話「13～死者の身代金」、最終話の「13～隠された真実」は、小野田公顕を含む団塊の世代13人の遺骨が盗難にあうというストーリー展開で、小野田の遺骨の奪還を指示するのが警察庁からやってきた神戸尊（及川光博）である。さらには、捜査の過程で元鑑識課の米沢守（六角精児）、最後には内閣情報官の社美彌子（仲間由紀恵）も登場する。

まるで『相棒』の集大成へ向かっているかのようだが、水谷はその先を見つめている。

「亀山君が14年振りに帰って来た今シーズン。確かに再会の感動はありましたが、それ以上に、亀山君も僕も、長い間離れていたことなど全く感じないまま、半年余りを過ごしたことの方が感動的だったかも知れません。きっと離れていても、お互いの意識の中にはずっと存在していたのでしょうね。まだまだ一緒にやって行けそうな嬉しい再会になりました」

水谷豊の裏相棒

杉下右京の裏相棒が小野田公顕なら、水谷豊にも裏相棒といえる人物が存在する。

「テレビ朝日の歴代の社長は朝日新聞社の出身でしたが、現テレビ朝日ホールディングス、テレビ朝日会長の早河洋さんはプロパーで初の社長に就任した方です。『相棒』が始まったときはまだ社長ではありませんでしたが、すでに早河体制が敷かれていました。僕が『相棒』のシリーズ化を頼まれたのも早河さんからでした。番組が始まるときには『『相棒』は国民的ドラマになる可能性が極めて高いです。できるだけ長く続けていただきたい』と言われました。これから色々やらなければならない身としては、思いも寄らないことでしたが、後に早河さんのおっしゃった通り、国民的ドラマと言われるようになりました」

水谷より8歳上の早河洋は、中央大学法学部を卒業後にテレビ朝日の前身である株式会社日本教育テレビ（NETテレビ）に入社。『ANNニュース』を担当するなど主に報道畑を歩き、1983年にディレクターとして筑紫哲也の『TVスクープ』を担当。プロデューサーとしては、田原総一朗の『朝まで生テレビ！』や小宮悦子の『スーパーJチャンネル』、久米宏の『ニュースステーション』、音楽番組の『ミュージックステーション』も手掛けている。早河が第13代のテレビ朝日社長に就任したのは2009年のことである。

「早河さんは報道局の出身なので警視庁、警察庁の組織などに詳しく、『相棒』が始まった頃から色々な話を聞かせていただきました」

早河と水谷は、テレビ局の社長と俳優という関係を越えて結びついた。

「また、番組が続く中で、さまざまなアイデアもいただきました。男ばかりの『相棒』に女性をキャスティングしたいという思いを伝えたときには、『警視庁の広報課長は女性エリートが似合う』とすぐにアイデアを出してくれました。その役には仲間由紀恵さんがキャスティングされ、今も『相棒』に欠かせないキャラクターになっています。また警視庁にサイバーセキュリティ対策本部を置くアイデアもいち早く早河さんから出たものでした」

仲間由紀恵はシーズン13初回2時間スペシャル「ファントム・アサシン」に社美彌子役で登場。同回では「内閣情報調査室」に出向中だったが、のちに警視庁総務部広報課長、さらに内閣情報官となる。

「思えばこの20年余り、僕の様々な悩みや迷いを聞いてくれたのも早河さんでした。そろそろこの辺りで『相棒』を終りへ向かわせたいとの思いを早河さんに伝えたことがあるのですが、話をしているうちにもう少しやってみようという気持ちになる。そんなことが二度ほどあったように記憶しています。今になって思えば、やはりやめなくて良かった。何と言っても再び初代相棒の亀山薫とコンビを組む日が来たのですから。何事も長く続けるには、いくつかのなくてはならない要素が必要だと思いますが、『相棒』の場合、その一つが僕にとっては早河さんだった。まさに裏相棒になってくれていたことを実感しています」

棺を蓋《おお》いて

『相棒』は2022年の時点で22年間の歴史をほこる長寿番組となった。その間には、物故した出演者やスタッフも多い。水谷と縁が深かった人たちもいる。

宇津井健は、水谷が「あんな大人になりたかった」と憧れた俳優である。

1977年の『赤い激流』からの交流で、2010年の『劇場版Ⅱ　警視庁占拠！特命係の一番長い夜』とシーズン9の第9話「予兆」に警察庁長官・金子文郎役で出演している。

「宇津井さんは本当に楽しい方で、別れ際に必ず一つ、ジョークを飛ばすんです。場を明るくしてお帰りになる」

水谷が『相棒』の出演オファーをしたときだった。宇津井は快く引き受けたあとで言った。

「真面目な顔をして『言っとくけど、（右京の）相棒役は無理だよ』だって（笑）」

劇場版Ⅱに出演したあと、宇津井は水谷についてコメントを残している。

〈何より実感したのが、水谷さんその人の魅力です。演技とは、その役者の生きざまです。生き生きした20代から、謙虚で真摯な50代への変化が表れていました。水谷豊あっての右京。まさに絶品でした〉（前掲『オフィシャルガイドブック相棒―劇場版Ⅱ』）

水谷が宇津井と最後に会ったのは、『居酒屋もへじ』（TBS系列　11～17年）の撮影で、横浜の緑山スタジオに入ったときだった。宇津井もその日は『渡る世間は鬼ばかり』の撮影で、同じスタジオにいた。

「宇津井さんから『君に会いたいから待っている』という伝言があったんです。撮影が終わって外に出ると、宇津井さんが廊下の先に立っていた。鼻に酸素ボンベに繋がる管を付けてね。僕は宇津井さんがそんな状態になっていると知らなかったから、ちょっと驚きました」

そのとき宇津井は肺気腫を患い、呼吸が困難な状態だった。『渡る世間は鬼ばかり』の収録も呼吸器をつけて臨み、台詞を短く切ることで乗り切った。

「宇津井さんは声が掠れていたけど、涙を浮かべて僕を抱きしめて、『ありがとう。ありがとう、ありがとうね』と繰り返したんです」

後日、宇津井から自筆の手紙と万年筆が届いた。「水谷君と一緒に過ごせたことに感謝している」というお礼の言葉が綴られていた。

宇津井は14年3月14日に慢性呼吸不全で逝去した。享年82。

同年5月にホテルオークラ東京で開かれた「お別れの会」には各界の著名人が参列していたが、遺族の希望により、弔辞を読んだのは、水谷ただ一人だった。

09年6月に亡くなった長谷部安春監督もまた、水谷との縁が深い。

早稲田大学卒業後、日活に入社した長谷部は『野良猫ロック』シリーズ（1970～71年）などのハードボイルド・アクション作品を数多く手がけ、フリーになってからは日本テレビ系列『あぶない刑事』（86～87年）の監督など、アクションの多い刑事物を得意とした。

「長谷部監督は日活時代から怖い監督と言われていたんですね。現場で笑顔なんて絶対に見せない人だと。でも僕は日本テレビで『ハロー！グッバイ』（89年）という刑事物をやっているときに、監督から『一緒に仕事をして楽しかった』と言ってもらったんです。『珍しくカメラの前で狂うことができる役者に会った』と言って、凄く喜んでくださった。それで監督に『相棒』も撮ってほしくて、お願いしたんです」

長谷部監督はシーズン2第18話「ピルイーター」から『相棒』に参加。シーズン7の第6話「希望の終盤」まで20本を撮っている。『相棒』からスピンオフした映画『鑑識・米沢守の事件簿』（２００９年）は遺作になった。

「撮影中は監督と冗談ばかり話して、よく笑っていました。だから、監督のお嬢さんの長谷部香苗さんが『相棒』にゲスト出演したときにも、『現場であんなに楽しそうな顔をしている父を見たのは初めてです』と言われたんです。年内最後の撮影が終わると、打ち上げをするのですが、その席で監督が、『7ヵ月の間、肉体的にも精神的にもまったくブレず、芝居の質を落とさないのは凄いことだ』と話してくれたこともありました。亡くなる3年くらい前には、手紙をくださって、監督が感じた僕の仕事への姿勢について綴られていました。その内容に感動しました。僕はいい監督やいい脚本に会えてるから芝居ができてると考えているので、監督の言葉は身に余ると思いましたけどね」

長谷部監督の体調が悪化したのは08年の夏。『鑑識・米沢守の事件簿』の撮影中で、水谷はその状態を身近に感じていた。

「あんなに元気な方だったのに座ることが増えて、コルセットを巻いているのを『腰がちょっとやられてるだけ』とか誤魔化していたんです。辛かったのでしょうが、男っぽい人だったので、弱音は吐かなかったんですね。スピンオフの舞台挨拶をしている監督を見たときには、『自分はあまり長くないな』と悟っているような顔に思えました」

舞台挨拶から3ヵ月後、長谷部監督は肺炎で逝去。77歳の喜寿を迎えた年だった。

「最後に入院をしたときにも監督とはメールのやりとりをしていました。メールに冗談が入っていたのは、心配しないようにという僕への監督の気遣いだったんですね」

角田課長の部下で、いつも特命係の部屋を覗いている大木長十郎刑事を演じた志水正義は、水谷が40代半ばの頃から親しい関係だった。

「志水はマネージャーとして僕に付いていたことがあるんです。九州で『劇団テアトルハカタ』を作って、芝居をやったあとで東京に出て来た。2年くらいかな、車を運転して僕を送り迎えしたり、現場に付いていていました。そういう関係で『相棒』にも出演していたんだけど、シーズン17をやってる頃にガンが見つかって、最後はかなり辛かったと思います」

志水は2018年に膵臓ガンの病名と肝臓への転移を公表し、治療を受けながらも、『相棒』の出演を続けた。同年9月に60歳で永眠。

「本人が最後までやりたいというので、『じゃあ、ギリギリまで頑張っていこうな』と話して続けたのですが、やはり体力的にも厳しくて。見守っている側も辛かったですね」

物故者の中でも、水谷がショックを覚えたというのは、20年9月に亡くなった芦名星だ。享年36。彼女は週刊誌記者の風間楓子役で、シーズン15の最終話「悪魔の証明」から登場。訃報が届いたときは、シーズン19の第1話「プレゼンス前編」と第2話「プレゼンス後編」の撮影中だった。マスコミは彼女が自ら命を絶ったと報道している。

「(芦名)星ちゃんはね、笑い上戸なんですよ。撮影では僕とソリとの三人のシーンが多くて、いつも冗談を言いながら三人で笑っていた。その日もね、いつもと同じようにゲラゲラ笑っていたから、悩みがあるなんて気がつかなくて、『じゃあ、また』と言って別れたんです。まだ撮影が残っていたのでね。そうしたら、その翌週にソリから連絡があって、もうビックリしました。とても信じられなかった。本人しか分からない何かがあったと思うけど、それを僕たちが考えても無理だと、ソリと話したのを覚えています」

病気を長く患っていたというのならまだしも、自死は意外過ぎた。

「突然だったので、しばらくは、星ちゃんがいなくなったという気がしなかったですね」

大杉漣の逝去もまた、水谷を驚かせた。大杉はシーズン16第20話「容疑者六人　アンユージュアル・サスペクツ」に風間楓子をエスカレーターから転落させた容疑者の一人、警視庁副総監・衣笠藤治役で出演し、数シーンの撮影を残していた。

他局の番組に出演中だった大杉は、宿泊先で急性心不全を起こし、66歳で帰らぬ人となった。急遽、代役に選ばれたのが杉本哲太である。

「病死と言われても、元気だった漣さんを見ているから、ショックを通り越して、声が出なかった。いきなり漣さんはもういないって言われてもね。でも、『相棒』は続いていくし、その回を無しにするわけにもいかないので、漣さんの出演シーンはすべて哲太に交代して撮り直しました。何が起きるか分からないということが度々でしたね」

驚くばかりの突然死でない限り、共演者たちとの思い出は穏やかだ。

名作とされるシーズン5第20話「サザンカの咲く頃」に警察庁長官・岩佐紀之の役で出演した夏八木勲は、膵ガンの闘病後、13年に逝去。享年73だった。

「夏八木さんとは、工藤栄一監督の『逃がれの街』でもご一緒しました。夏八木さんはいつも温和で本物の紳士でした。どうしたらあんなふうにいられるんだろうと思うほど、優しい方でした。後輩に一切圧をかけないという感じでね、お人柄が出るんでしょうね」

シーズン5第1話「杉下右京最初の事件」で共演した神山繁は、岸田今日子と同じ「劇団雲」の出身だった。水谷とは『演歌・唱太郎の人情事件日誌』でも共演している。

「神山さんは終戦後に進駐軍の通訳をしていらしたんですね。身体ががっしりしていて、芝居をしていてもどこか日本人離れしたところがありました。ヨーロッパ風のイメージですね。夏八木さんも、神山さんもそうですが、みなさん、話が面白いんですよ。撮影が終わったあとの食事時間とか、地方ロケへ行ったときとか、面白い話をずいぶん聞かせてもらいました。大人が話を振る舞うというのか、僕のような後輩に楽しい話を聞かせてくれるんですね。そこで親しくなると芝居がしやすくなるという配慮もあったのでしょう」

神山繁は17年1月、肺炎で87歳の生涯を閉じている。

『相棒』史上最高齢の出演者といえるのが、シーズン14第4話「ファンタスマゴリ」で裏社会の大物・譜久村聖太郎を演じた織本順吉だ。このときの織本は88歳。「現場に台本は持ち込まない」をモットーに生涯現役を貫いた織本は19年、老衰のため92歳で逝去した。

また、出演者ではないが、シーズン13からチーフプロデューサーを務めたテレビ朝日の佐藤凉一は、23年3月、66歳で急逝した。1979年の入社以来、第一線で活躍し、主なプロデュース作品は『終着駅』シリーズ、『臨場』『遺留捜査』など。水谷とは94年の単発ドラマ『聖夜の逃亡者』で出会い、『相棒』シーズン21まで30年近くの交流だった。

「彼は『相棒』の脚本作りの主力プロデューサーであり、他の作品でも何度かチームを組んだ大切な仲間でした。作品とそれに関わる全ての人間を愛した人です。役者だけでなく、プロダクションのマネージャーからも慕われる存在でした。彼の早逝を多くの人が驚き、悲しんでいるだろうと思います。長い付き合いでしたが、彼が人の悪口や作品の批判をしているのを聞いたことがありません。切れ者であり、温厚な人柄でした。僕にとっても突然の訃報は残念極まりなく、寂しくて仕方ありません」

芸能の世界も世の習いというか、30代で早世した俳優もいれば、織本のように長寿をまっとうした俳優もいる。その生涯は悲喜こもごもだ。２０２２年までに『相棒』の出演者には、数十名が鬼籍に名を連ねる。ごく一部を列挙する。

岸田今日子、星由里子、馬渕晴子、中川安奈、渡哲也、田中実、峰岸徹、細川俊之、斎藤洋介、深水三章、山田吾一、藤木孝、森山周一郎、西沢利明、阿藤快、蟹江敬三。

まさに『相棒』22年の歴史を感じさせる錚々たる顔ぶれである。

「『相棒』もいつかは終わるでしょうが、いつどんなかたちで終焉を迎えるのかは予測がつきません。なにしろスタート時から試行錯誤の連続で、計画性がありませんから」

第五章

変幻自在

還暦祝いの共演

十年一昔というが、２０１０年から20年までの10年間で水谷は、『相棒―劇場版Ⅱ　警視庁占拠！特命係の一番長い夜』（和泉聖治監督　10年）をスタートに、『矢島美容室ＴＨＥ　ＭＯＶＩＥ～夢をつかまネバダ～』（中島信也監督　10年）、『ＨＯＭＥ　愛しの座敷わらし』（和泉聖治監督　12年）、『少年Ｈ』（降旗康男監督　13年）、『相棒シリーズ　ＸＤＡＹ』（橋本一監督　13年）、『相棒―劇場版Ⅲ　巨大密室！特命係絶海の孤島へ』（和泉聖治監督　14年）、『王妃の館』（橋本一監督　15年）、『相棒―劇場版Ⅳ　首都クライシス　人質は50万人！　特命係最後の決断』（橋本一監督　17年）、『ＴＡＰ　ＴＨＥ　ＬＡＳＴ　ＳＨＯＷ』（水谷豊監督　17年）、『轢き逃げ　最高の最悪な日』（水谷豊監督　19年）、『太陽とボレロ』（水谷豊監督　22年）と11本の映画に出演している。

このうちの『少年Ｈ』は、妹尾河童の自伝が原作である。

「僕は妹尾さんのお父さんの盛夫役でした。僕はそれまで関西弁を話す役はやってこなかったんですね。東の人間が話す関西弁には違和感がある、と関西の人が言ってるのをなんどか聞いたことがあるし、もし、違和感があったら、作品を壊すことになると思っていたから。でも、この作品については、神戸が舞台なので、神戸生まれの妹尾さんが何回かうちに来て、方言の指導をしてくださったんです。戦時中の神戸の言葉と現代の言葉は微妙に違うんですって。妹尾さんの指導のおかげですが、映画ができあがったときは『パーフェクト！』と喜んでくれましたね。盛夫は軍国主義の時代にあっても信念を曲げずに生きた人で、時代とともに過ごせなかった。大変だっただろうな、と思います」

盛夫の妻の敏子を伊藤蘭が演じている。敏子は熱心なキリスト教徒で、博愛の人である。食糧難の状況下でも、自分たちの米飯を隣人に分けてあげたりするのだ。

水谷は最初に台本を読んだ時点で、妻の伊藤との共演を強く望んだ。

「敏子の役は蘭さんだと思ったんです。僕が出演しなくても、蘭さんに敏子をやってほしいと。だから、なにげなく原作本を渡したり、妹尾さんに会ってもらったり、色々根回しをして、最終的には『撮影中に僕は60歳になるから、還暦祝いに出演してくれると嬉しいんだけど』とお願いして引き受けてもらいました」

水谷と伊藤は、『あんちゃん』で兄妹役を、『事件記者チャボ！』で水谷が伊藤の後輩記者役を演じて以来、ドラマで共演することはなかった。伊藤はそれを残念に思っていたという。

〈(彼と）結婚したとき、ああ、これでもう共演できなくなるんだな、水谷豊さんの才能に同じ土俵で触れることができなくなるのは残念だなとは思いました〉（『クロワッサン』13年7月25日号）

伊藤もまた、水谷との共演の機会を望んでいたのである。

「でね、蘭さんと共演が決まったら、家でリハーサルとかしそうじゃないですか。『台詞合わせしようか』とか。でもそういう事は一切なかった。お互いに映画の話はしないんですよ。

撮影に入っても、今日はどうだったとかも話さない。あれは不思議議でしたね」

　同じ現場へ向かうときも別々だった。

「マネージャーが違うし、入りの時間も違うので別行動です。現場に入ったときに『おはようございます』の挨拶から始めて、撮影が終わったら『お疲れさま』で、また別々に帰る。休憩中も別の部屋だったしね。家に帰ったら二人で食事をするんですけど、映画には触れない。それはなぜだったのか。俳優は誰でもカチンコが鳴るまでもっといい芝居はないか、ギリギリまで考えているんですね。今イメージしていることより、もっといいものを、と考え続けている。そんな思いで日々を過ごしているので、撮影前に家でリハーサルをやろうという気持ちにならないんですよ。蘭さんもそう思っていたのかもしれないですね。役者として、同じようなギリギリの心理状態で過ごしていたのかも」

　盛夫の役づくりのため、水谷は数キロ減量した。

「戦争が終わったときに、盛夫が痩せてやつれた風情を見せたくて、撮影中は昼の食事も抜いたんです。僕は20代の頃からずっと朝は食べないでやってきたし、食事を夜だけにしても、体調や性格が悪くなることはなかったので、それを続けたら、撮影が終わっても一日一食が習慣になりました。例外というか、蘭さんが家にいるときはお昼に何か作ってくれたり、買って来てくれるので食べますが、いなければ確実に食べないですね。彼女が留守の間は冷蔵庫を開けることもないので、『嫌がらせですか』と言われたこともあります」

　ただし、夜は好きなものを好きなだけ食べる。周囲が驚くほどの量だという。

「なんでも食べます。ハンバーガーとかホットドッグとかフライドチキンのようなジャンクフードも大好きで、無性に食べたくなる。ミスタージャンキーですね」

『相棒―劇場版Ⅲ　巨大密室！特命係絶海の孤島へ』の撮影で沖縄に行ったとき、共演していた成宮寛貴は、夕食時の水谷の食欲を目の当たりにして怯んだという。

「一緒に食事に行って、チキンを食べていたときかな。ナリが『とてもついていけません』と言って、残ったものを紙に包んで隠してましたね。僕がチキン一羽を丸ごと平らげる勢いだったというのはオーバーだけど（笑）」

食事に関しての悩みはひとつ。外食をするときにメニューが決められないことだ。

「好き嫌いはないけれど、これでなくては駄目だというものもないんですよ。何を食べるのかあれこれ迷って、結局外出をやめたこともあります。友人と食事するときも迷うから、僕が着いたときにはメニューが決まっていて、『飲み物だけ頼んで』と言われることが結構多いですね。それと、僕は一人で食べることが苦手なんです。肉を口に入れて黙々と噛むとか、ただ食べているだけの時間って、虚しくないですか」

『少年H』が公開されたのは13年8月10日だった。5日後の終戦記念日、水谷と伊藤は、東京都江戸川区と江東区の境を流れる旧中川のふれあい橋で行われた、東京大空襲の犠牲者の慰霊を目的とした灯籠流しに参加している。二人とも浴衣姿である。

「蘭さんと一緒のテレビ出演は珍しいので、覚えています。あの日は、『少年H』の子役たちも参加していたんです。灯籠流しは初めての経験でしたが、流してみると、なにか想いが届きそうな気がしましたね。やはり戦争なんてあってはいけない」

どんなときにもユーモアを忘れない水谷は、レポーターに「浴衣が似合いますね」と言われてひと言、「ユタカのユカタ（豊の浴衣）！」と答えた。

「そんなこと言ったかなぁ（笑）。僕ね、小さい頃、自分の名前が好きだったんですよ。地味で目立たないから。同級生にタツサブロウという名前がいたので、平凡な名前でよかったと思って。でね、あるとき、なんどかお邪魔したことがある知人の家に電話をしたら、小学生のお嬢さんが出たんです。『お父さんいますか？　水谷豊ですけど』と聞いたら、その子が『は～い。お父さ～ん、ミズタマユカタ（水玉浴衣）！』って言ったんです。子供には水谷豊より、水玉浴衣の方が発音しやすいんでしょうね」

監督という仕事

２０１２年に還暦を迎えて間もなく、水谷は二つの決意を固めた。

60代で三作の映画を監督する。監督の仕事は生涯続ける。この二点である。

「名前が知られているという理由で監督をやるチャンスがあったとしても、一回だけで終わったら、監督一筋できた人や、監督を目指している人たちに失礼でしょう。その先も続けて行く覚悟ができたときにやろうと思っていたんです」

覚悟を決めた水谷は決意を実行に移した。64歳から69歳までの間に『ＴＡＰ　ＴＨＥ　Ｌ

AST SHOW』『轢き逃げ 最高の最悪な日』『太陽とボレロ』の三作を監督している。

一作目の『TAP THE LAST SHOW』は難産だった。

「始まりは23歳で海外旅行をしたとき、西海岸で観たサンディ・ダンカンの舞台劇『ピーター・パン』ですね。あのときの感動をお客さんに伝えられるような作品を作りたいと思い続けてきた。最初に考えていたのは、タップダンスをテーマにした別なストーリーです。自分がタップを踊るつもりで、40代までレッスンを続けていました」

だが、50代に入っても企画は成立せず、体力的にも自分がタップを踊るのは無理だと諦めかけていた。叶わぬ夢が実現に向かったのは、15年の春。企画に積極的な遠藤英明プロデューサーに出会えたからだった。水谷が主役を演じることは決まったものの、それだけでは済まなかった。遠藤プロデューサーから、監督も兼ねてほしい、とオファーされたのだ。

「『この映画の世界観を理解して撮れるのは水谷さんしかいない』と説得されたけれど、すぐには返事ができませんでした。覚悟がまだ定まっていなかったから。でも、打ち合わせが進むうちに、これはもう、自分がやるしかない、と思い始めた。そもそもは僕が温めてきた企画ですからね。自然な流れで監督を引き受けることになったんです」

監督としての最初の大きな決断は、俳優ではなく、演技がほぼ未経験のタップダンサーを起用することだった。本物のダンサーでなければ、水谷が目指していた臨場感あふれるダンスシーンが実現できないからだ。ダンスの振り付けについては、日本のタップダンス界の第一人者と言われるHideboHに依頼した。

「市川崑監督が、『キャスティングが終わったら、演出の70パーセントは終わっている』と話していたことを思い出しました。演技については、僕が、こんなふうにと動いてみせたり、台詞を読んだりして、真似をしてもらいました。彼らも表現者で感性が鋭いから、ちょっとしたアドバイスで格段によくなる。最初は真似でも、心が伴ってくれれば真似ではなくなるし、血が通った自分の芝居になるんです。でも、監督というのは、何かをするより、してもらうことの方が圧倒的に多い仕事なんですね」

監督には自分がイメージしている世界があるが、それを現実のかたちにしてくれるのは、カメラマン、照明、音声、美術などの技術スタッフたちだ。

「監督をやって感じたのは、俳優は本当に大変な仕事だということです。できればやりたくないなと思う。撮影に入ったら、一日中、役のイメージを持ち続けているわけですからね。待ち時間に雑談をしていても、頭の中の八割は役のことを考えている。俳優は正解がない世界に生きているので、極端に言えば、役を演じている最中も、もっといい表現はできないか、違う演り方があるのではないか、と考えている」

水谷が演じたのは、天才タップダンサーで伝説の振付師の渡真二郎。足の怪我で踊れなくなってからは、酒に溺れる無気力な日々だ。

「この映画で初めて、白髪頭を見せました。渡の苦悩には白髪が似合っている」

一方で、俳優として監督の仕事を見ると、「とてもではないが、あんな大変なことはできない」と思う。やるべき仕事が山積みなのだ。

「朝から撮影のための色々な準備をして、カット割りをして、俳優さんに芝居をつけて、ね。監督のアイデアがないと、作品が面白くなっていかないし。出演者やスタッフに撮影するイメージを説明するときには、追い詰められた心理状態になるんです。最後には編集作業があって、辿り着きたい世界をそこで仕上げる。俳優と違って、監督という仕事は現場の演出だけでは終わらないんですね。編集しているときにも俳優さんをよりアピールするにはどうするか考えたり、いい芝居をしてくれているのに、諸々の事情でカットせざるを得ないこともあったりします。作品に対して背負うものが大きいですよね」

夢の実現だけあって、圧巻なのはラスト近くのタップダンスシーンである。群舞やソロで響くタップの音はときに激しく、ときに軽やかで、映画を観終わったあとも長く耳に残る。

「観客が行ったことのない世界へ連れて行きたいという思いを突き詰めると、その観客というのは、西海岸で『ピーター・パン』を観て泣いた僕自身なんです。お客さんに映画館でタップのショーを観ているような気持ちになっていただければ、最高です」

『TAP〜』で初めて監督に挑戦した水谷は、二作目の『轢き逃げ　最高の最悪な日』では脚本も手掛けた。プロデューサーと次回作について話をしているうちに、プロット（粗筋）を書くことになり、それが脚本へ発展したのだ。

「書き始めてみたら、物語がどんどん転がっていった。登場人物が勝手に動きだしたんです。一つ一つのシーンが、文字から映像に変換されて浮かんできた」

監督として台本を読むときには、また違う視点に立って全体像を捉える。

「絵が浮かんでくるのは同じだけど、それは自分が作るというより、観たい作品なんです」

この作品で水谷は、一人娘を轢き逃げされ、生き甲斐を失った父親を演じている。グレイヘアに無精ひげを生やした姿が、喪失感を際立たせる。

「僕にも娘がいますからね、父親がどんな気持ちになるか、想像するまでもありません」

娘を弔ったあと、子供の頃の娘のビデオ映像を見続ける時山（水谷）の虚ろな表情や、娘の誕生日に妻が用意したケーキの蠟燭を吹き消す瞬間の悲しみを越えた痛みの表情など、水谷は繊細な芝居を見せる。その細やかさに観客は引きつけられる。

「妻の役を（檀）ふみちゃんにお願いして出てもらったんですね。ふみちゃんと最初に仕事をしたのは彼女が大学生のときで、その頃からのお付き合いだから気心が知れているし、一緒に仕事をしていると楽しいんです。娘を亡くしたあと気丈に振る舞っていたけど、最後には崩れてしまうというシーンで、僕の想像を上回る芝居をしてくれました。もう一人、事件を捜査する刑事の役を（岸部）一徳さんにお願いしました。一徳さんをイメージして当て書きした役だから、どうしても引き受けてもらわなくてはいけませんでした」

一作目と同じく、水谷は若い俳優たちに演技をつけるときに自ら動いてみせた。

「俳優には正解のない世界で生きていかなきゃならない大変さがあり、監督には全体のバランスを考え、方向性を示す責任があります。また、登場人物全員の人生に責任を持たなければいけないのも監督です。言葉で説明するより早いと思ったときは、僕自身がその役を演ってみせたりすることもあります。正解を見せてくれているという喜びがあるのか、これが意外と評判がいい。これでガッカリされたら、監督以前に役者として終わっていますね（笑）」

二作目にして、監督業に磨きがかかってきた。

「子供が遊んでいるようだ、と言われましたね。とにかく楽しくやる。自分が辿り着きたい世界を一番表現してくれるのは俳優さんだから、緊張させたり、追い詰めるということはしません。僕はテストの段階でできたと思ったら、すぐ本番に行きます。ヨーロッパもアメリカもそうですけど、俳優を苛めて芝居させるという監督はいないと思いますよ。メイキング映像を観ると、みんな楽しそうにやってますよね。監督が俳優をよく褒めるしね。そういうふうにして現場を高めていくのが理想ですね」

水谷はいい監督の条件として「モブ（群衆）シーンをうまく撮れる」ことを挙げている。

「大勢の人が出てくるといっても、人それぞれの人生があるわけですよね。それをひとまとめにして引きの撮影で終わらせてしまうと、見ている側はあまり面白くないんです。ドラマが伝わってこないから。でも、いい監督は登場人物の誰をどのくらいの分量で撮るか、バランスを考えて面白く撮ってくれる。個々の人生が反映されているようなシーンになる。僕が俳優として台本を読んでいて、これは大変だと思ったシーンも、いい監督と組むと大変どころか楽しくなるという現象が起きるんです」

三作目の監督作品は『太陽とボレロ』。22年6月に公開されたとき水谷は69歳。60代で三作撮るという当初の決意に間に合った。

「クラシックのオーケストラを舞台にして、その人間模様を描きました。地方のアマチュアの交響楽団です。18年の歴史がある楽団だけど、年々客足が遠のいているので、運営が厳しい。ついには解散を決意するほど追い詰められた人たちに、思いがけない奇跡が起きる。ちょっとしたジャパニーズドリームを見せようと思ったんです」

映画は圧巻のオーケストラ演奏から始まる。

世界的な指揮者・西本智実が率いるイルミナートフィルハーモニーオーケストラがクラシックの名曲を演奏し、観客を魅了するシーンは、映画の伏線にもなっている。

映画を通して西本が指揮するのは、G・ビゼー作曲『ファランドール』、ピエトロ・マスカーニ作曲『カヴァレリア・ルスティカーナ』、ピョートル・チャイコフスキー作曲『白鳥の湖』などで、臨場感あふれ、コンサート会場にいるような迫力を感じさせる。

「ファーストシーンの『ファランドール』は、あれくらいの長さがあると、普通は途中で切って、別な映像を入れたりしますが、お客さんに楽しんでいただけるように一曲すべての演奏を見せることにしました。僕、30代で初めてオーケストラの演奏で『ボレロ』を聞いたときに、生の音の迫力に感動して放心状態になったんですね。そのときの印象がずっと残っていたんです。一作目の映画『ＴＡＰ～』もそうですが、いつか、別世界へ連れていかれるような感動をお客さんにも味わってもらいたいと思い続けていた」

この作品もまた、水谷が脚本を担当した。監督、脚本、重要な脇役の三役を担っている。

「役を演じるのは初めてと聞いて、西本さんの台詞もいくつか用意しました。でも、彼女に、『台詞だけはやめてください。迷惑をかけたくないから』と言われたので、なにも話さなくてもいろいろなことを想像できるような設定を考えました。また、アマチュアの『弥生交響楽団』のメンバーは全員が俳優ですから、オーケストラの方に指導をお願いして、1年くらい楽器を練習してもらいました。ちゃんと楽器が弾ける人に見えなければ、ラストでプロに混じって演奏するシーンが成り立ちませんからね。みんなスケジュールの合間を縫っての練習また練習で、よく頑張ってくれたと思います」

クラシックのオーケストラには、個性的な人が多いと聞いていた水谷は、脚本を書く段階で、「弥生交響楽団」に癖の強いキャラクターを配した。

「楽器が弾けると、それだけでも魅力的に見えるんです。そうでなければ『弥生交響楽団』は変なおじさんたちの集まりですからね（笑）。俳優さんたちは大変だっただろうけど、『これを乗り越えたら、いままで経験しなかった世界が見えてくる』と話しました」

確かに楽団には町田啓太や森マリアなどの若手も所属しているが、あとは六平直政、田口浩正、田中要次、河相我聞、原田龍二ら一癖も二癖もある中高年パワーが目立つ。また、「弥生交響楽団」の創立者・花村理子を憧れいが、楽団の支援者を石丸幹二が演じている。

水谷が演じる藤堂謙が指揮をするシーンも見どころの一つだ。

「撮影前から、自宅で音楽を流しっぱなしにして、毎日聴いていました。指揮はカラヤンとかいろいろな人の映像を見て、でも真似できる人がいなかったんです。西本さんが側にいても、真似するのはとうてい無理です。だから、自分のスタイルを作ろうと考えました。本物の指揮者に思われるようにと、その一念でしたね。そうしたら、イルミナートの楽団員から

『藤堂さんの指揮で一度演奏してみたい』と言っていただいて、嬉しかったですねぇ」

『太陽とボレロ』のタイトルを象徴する様々な太陽の映像は、水谷が信頼する会田正裕カメラマンが撮影した。会田は『相棒』シリーズだけでなく、水谷の主演作『ＨＯＭＥ　愛しの座敷わらし』『少年Ｈ』『王妃の館』でも撮影監督を務めている。

「監督とカメラマンって、現場では夫婦のようなものと言われていますね。監督は、自分の思いを見事に映像化してくれるカメラマンを絶対に離さない。今回の映画はコロナの影響で1年くらい撮影が中断したのですが、会ちゃんはその間に地方へ遠出して、僕がお願いした映像を撮ってきてくれました。朝の眩《まばゆ》い太陽、鳥が飛んでいく背景にある太陽、森林から覗く太陽、沈んでいく太陽とか、六つくらいの映像です。彼のおかげで、あれだけの美しく荘厳な太陽が揃った。太陽にこだわったのは、日本人は情緒を重んじるので、月への思い入れは深いけれど、太陽のエネルギーをもらって生きていることへの感謝が薄いのではないか、と感じていたからです。だから、台本には一行『太陽の無償の愛に感謝』と入っています」

映画の完成披露上映会には、高円宮妃殿下のご来席があった。

「妃殿下は『日本アマチュアオーケストラ連盟』の総裁でいらっしゃるんですね。僕は以前に何度かお目にかかったことがあるし、音楽とか芸術全般に造詣が深い方なので、ご都合がよろしければとお招きしたら来てくださったんです。皇室の遠い方のように思えるけれど、ユーモアがお好きでよくお笑いになる。相手に気を遣わせないし、会話が面白くて、素晴らしい方なんですよ。映画も楽しんでくださったようで、良かったです」

『太陽とボレロ』で三作を撮り終えたが、むろん、これで終えるつもりはなく、70代でも映画を撮ろうと計画している。

「一生続けます。もう止めてくださいと言われない限りは（笑）」

根も葉もない嘘

時は遡るが、水谷の監督作品の一作目、『TAP THE LAST SHOW』が公開された1年半後、ある映画が封切られた。タイトルは『生きてるだけで、愛。』（関根光才監督 18年）。菅田将暉と、水谷の娘の趣里がダブル主演した作品である。

この映画で趣里は、躁鬱病に悩み、エキセントリックな言動を繰り返す女性を演じた。ラスト近くでは衣服を脱ぎ棄てながら、商店街を走るシーンがある。その演技力が高く評価され、彼女は高崎映画祭最優秀主演女優賞、おおさかシネマフェスティバル主演女優賞、日本アカデミー賞新人俳優賞などを受賞。当時28歳だった。

「どうしてあんな根も葉もない嘘を書くんだろう」

水谷が怒っているのは、ある週刊誌が〈娘の趣里が映画で裸になったことを知らされていなかった水谷が、激怒している〉と書き立てたことである。記事によれば〈女優が裸になったら、これからの役が限られてくる〉というのが、怒りの所以だという。

「娘が中学を卒業してから、叱ったことはないです。叱る理由がない。それに、娘からあの映画について相談されたときに、僕は、若いときにしかできないから、と言って出演を勧めたんですよ。背中を押したのに、激怒したことになっている」

水谷は自分が『青春の殺人者』に出演したときのことを例に出して、趣里に話したという。

「『青春の殺人者』では、結構裸のシーンが多くて、股間にボカシを入れられたりしているんです。僕が24歳くらいのときかな。素晴らしい作品だったので、演ってよかったと思っているし、『生きてるだけで、愛。』にも同じ匂いを感じたから、娘に、これは演った方がいいと勧めた。裸のシーンがあったからといって、娘を叱るはずはない。それに、あの映画は僕も試写会で見せてもらって、いい作品だな、と感動したんですよ」

また、父娘の仲が悪いと報じられたのも嘘である。

「僕は父親との縁が薄かったので、子供にとって父親の存在がどんなものかよく分かっていなかったんです。趣里が生まれてからは、自分がイメージする父親らしくあろうと思ったけど、あるとき、そんなことを考えるより、正直に付き合っていくしかないと分かった。だから、父親然とした格好もつけないし、自分の若い頃を振り返ったら、娘に偉そうなことを言えるか、という気持ちがあります」

にもかかわらず、まことしやかな噂が広まり、心配した知り合いから「そんなことで怒ったら趣里ちゃんが可哀想」と諌めるような連絡もあったという。

「娘は、そういう悪意の報道に免疫がないから傷ついたり、がっかりしたり。作り話ばかりでしょう。ただ、『あれは一部のマスコミがやったことだから、マスコミ全体を一くくりにしないように。これからもいろいろあるだろうけど、いい人にも出会うから』と忠告しています。芸能の世界に落胆して、後ろ向きになってほしくないので」

怒りを滲ませつつも、水谷は口元を緩めた。

「『相棒』で右京が時々犯人に向かって激怒するでしょ。僕が娘に激怒したという記事はそのせいかな（笑）」

趣里が幼い頃は芸能の世界に来ないように話していた水谷だが、ある時期から応援する側に回った。彼女が演技者の道を歩む強い意志を持っていることを知った頃だった。

「娘はバレエが大好きで、イギリスに留学もしたけど、アキレス腱を切ったり、剥離骨折したりで、これ以上は無理だというときがきたんです。日本に戻ってきてからは、普通に大学へ通っていると思っていたのに、演劇の勉強を始めていたんですね。そのことを蘭さんには打ち明けて、僕には内緒にしていた。必ず反対されると思っていたんでしょう。親としては不安材料があったものの、最後には本人が望んでいることをやるのが一番いいということになって、今は自由に、好きなようにやってもらっています」

趣里は23年度秋のＮＨＫ連続テレビ小説『ブギウギ』で、ヒロインを演じることが決まっている。ブギの女王と呼ばれた歌手・笠置シヅ子がモデルで、大阪の銭湯の娘として育ったヒロインが、歌手を目指し、戦後のスターになっていく物語である。

趣里はこれまでＮＨＫのヒロインのオーディションを4回受け、4回目でその座を射止めた。32歳という年齢は、ヒロイン役としてはギリギリだったという。

「趣里にとってはいいタイミングだったと思います。彼女がこの仕事を始めたときに『あまり焦って仕事をしないで。ゆっくりゆっくりと、30歳近くなって自分の世界ができてくるくらいのペースでいい』と話したことがあるんです」

娘がNHKのオーディションを受けることは水谷も伊藤も知っていた。

「今回は『東京ブギウギ』の歌もあるし、ダンスもあるし、芝居もある。歌、ダンス、芝居とくれば、娘にとって蘭さんは心強い存在です。僕には娘からの相談はありませんでしたが、蘭さんにはしていたのではないかと思います。僕が娘なら間違いなくそうしますね（笑）」

趣里が半年間の連続ドラマに出演するにあたって、大先輩である水谷はなにかしらのアドバイスをしなかったのだろうか。

「特にありませんね。娘はこれまでに映画もテレビも舞台もやって来たわけですから、その中でいろいろ考えたことがあったでしょう。それでやっていけばいいと思っています」

プライベート面で娘に望むことはひとつだけだ。

「あくまで本人の人生だけど、先のことを考えると、誰か守ってくれる人がいるといいな、と思いますね。ボーイフレンドができるとか、結婚してパートナーができるとか」

演技論

娘の意志を尊重し、求められない限り、芝居のアドバイスはしないという水谷は、これまでの俳優人生で培った独自の演技論を持っている。

「僕は児童劇団から始めましたが、芝居の訓練は特に受けていないんです。普通、劇団ではスタニスラフスキーとか、演技論を学びますよね。僕が好きなマルチェロ・マストロヤンニというイタリアの俳優さんは、『自分はシェークスピアの舞台もやったし、映画もやった。その間にはスタニスラフスキーだけでなく、他の演技論も勉強したけれど、それが嘘だということに気づいた』と語っているんです。『論として学ばなくても、日常の生活の中で充分演技の勉強をしているじゃないか。まずは生活。それ以上の演技論はないよ』って」

水谷はマストロヤンニの言葉を聞いて拍手喝采したと言う。演技は日常で経験する感情に根差していなければ空々しいものになる、という考え方に深く共感していたからだ。

「岸田森さんも『文学座』の出身だから演技論を学んだでしょうが、森さんの芝居を見ると、そんなことは壊してますからね。演技論に縛られていないから、僕に『役を地でやっているように思われたら、それが最高の芝居なんだ』と教えてくれたんです」

いつも自分でいること、それがテーマだったと、水谷は語る。

「映画もテレビもそうですが、何か役を与えられたときには、すべて自分ならどうするか、というところから始まるんですね。自分がもしその立場だったらとか、自分がこの職業をやっていたらとか、自分がこの家族構成だったらとか、自分にこういう恋人がいたらどうなるだろうとか、すべて自分が基本になるんです。自分なら何を考え、どんな行動をとるだろうか、と想像する。新たに作るのではなく、自分の中から引き出してくる。だからどんな役を演っても僕が変化するわけではなくて、色が違って見えるだけ」

　実際に演技をするときには、客観的な視点も必要だ。

「まず大事なのは、何者にも縛られない自分でいられるかどうか、自分を解放できるかどうかですね。これはなかなか難しいけど、大切なことだと思います。その上で芝居に入るんだけど、もう一人の自分がいて、必ず自分のことを見ているんです。だからその客観的な自分が優れていないと、ちゃんとした指示ができない。芝居をしていて、これは違うと感じるときはね、すぐに身体が反応する。そっちに行っちゃ駄目だと、動けなくなるんです。自分に嘘はつけないという感じがあって、身体が拒否するんですね」

　彼は常に日常の感覚を重んじながらも、言葉で成り立つ台詞の限界を感じていた。

「僕は言葉を必要としない感情の表現を目指しているので、時々、台詞を邪魔だと思うことがありますね。言葉から解放された世界を目指すのは、言語がまだ確立していなかった時代に戻ろうとする本能なのかもしれません」

　では、自分の芝居に納得できるのは、どんなときだろう。

「演っても演っても、もっといいことはないかと考えるから、きりがないというか、辿り着けない世界なんですよ。演じきったという感覚にはなれない。よく役に近づくと言いますが、その役をどう解釈するかというのは、自分自身であって、豊かな表現をしようと思ったら、もう豊かな人間になりたいと願うしかない。自分の中に魅力的に演じることができる材料がたくさんあってほしいと、ひたすら願うばかりです。でね、こんな思いを持つのは、いつか終わると分かっているからなんですね。いつかこの世から去るときが来るから、おそらく叶わぬだろう思いを抱いて向かって行ける。そもそも、役者に定年退職はないけれど、お役御免の自然退職はいつでも待っているんです」

とはいえ、自分で演じてみたい役があれば、この先も俳優を続けていくモチベーションのひとつになるのではないか。

「若い頃は、貴族からホームレスまでが似合う俳優になりたいと思っていましたが、振り返ってよく考えると、作品をイメージするときに『やりたい役』から発想することはほとんどありませんでした。『何をやるか、誰とやるか』が基本でしたから、まず面白いストーリーやテーマを探します。一人で探すときもあれば、仕事仲間と雑談をする中で探ることもあります。とりとめのない雑談ですから、その時点では無責任でいられるので非常に楽しい時間になります。気の合う仲間たちとお茶を飲む日は、それだけでワクワクしていました。話していているうちに面白い発想が出てくることも多く、だからと言って、そのときの発想から企画したことが必ずしも成就するわけではありませんが、費やした時間は決して無駄にはなりませんでした。これらの時間を積み重ねて来たことが今の自分に結びついていると思うと、僕の場合、まさに『雑談こそ我が命』でもあります」

仲間との楽しい時間が終わったあとは、一人の時間がやってくる。

「役者として作品に向かい始めると、そこからは嫌というほど孤独な時間を過ごすことになりますが、それもまた僕にとっては心地よい時間。孤独の心地よさと雑談の楽しさの両方の世界は、役者をやることによって得ることができた喜びだと思っています」

　演技者としての深い思いはあるものの、芝居だけに捉われているわけではない。長年のテーマといえる「ここではない世界」が頭をよぎる。

「僕はこの仕事しかしてこなかったから、この世界が人生の学校だったようなところがあります。会社に勤めている人たちは人間関係がおよそ決まってくるでしょうが、僕は仕事のたびに新しい人たちと出会う。『相棒』のゲストだけでも、一回に五人とか一〇人とか、とんでもない数になっています。役者さんもそうだけど、個性を生かして仕事をしている人たちと会う機会が多いんです。人と出会うために仕事をしているようなところもあります。だけど、実は、僕は人前に出ることが苦手だったんですよ。今は俳優として表に出る仕事をしているけれど、家でなにか書いたりしている方が本来というか、性に合っているんじゃないかと、ときどき思ったりします」

　表舞台に立ち、スポットライトを一度浴びたらやめられないという人もいる。

「いいときに浴びるのは嬉しいだろうけれど、いつも当たっていいものではないと思いますよ。批判というかたちで、注目されるときもありますからね」

ネットの功罪

　水谷は、インターネットで自分の評判を検索するエゴサーチをしない。

「いつもフラットでいたいと思っているので、気持ちのどこかを持っていかれるようなものは見ないです。若い人たちはやってる人が多いみたいで、ちょっと驚きますね。いいことばかり書かれているわけではなくて、酷い内容のものもあるでしょ。匿名で人を貶めて、それを蔓延させる。無責任にやっているんだから、わざわざそこに入って傷ついたりするのは、どうなんだろう。自殺する人まで出ている。無視すればいいのにって思うけど、いざ自分のこととなると、ハマってしまって抜け出せなくなるのかな」

自分個人ではなく、監督した作品についての評価はやはり気になるという。映画製作には様々な人たちが関わっているからだ。

「『荒らし』と呼ばれているんだけど、映画雑誌とかネットで、作品に☆印をつけるとき『見るに堪えない』とか『途中で映画館を出て来た。星はあげられない』とか批評して、貶めることを目的にやってる人がいる。そういう人たちがいると、☆5つがあっても、評価が低くなるわけで、評価が低い映画は見たくないという人も出てくる。『荒らし』の存在が分かってからは、もう見ざる聞かざるですね。相手にしない」

とはいっても、芸能の世界に生きていると誹謗中傷に晒されることも多く、それによって廃業を余儀なくされた人を見聞きする。

「アナウンサーをやっていた女性の話です。酷い中傷を受けて、自殺まで考えたのをなんとか思い留まって仏門に入った。尼さんになったけど、自分を中傷した人を許せなくて警察に訴えたら、本人が両親と一緒に泣きながら謝罪にきたそうです。『こんな人が、どうして』

と思うほど物静かで、地味な印象の人だった。でも、自分がやったことで彼女の人生を変えてしまったことは間違いありませんからね。こういう仕事をしていて思うのは、ネットであれこれ書かれても、それはごく一部の人で、大多数の人がそこに集まっているわけじゃないということです。そちらをイメージしている方が健康的ですよ。きっと喜んでくれている、とか、楽しんでくれているだろうとか、そっちの声を想像する」

今、深刻な悩みを抱えている人に、なにかアドバイスはあるだろうか。

「僕があまり深く悩まなくなったのは、人生はいつか終わると分かっているからで、その間はなるべく嫌なところへは行かないようにしようと思っています。ネガティブな感情を寄せつけないようにして、時々、自分に微笑む。いつまでもずっと生きているのなら、抱えている悩みをどうしようか考え続けなくてはいけないけれど、それはない。今は辛い、苦しい、悲しいだろうけど、それは一時のことで、永遠に続くものじゃない。心配しなくても、大丈夫だよ、ちゃんと終わるから」

水谷は海外と日本の国民性の違いについても考察する。

「日本の若い人たちがネットの悪意の犠牲になったり、自分を追いつめて、苦しんでいる姿にはいたたまれない思いがしています。世界の中でも日本の若者に自殺が目立つのは、島国の閉鎖性も影響している気がしますね。欧米は人間関係に塀を作らないというか、初めて会っても普通に話をしたり、旧知の友人のように笑い合ったりすることもある。他人ではなく、まず友だちから入るということが日本にはあまりないでしょ。出る杭は打たれるとか、人と違うところがあれば弾かれたりするし。学校、職場、家庭、友人、隣人とか、上下左右の人間関係がストレスの大きな原因になったりしてね。そういうところが息苦しくなって、はけ口にネットを使う人が増えているような気がしています」

水谷が願うのは、悩める人たちが自分で自分を終わらせないことである。

煙草をやめた日

なにごとも自然に変化していくのが一番という水谷が、自分の強い意志で変える決断を下したことがある。68歳のときだった。

「若い頃からずっと吸ってきた煙草を、２０２１年4月23日の17時14分に最後の一本を吸ってやめました。僕にとっては記念すべき日です」

やめる決意をしたのは、病院の検査で肺気腫が進行していることが分かったからだった。

「『太陽とボレロ』のロケで松本市に入る前、ちょっと心臓のあたりに違和感があったので、ロケから帰ってきたら調べてもらおうと考えていたんです。そしたら、プロデューサーの奥さんが医師で、その方から『ロケの前にチェックだけでもしたらどうですか』と言われて、病院を紹介していただきました。僕は心臓と、前から気になっていた肺を調べてくれるようにお願いしました。そこで肺の写真を撮影したら、状態が悪くなっていたんですね。先生から『これをよく見てください。煙草はもうやめましょうね』と優しく言われてやめる決意をしました。心臓の方は、もっと詳しく、造影剤を入れてチェックすることになった」

2日後、水谷は結果を聞くために病院へ向かった。

「診察室に入って間もなく先生に『一番早く入院できるのはいつですか』と聞かれたんですね。昔、膀胱ガンの検査をしたときと同じ質問だった。『今日は入院できますか』とも聞かれて、二泊の予定で入院することになりました。早急な処置が必要な状態だったようで、心臓にステントを入れる手術をその日のうちに受けたんです」

手術は、麻酔のあと手首から長いカテーテルを入れて始まった。

「優秀な先生とは聞いていましたが、素晴らしい技術というか、手術中に何の負担も感じないんですよ。モニターを見ながら、これは見事だなって、思いましたね。二日後に退院するときには、血栓を作らないように薬を飲み続けることを指示されました。ロケに出発する前に病院へ行ってよかったです。1ヵ月向こうに泊まる予定だったので、その間になにかあったら大変だった。以前、一緒に仕事をしていたカメラマンが急性心筋梗塞で倒れたことがあって、血管の99パーセントが詰まっていたという話を聞いていたのに、自分のこととなると、まあ後でいいか、で済ませようとしていたのでね」

健康を取り戻した彼は、ロケ先で精力的に動き回ったという。

「あとで分かったのですが、僕が知らないうちに、僕の健康を心配してくれていた人がいたんです。藤堂（『太陽とボレロ』の指揮者）が倒れるときに吐血するシーンを書いたんですね。それで先ほど話したプロデューサーに『（医師の）奥さんに喉頭ガンとか食道ガンで血を吐くことがあるかどうか、確認してもらえませんか』とお願いしたんです。まもなく『そういうケースはありません』という返事が来た。僕はそこで終わっているんだけど、プロデューサーは『あんな質問をするのは、水谷さんの身体になにか起きているんじゃないか』とずっと心配していたそうなんです。台本ができて渡したら、『ああ、そういうことでしたか』と納得してくれましたが、僕の説明不足で、彼を不安にさせてしまった。親しいから逆に『もしかして病気ですか』とは聞けなかったんですね。申し訳ないことをしました」

我が交友録

子役からスタートした水谷の芸歴は、2023年の時点で58年を誇る。その間に培われた交友関係は実に幅広い。笑い上戸で、場を和ませることに心をくだく人柄のおかげか、出会った人たちに愛され、長い交友が続いている。

まずは『相棒』の出演者から一人。衆議院議員・片山雛子役の木村佳乃は、水谷と初めて会ったとき、成城学園に通う高校生だった。

「佳乃ちゃんは、僕が成城に住んでいる頃、家に遊びに来たことがあるんですよ。芸能の世界に興味があって、そういう仕事をしていきたいと話していた。そのあと大学生の頃かな、本当に芸能界デビューして、あれよあれよという間に名前が知られるようになった」

木村が初めて『相棒』に出演したのは28歳のとき。役柄は〈事件が起きるたびに、それを逆手に取り、糧にするかのように大きくなっていく〉という強《したた》かな女性だ。

「感心します。あんな癖の強いキャラクターをよく演っているな、って。右京が話し掛けても、平気で車のドアを閉めて撥《は》ね付けるしね。本当に面白い」

同じ『相棒』シリーズでもテレビ朝日系列『豊さんと憲武ちゃん！　旅する相棒』は水谷と木梨憲武が二人で全国を巡る旅番組だ。

「憲武とは、僕が30代の頃に知り合って、それからの付き合いですね。彼は普段は9時くらいに寝て、朝は5時頃に起きるんですよ。僕と違って凄く早寝。それで毎朝のようにショートメールが届くんです。どうでもいい内容の」
2、3日、間が空いたときには「しばらく。このところご無沙汰してしまって」というメールが届く。どちらがより多く相手を笑わせるかを競い、楽しむ間柄である。
「憲武はお喋りなんですよ。彼は僕の方が喋りが多いと言うけど、憲武はゴルフをしているときも点数なんか付けないで、キャディーさんを笑わせた回数を数えている」

二人の旅は、まさに珍道中である。

「旅の移動に使う車には数台のカメラが設置されているんですけど、憲武といると、カメラの存在を忘れてしまうんです。二人ともメイクをしていないし、格好をつけるどころか、車内で飲み物をこぼして、ズボンにシミを作ったり、いろいろやらかしていますね」

気持ちが通じ合っているからだろう。この番組では素顔に近い水谷が見られる。温泉宿で木梨と卓球をしたときなどは、球が入った入らないで揉め、少年のようにはしゃいでいた。

「僕が打ち返した球が向こうの卓球台に当たる音が聞こえたから、確実に入ってるんですよ。でも憲武は入ってないと言い張る。入っていたらゲームオーバーで、僕の勝ちですからね。憲武はむきになって、『いい齢の先輩なのに、そんなことにこだわるんですか。おかしいですよ』とか、しつこいんです。『こっちに来ないで』と言うのに追いかけてくるし」

卓球台の周りを軽やかに走って逃げる水谷は66歳。追いかける木梨は57歳だった。

「40代の初め頃、それまで僕には縁がない世界だと思っていた競馬場に通うようになったのも、憲武と（石橋）貴明の影響です。ハマったというか、気がついたら好きになっていた」

水谷は、一時期、馬券にかなりの金を注ぎ込んだことがあるという。

「あるときから冷静になり、今は憲武と『まさか、（賭けを）やっていないだろうね』とチェックし合っています」

そんな二人が、番組で京都を旅したときに立ち寄ったのが、日本を代表する競馬騎手・武豊の自宅である。水谷と武との付き合いも長い。

「奥さんの佐野量子ちゃんのデビュー作が僕の番組（『気分は名探偵』日本テレビ系列 1984〜85年）だったので、そのご縁があったんです。武さんもユーモアがあって話が面白い。会っている間は、笑っていることが多いですね」

水谷は武のことを「西の豊さん」と呼び、武がレースに勝利したときには「おめでとう！東の豊より」という祝福のメールを送る。一方の武は、若い頃、「名前のユタカはどういう字ですか？」と尋ねられたときは、いつも「水谷豊の豊です」と答えていたという。

武豊からしばし遅れて知り合ったのが、イチローである。

「イチローさんとは、10年ほど前、憲武の紹介で会いました。食事に誘われてレストランに行ったら、そこにイチローさんと武豊さんがいたんです。イチローさんも僕が来ることを知らなくて、初対面でした。憲武のサプライズですね」

以後は一緒に食事をしたり、メールでやりとりするような関係が続いている。

「イチローさんは、僕と同じく物凄い方向音痴なんですよ」

イチローは、シアトル・マリナーズ時代にスタジアムから車で20分ほどの自宅に帰るのに1時間半かけたり、ニューヨーク・ヤンキース時代には、ニューヨーク市内で15分の距離を2時間近く迷ったことがある。球場内ですら、グラウンドに出る通路を間違えたという。

本人は〈とにかく方向感覚がない。（体内に）GPS機能を全く備えていない〉〈僕よりすごい（方向音痴の）人を見たことがない。圧倒的ですよ〉〈（来たときも迷ったから）帰り道も迷うでしょう〉（『デイリースポーツ』２０１５年4月13日）などと語っている。

「どうにもならないんですって。よく分かります。僕だってそうですから」

見事な身体バランス感覚を誇る、あのイチローが方向音痴というのは、俄かに信じがたい。

「どこの国にいてもそうだったというから、イチローさんの場合は世界的な方向音痴ですね。僕は今のところ日本だけだから（笑）」

『旅する相棒』で、水谷は毎回のように蕎麦を食べる。フルコースの食事を済ませたあとでも、「デザートだから」と言って蕎麦屋に立ち寄るのだ。

「お蕎麦、好きですね。人生が終わるときになにを食べたいかと聞かれたら、せいろと答えます。なんかいいじゃないですか。この世に後を引くようなギラギラしたものじゃなくて、あっさりサラリと、せいろを啜って逝きたい」

番組では「ゴイスーのミータク（凄い匠）」に会いに行き、木梨と二人で絵画や習字、生け花、菓子作り、弓道などを学ぶ。短時間で特別に極意を教えてもらうのである。

「冗談ばかりじゃ締まらないから、匠の技という世界も取り入れて、そこは真面目にやっています。松本市で弓道を習ったときも、ちゃんと練習してから的を狙ったんです」

ところが、射た矢も方向音痴というか、本人は28メートル先にある正面の的を狙ったはずなのに、大きくそれて、数メートル離れた隣りの的に当たった。

「僕、なにか持ってるんでしょうか。あんなこと普通起きるはずがないのに。やろうと思っても、ああはいかないですよ。そうしたら、番組が放送されたあとで、（笑福亭）鶴瓶さんが憲武に電話してきて、『水谷さんて、あんなに面白い人だったのか』と話したそうです」

水谷にとって最も交友関係が長い女優といえば、草笛光子だ。米寿を迎えてもなお現役で輝き続ける彼女は、中高年女性たちの憧れの存在である。

「僕が21歳の頃だったと思います。日本テレビの『天下のおやじ』（1974年）という番組に出演したんです。頑固おやじ役を長門勇さんが演じて、その妻役が草笛さんで、長男が寺尾聰さん、僕は次男の役でした。草笛さんとは、そのあとも『熱中時代』でご一緒して、共演する機会が多かったんです。それからずっとお付き合いが続いています」

21歳のとき始まったので、半世紀に亘る関係になる。

「大先輩なんですけど、明るくて周りに気を遣わせない方だし、楽しい話をなさる方なんですね。去年も寺尾さんと三人で食事をしています」

草笛の自宅を寺尾と二人で訪ねることも多いという。寺尾とは『天下のおやじ』以降、共演はしていないが、初対面から気が合った。寺尾は昭和の名優・宇野重吉の長男として生まれ、10代で『ザ・サベージ』などグループサウンズに加入。石原プロ・三船プロ共同製作の『黒部の太陽』（熊井啓監督　68年）で俳優デビューした。水谷より5歳上である。

「二人とも、まだ売れる前でしたから、あまりお金がなかったんですよ。食事に行くときは『今日はいくらある？』『俺はこれだけしかない』とか二人で相談して。ラーメンを一杯食べたら、『じゃあ、炒飯は半分ずつにするか』なんてね」

水谷はそのあと『傷だらけの天使』や『男たちの旅路』、『赤い激流』、『熱中時代』などでヒットを飛ばし、金銭的にも余裕が生まれた。

「寺尾さんは『おまえ、よかったなぁ、よかったなぁ』って、自分のことのように喜んでくれてね。僕も、寺尾さんの『ルビーの指環』が大ヒットしたとき（81年）には、『本当によかったですね』とお祝いを言って。少し前までは、炒飯を半分こしてたのにね」

寺尾と同じく、水谷が20代初めで知り合った人物の中に、蜷川幸雄がいる。

「蜷川さんがアングラの俳優をやっていた頃で、僕は22歳くらい。まだ先がどうなるか分からない時期に紹介されて、それから随分長い間、会っていなかった」

蜷川は水谷より17歳上で、当時は演出家というより、小劇場に出演する俳優として名前が知られていた。演出家としてデビューして以降は、国内のみならず、海外公演も多く、2010年に文化勲章を受章している。二人が再会したのは25年以上経ってからだった。

「『相棒』のシーズンが始まって間もなく、彩の国さいたま芸術劇場の小劇場を借りて、撮影をすることになったんです。その頃、蜷川さんは劇場の芸術監督を務めていたので、僕がいることを聞いて飛んできてくれた。蜷川さんは、『あのやんちゃだった豊が、こんなに立派になった』と喜んでくれてね。僕も出会った頃には蜷川さんが世界のニナガワと呼ばれる演出家になるとは想像していなかったから、再会できて本当に嬉しかった。お互いに感無量というか、もう涙を浮かべて抱き合いました」

以後は蜷川の舞台をなんどか観劇し、交友が続いた。

「蜷川さんが創る舞台には色気と華があって、素晴らしいなぁ、といつも思って観ていました。蜷川さんからは『今度やろうよ、豊。舞台を一緒にやろう』となんども誘われたけど、叶わぬままになってしまった」

蜷川は16年、肺炎による多臓器不全のため80歳で永眠している。

稽古中には怒声だけでなく、灰皿が飛んでくるなど厳しい演出で知られる蜷川だったが、彼の優しさを知っている水谷には、信じられないという。

「蜷川さんには感謝していることがあるんです。娘の趣里は幼稚園から中学まで桐朋学園に通っていたんですね。それで蜷川さんが桐朋学園（芸術短期大学）の学長だった頃、俳優について講義したときに、『水谷豊はいい俳優です』と褒めてくれたんです」

その言葉は巡り巡って、趣里の耳に届いた。

「娘が聞いたら、僕の株が上がるじゃないですか（笑）。『蜷川さん、ありがとう』とお礼を言いたかった。娘が思春期で、ちょっと父親の株を上げたいときだったのでなおさらね」

地井武男とは家族ぐるみの交友だった。水谷より10歳上の地井は「俳優座養成所」の出身で、同期生に原田芳雄、夏八木勲、前田吟、小野武彦、栗原小巻がいる。

「最初の奥さんが亡くなる前年の12月に地井さんから電話がかかってきて、『クリスマス・イブはどうしてる？　暇ならゴルフに付き合ってほしいんだよ』と言われたんです。あとで教えてくれたのですが、それが奥さんにとって最後のゴルフだったんですね。足を引きずって、かなり弱っていらした。『最後は豊ちゃんとやらせてあげたかった』って」

水谷と地井は『刑事貴族2』『刑事貴族3』『青春の殺人者』など共演作も多い。

「僕は地井さんのことを地井先輩と呼んでいて、昔からよくおごってもらっていたんですね。でも、一度だけ、『ちい散歩』（テレビ朝日系列　2010年末スペシャル）という番組で、地井さんが『相棒』を撮っている東映東京撮影所を訪ねてくれたとき、撮影所近くの中華屋さんに誘って僕がご馳走しました。地井先輩は、『豊ちゃんにおごってもらうなんて』と言いながら、僕のお勧めのつけ麺を食べていましたね。昔から会うたびに冗談ばかり言ってたから、記憶に残っているのは、とにかく二人で笑っていたこと。優しい先輩でした」

撮影所を訪ねたときも、地井は水谷に「僕は顔だけで俳優になったから」などとジョークを飛ばしていた。それから1年半後の12年6月、心不全で急逝。享年70だった。

水谷は宝塚出身の女優たちとも縁が深い。宝塚は華やかな世界に思えるが、厳格な規律に縛られ、先輩後輩の序列を叩き込まれる。

「出会った年が古い順で言えば、『グループ71』という同じ事務所に所属していたときの浜木綿子さん。『浅見光彦』シリーズで僕の母親役だった乙羽信子さん。そのシリーズにゲスト出演した黒木瞳さん。『気分は名探偵』などのドラマで共演した朝丘雪路さん。『相棒』シリーズには真飛聖さん、大地真央さん、檀れいさんにも出演して頂いています」

それぞれ男役、娘役と分かれるが、引退後に映像の世界に移っても、一線で活躍している。

水谷は「彼女たちには共通点がある」と語る。

「みなさん、役に強い愛情を持って演じていらっしゃる。それぞれにご自分の世界があり、只者ではありません。もっとも、そうでなければ生き残れない世界ですが」

中でも、近年、水谷と共演が多い女優が、檀れいである。

BS朝日の時代劇『無用庵隠居修行』では水谷の相手役を務め、水谷が監督をした映画『太陽とボレロ』では主役を演じた。

「先に名前を挙げた方々のように、宝塚で頭角を現すのは並大抵のことではないでしょうが、檀れいさんも、やはりいろいろなものが備わっている女優さんですね。人への気遣い、品性、華やかさ。そして何より、台詞に血を通わせることができる。檀れいさんが魅力的なのは、役に命を宿らせることができるからだと思います」

妻の伊藤を通して親しくなったのは、元「キャンディーズ」のメンバー、スーちゃんの愛称で知られる田中好子と、ミキちゃんと呼ばれた藤村美樹の二人だ。

「一年になんどか三人が集まるんですが、場所はいつもうちなんです。お昼頃から翌日の夜中まで、三人でずーっと話して、その間には食事をして、お茶を飲んで、楽しそうでしたね。僕もいきなりは加わらないけど、ちょっとずつ、ちょっとずつ近づいていってね。『キャンディーズ』のCDをそっとかけたりして（笑）」

その集まりも、11年に田中が55歳で逝去したことで途絶えた。

「明日、またうちに集まるというときにスーちゃんから電話がかかってきて『身体の検査をすることになった』と聞いたのが最後でした。僕も一度お見舞いに行ったけど、もう声もあまり出せないような状態でした。危篤の知らせがあったときには、蘭さんとミキちゃんが駆けつけて最期を看取ったんです。付き添えたのはよかったけど、辛かったですね」

水谷が「憧れの人」と呼ぶのは、俳優で歌手の加山雄三である。

「中学生から今に至るまで、憧れ続けている方です。当時の映画館は二本立てで、入れ替えなし。加山さんの『若大将シリーズ』を観て、併映の映画を観て、もう一度『若大将』を観る。映画館を出るときは、加山さんの歌を口ずさみながらです」

加山の息子で俳優の加山徹（山下徹大から改名）とは、『相棒』や他の作品でも共演しており、付き合いがある。だが、憧れの人との対面は格別だった。

「初めてお会いしたときに、『おっ、杉下警部、『相棒』、面白いねぇ』と言ってくださったんです。まさに天にも昇る気持ちでした。そのときからのご縁で、加山さんの芸能生活55周年記念の音楽イベントにも、出演させていただきました」

水谷が加山のステージに招かれたのは16年4月のことだった。東京国際フォーラムで開催された『加山雄三55周年記念〝ゴー！ゴー！若大将FESTIVAL〟』では、数日後に79歳になる加山のために、バースデーケーキが用意された。

「ゲストには、さだまさしさん、鈴木雅之さん、南こうせつさんなど錚々たる歌手の皆さんがいらして、僕も歌わせていただいたんです。加山さんのショーの他に、それぞれが持ち歌を歌って、最後に加山さんとデュエットするという演出でした」

水谷も、持ち歌の『カリフォルニア・コネクション』を披露した。

「加山さんとは、数あるヒット曲の中から『お嫁においで』をデュエットさせていただきました。夢が叶うと言いますが、感覚的には身体が震えてしまうような、もっと凄いことが起きた時間でした。あの加山雄三さんが僕の側にいて、一緒に歌っているのですから。人生は思いもかけないことが起きるものですねぇ」

加山は19年から20年にかけて、脳梗塞や小脳出血を発症。一時は平衡感覚に異常をきたし、言語障害も起きたものの、日々のリハビリを重ねて復帰した。

「一昨年（21年）、息子の徹ちゃんの舞台を観に行ったとき、なんと加山さんご夫妻もいらしていたんです。病気から立ち直った加山さんに会えたことや、ドキドキしながら一緒に写真を撮っていただいたことなど、本当に嬉しい日でした」

加山について語る水谷は、銀幕のスターに夢中な少年のようである。

もう一人、水谷が憧れ、尊敬してやまないヒーローがいる。リトルリーグに所属していた小学生の頃から、その活躍に胸躍らせたミスタージャイアンツこと長嶋茂雄だ。

１９５８年にプロ野球入りした長嶋は、翌59年、昭和天皇が観戦する天覧試合でサヨナラホームランを打って一躍注目された。以降も、ここぞというときにヒットを放つ勝負強さがファンを魅了し、巨人軍の４番バッターとして不動の人気を博す。

「長嶋さんに初めてお会いしたのは、僕が44歳のときでした」

36年生まれで水谷より16歳上の長嶋は、初対面のときは二度目の巨人軍監督に就任しており、背番号も現役時代の３番、最初の監督の時の90番から33番に変わっていた。長嶋への憧憬を水谷はこう語る。

〈僕にとって長嶋茂雄さんは夢に見るほど大好きな人。長嶋さんが巨人軍の監督になられてから４回ほど、試合前に監督室でお目にかかることができたんです。初対面の一声が「水谷さん、野球は？」僕がリトルリーグをやっていました、と言うと、「いやぁ、水谷さんがそんなに本格的に野球をなさっていたとは、嬉しいですね」って。帽子にサインをしてもらって、一緒に写真も撮って。もう嬉しくて嬉しくて大感激でした〉（『帰ってきたマイ・ブラザー』舞台パンフレットより抜粋　２０２３年）

長嶋とは、水谷が『男たちの旅路』、『スキャンダルを追え！』（ＴＢＳ系列　１９９１年）などで共演した京本政樹の紹介で対面できたのだという。

「最後にお目にかかったのは、確か監督を退任なさった年か、もしくはその前年でした。退任の噂を聞いていたので、『長嶋監督のいらっしゃらない野球界は、僕にとって味気ないものになってしまいます』と話したところ、長嶋さんに、『そんなこと仰らずに、ずっと野球ファンでいてください』と言われたのが印象的でした」

交友関係は作家にも及ぶ。水谷が主演した『王妃の館』の原作者・浅田次郎である。

この映画で水谷が演じたのは天才的作家・北白川右京。新作の取材旅行のためパリツアーに参加し、最高級ホテル「シャトー・ドゥ・ラ・レーヌ（王妃の館）」に宿泊する。同じツアー客に吹石一恵、緒形直人、安達祐実、中村倫也、石橋蓮司。北白川は、ルイ王朝時代の物語を構想しており、ルーブル美術館やベルサイユ宮殿、セーヌ川を巡る。

「ルーブル（美術館）にしてもベルサイユ宮殿にしても、よく撮影を許可してくれたと思いますね。しかもルーブルで撮影機材の置き場所に指定されたのは、モナリザの絵の前だったんです。ベルサイユ宮殿はどこでも撮影ＯＫで、普通はありえないんですよ」

パリを歩き回る北白川は、おかっぱ頭に色彩豊かなジャケット、半ズボンにタイツという奇抜なスタイルだ。衣裳デザイナー・高橋正史によるものだという。

「あの衣裳でルーブルに入ったときには、美術館の方が素敵だと拍手をしてくれたんです。撮影にはフランス人のスタッフが多く参加していて、北白川が差し入れされた菓子を食べて『セ・ボン（美味しい）』と呟いたときも拍手が起きましたね。ジョークは世界共通でした」

水谷はまた、『相棒』のファンだという浅田の小説『ライムライト　天切り松闇がたり第五巻』（集英社文庫）の解説文を書いている。

「浅田さんは僕の一つ上で、同世代なんです。あるとき僕が『今我々がシャレを話すと、オヤジギャグと言われるけど、若い頃に同じシャレを話しても言われなかった。これおかしくないですか』と聞いたら『ギャグも齢を取っているんですよ』だって。浅田さんはその作品にも表れているけど、とてもユーモアがある方なんです」

『王妃の館』では倒産寸前の旅行会社が起死回生のために部屋をダブルブッキングし、そのために起きる様々な騒動が描かれる。涙あり、笑いあり、人情劇ありのストーリーだ。

「北白川の衣裳で、パリ市内を歩いたり、カフェでお茶を飲んだりしたときも、フランスの人たちに喜ばれました。日本では派手な衣裳も、向こうでは個性的に思われるんですね。ルーブルやベルサイユだけでなく、ホテル内の映像も素晴らしいし、映画を見逃した人はDVDが出ていますから、楽しんでいただけたら嬉しいです」

拍手で充分

人に喜んでもらえることは、自分の喜びでもある。親孝行もしかりだ。

「紅白歌合戦は観るもので、出るものじゃないと思っていたけど、身体が弱っていた母を喜ばせたくて（２００８年に）出場しました。だけど、ステージに立ったら、予想外に客席の照明が明るくて、お客さんの顔がはっきり見える。震えがくるほどアガりましたね」

通常、コンサートなどでは客席の明かりを落とし、ステージにスポットライトを当てる。『紅白歌合戦』では、会場をテレビ中継するため客席もステージも同じ明るさだった。

「歌う前には、僕がマー先生と呼んでいる平尾昌晃さんから電話があって、『豊ちゃんの歌を聞いたあとで、会場へ行くから』と言われたんです。マー先生は『カリフォルニア・コネクション』の作曲家だし、紅白の最後に『蛍の光』を合唱するときにはタクトを振る人でしたからね。そのマー先生が僕の歌を聞いていると思ったら、余計にアガってしまって、声がシャープするし、おかしいのは分かっていてもどうしようもなかった」

歌い始める直前、司会の中居正広から「蘭さんになにかひと言」と振られた水谷は、カメラに向かって「今日、家に帰るのは12時過ぎになると思います」と応えた。

「いきなりだったので、あれしか思い浮かばなかったんです。蘭さんは僕が紅白に出場するのを知ってからずっと、僕を緊張させないために、話題には上せないようにしてくれていたんですね。おそらくテレビの前でハラハラしながら観ていたと思います」

息子の紅白出場を見届けた母は、10年5月に逝去した。享年88。

「亡くなってすぐは落ち着いて受け止めていたはずが、日が経つにつれて、たまらなく寂しくなりました。不思議なもので、母のことは、好きなところも嫌いなところもあったのですが、亡くなってからは、すべてを好きになりました。これは嬉しい現象です。僕が20代の頃、母が『相手が確実に悪いと分かっても、袋小路に追い詰めてはいけない。逃げ道を残してあげなさい』と話した言葉を思い出します」

22年に母の13回忌を迎えたとき、水谷の芸歴は57年。

本人は「僕は賞にはあまり縁がない」と語るが、どの分野であろうと、半世紀以上もその道を究めてきた人間なら、叙勲の対象になる。

水谷と同世代や年下の俳優たちにも叙勲者は多い。彼に叙勲の話はなかったのだろうか。

「一度もありませんね。もし、枠が決まっているのなら、僕ではなく、縁の下の力持ちというか、普段、目立たない人たちに差し上げる方がいいと思います。地味だけど地域を支えている方たちがおられるでしょう。僕はお客さんから拍手をもらえたら、それで充分です」

彼は名優・杉村春子が文化勲章を、イチローが国民栄誉賞を辞退したことを例にあげ、自分は拍手以上のものを求めない、と語った。

その代わりというわけではないが、水谷が喜んで受けた賞がある。

まず、08年に第50回日本レコード大賞企画賞と、第37回ベストドレッサー特別賞を受賞した。レコード大賞は、これまでの歌手活動の集大成ともいえるアルバム『TIME　CAPSULE』が評価されてのことである。

「この年は22年振りに音楽活動を再開して、初めて発表したセルフカバー・アルバムです。『カリフォルニア・コネクション』の他に『やさしさ紙芝居』とか『はーばーらいと』も入っています。『故郷フィーリング』を作詞・作曲してくれた阿木燿子さんと宇崎竜童さんとは、『またライブをやりましょう』『チャンスがあったら、ぜひ』と話しています」

22年間も歌手活動を中止していたのはなぜだったのか。

「芝居には役名があって、どんな人生を送ってきたのか、そこから入っていくわけですが、歌手の場合は水谷豊で勝負しなければならない。若い頃は歌の世界を充分に表現できていない気がして不完全燃焼でしたが、50も半ばを過ぎた頃、今の自分なら歌えるんじゃないか、という気持ちになってきたんです。周囲からの勧めも背中を押してくれました。僕、陸上競技で使う〝追い風参考〟という言葉が好きなんですよ。追い風を作ってくれた人がいた」

気持ちはあれど、現在は様々な準備が必要なライブのための時間がないという。

「ライブといっても、僕は歌を喋りで取り戻すタイプなんです（笑）。歌の合間に『豊の部屋』という時間があって、ゲストを招いてトークをするんですね。宇崎（竜童）さんや（岸部）一徳さんにも来てもらいました。話が面白いのはいいんだけど、ついつい長くなっちゃうんですよ。だから、赤緑黄色のランプを作って、トークをしている時間が分かるようにした。緑から黄色に変わって、赤になったら、話がどんなに盛り上がってもそこで終了というシステムです。これが結構、早く赤になるんですねぇ」

09年にはコンサートツアーで全国10都市を巡った。チケットはどこも完売だった。

「喋りで取り戻す」と言っても、彼は歌の合間に『傷だらけの天使』の乾亨になって「アニキ〜」と叫んでみたり、『赤い激流』の田代敏夫に戻ってピアノ演奏をしたり、『刑事貴族2』『刑事貴族3』の本城刑事の口癖「あ〜あ、お恥ずかしいったらありゃしない」を再現したり、『熱中時代』の北野広大の台詞だけでなく、校長役の船越英二の物真似まで披露する。最後には杉下右京になり、紅茶を頭上から注いでみせるなど、サービス満点だ。

「歌を聞いていただくコンサートですが、俳優でもある僕も楽しんでほしいので、お芝居をちょっと見せるという演出です。だけど肝心の歌詞が飛んでしまうことが時々あって、それはもう焦りますね。芝居では、芝居をしている自分を俯瞰してみる別な自分がいるけど、歌では、別な自分がいても歌詞を教えてはくれませんから」

歌手としての水谷は「ただただ必死」なのだという。

ベストドレッサー賞については「少し面はゆい」と語る。

「若い頃を思い出すと、圧倒的にTシャツにジーンズ、そしてキャップというスタイルで、寒くなれば上にスウィングトップか革ジャンを羽織るだけ。こだわりがなくて簡単でしたね。大人になってからは会う人や食事をする場所によっては多少コーディネートを考えたりしますが、基本的には楽なものを着ていたい。そんな僕がまさかベストドレッサー賞に選ばれるとは思ってもいませんでした。08年は『相棒』の劇場版（『絶体絶命!42・195km』）が公開されたり、二十数年ぶりに歌を再開して、コンサートを開いたりしたので、その話題性と、杉下右京の英国紳士風スタイルの恩恵だったのではないかと思います」

基本的に楽なものを着ていたいという彼は、時に緩み過ぎた服を選ぶことがある。

「プライベートでは、『行ってきまーす』と出かけようとすると、玄関まで送りに出てきた蘭さんから、『えっ、それで出かけるの?』と言われることもあります。『いやいや、今は声をかけただけで、着替えますよ』などと言って部屋に戻り、鏡を見ると確かに格好良くない。少し気合を入れて着替えることに。蘭さんの助言で助かっています（笑）」

11年には第24回日本メガネベストドレッサー賞芸能界部門を受賞している。

「自分でもメガネ顔だと思うほどメガネが好きです。似合っていると自負しています。この賞もまた、杉下右京が掛けてるメガネの印象が良かったからだと思います。授賞式でいただいたいろいろなメーカーのものを含めると、常に20種類ほど部屋にありますね。掛け始めたのは高校に入った頃からでした」

メガネにまつわる話は多いが、恥ずかしかった思い出をひとつ。

「18歳になってすぐに運転免許を取りたくて、同級生と教習所に行ったときのことです。授業を受ける前に視力の検査があったのですが、何とその日はメガネを忘れてしまっていて、検査表の字がまるで見えない。先に検査が終わった同級生に『なんという字か、小さな声で後ろから教えてくれ』と頼みました。検査が始まって木製のしゃもじのようなもので片目を隠したところで、検査員が字を指します。僕の後ろにピタッとついた同級生が、耳元で『おとこ』と囁きました。言葉の頭の文字が検査表の字という取り決めなので、僕が『お』と答える。検査員が次の字を指し、今度は彼が『スーパーマン』と囁いたので『す』と答えたところで、『後ろの人教えないでください！　はい失格です！』という大きく厳しい声が。周りの人たちにも注目されて、何とも恥ずかしい一日でした」

そして、13年には第30回浅草芸能大賞を受賞。東京を中心に活動する芸能人を表彰するもので、過去に松平健、西田敏行、吉永小百合、高橋英樹らが受賞している。

水谷は、これらの民間の賞をもらえただけで、充分に嬉しいという。

「僕は物欲もあまりないんですよ。車とか時計とか、コレクションの趣味はないし、ブランドにもこだわらない。家具もそうだけど、何か高級品に傷がついたら、普通はがっかりしますよね。でも僕は傷がついたことで、自分だけの一点ものになったと思う。ないない尽くしで、あるのはサービス精神くらいかな（笑）」

サービス精神の故か、彼は時代劇、現代劇を問わず、アクションシーンを演じ続けている。

「昔から身体を動かすことが好きで、得意なんですよ。少しも苦痛じゃないし、むしろ楽しんでやっています。将来はスポーツの世界へ進もうかと本気で考えた時期もあったしね。だけど、最近は『相棒』でもアクションシーンが少なくなってきた気がする。うん？　僕の体調を気遣ってのことか？　台本に書かれていたら、やる気満々なのにね。もちろん、アクションがなくても面白く見せられるように考えて作っていますが」

太陽が帰ってきた

13年7月、水谷と伊藤は揃って『出張！　徹子の部屋』に出演している。『少年H』の取材のため、司会の黒柳徹子が東宝スタジオにやってきたのだ。

黒柳に「アイドルとして大人気だった蘭ちゃんと結婚したら、すべての男を敵に回すって覚悟はありましたか」と聞かれた水谷は、顔をほころばせた。

「当時、後ろから誰かが走ってくると、『うおっ』と振り返ったりして（笑）。結婚当初は、それまで親しくしていた助監督とか、口をきいてくれなくなったけど、今では蘭さんに会いたがって人が寄ってくるようになりました」

夫婦円満の秘訣を聞かれたときには、二人ともにこやかに答えている。

水谷は「それぞれの世界を認めて、尊敬し合うこと」と話し、伊藤は「大切にしてもらっていることを感じて、それに感謝していることを伝えること」と語った。

夫婦仲については、なにより、伊藤が雑誌の取材に応じたときの言葉によく表れている。

〈結婚したあとでよく、こんなはずじゃなかったという方もいらっしゃいますけど、彼のことはおつきあいしていたときより、結婚してからさらによかったなぁと思えるんです（中略）。ずっと楽しく生活できていますので本当に幸せ者ですよね（中略）。うちは夫婦でよくしゃべるんですけど、そこに娘は負けじと入ってくるんです（中略）。何だか私と主人がふたりで話していると仲間に入りたがるの〉（前掲『My Forties』）

〈結婚して20年。それでも主人が帰宅すると「太陽が帰ってきた」と思います。あまりに明るすぎて（中略）。今年、彼は映画のプロモーション（『相棒　劇場版　絶体絶命！４２・１９５ｋｍ』）で、本当に眠る時間もないほどの忙しさでしたが、疲れたとも言わず、いつもと全く変わらなかった。どんなことも、自ら楽しむ方向へ変換してしまう強さを持っているんですね。改めて主人の大きさを知り、尊敬しました〉（『婦人画報』２００８年9月号）

〈主人とお付き合いを始めた頃、「早く恋愛時代の先に行きたい」と言われたことがあるんです。「落ち着いた関係になってからのほうが僕は好きだ。そのほうが安心するから」と。

（中略）しばらく経ってみると、ああ、なるほどと納得しました。お互いに信頼し合い、穏やかな関係になることを望んでいる人だったんだなと〉（前掲『週刊文春ＷＯＭＡＮ』）

伊藤から〝太陽〟と呼ばれた水谷は、妻への感謝をなんども口にした。

「僕がこうして暮らしていられるのは、彼女が握っている手綱の長さのおかげです。結婚してからずっとやりたいことを自由にやらせてくれた。昔は沢山いただいていたバレンタインのチョコレートは、毎年、順調に減っていますが（笑）、蘭さんからは33年間絶えることなくもらっています。ありがたい」

そんな水谷は、あるとき、伊藤から「あなたは今を生きていない」と注意された。

「話を聞いているような顔をして聞いていないと思われたからかな。蘭さんに『ああ、もう、豊さんは今を生きていないから』って言われたので『いや、むしろ今を生き過ぎているんじゃないか』と答えたんだけど。『時々、頭の中がどこかへ行ってる。散歩してる』と言われてね。心ここにあらず、というふうに見えるんでしょうね。僕は〝ながら〟が上手いんです。テレビを見ながら、飼い猫をかまって、タブレットを操作していたりする」

夫婦のすれ違いではなく、仲の良さを表すエピソードにしか聞こえない。

「猫は蘭さんと結婚してから飼い始めたんです。最初にチワワを二匹飼って、その後がシャルトリューという種類の目がオレンジ色の猫を一匹。チワワもその猫も16年で亡くなって、今は猫が二匹います。一匹は娘が大学生の頃、『面倒を見られないんだから飼っちゃだめだ』と言ったのに飼ってしまって、結局、その猫をうちで引き取ることになった。もう一匹はマンチカンという脚が短い猫です。家の中に動物がずっといる、というイメージですね」

老いについて

健康意識が高く、若さを保つことに懸命な現代にあって、水谷は「外見だけが若返っても意味がない」と話す。むしろ心の安寧を重んじている。

「僕にとっての若さとは、物事をネガティブに捉えないこと。嫌なことも角度を変えてみれば、嫌じゃなくなります。いつか終わりが来る人生ならば、できる限り笑って過ごすことでしょうか。おそらく、やりきった感がないままに終わっていくだろうと思いますけど、終わりが来たときに『素晴らしい人生だった』とまではいかなくても、『まあ悪くはなかった』と思えればいい。そのためには、ああすればよかった、こうすればよかったと後悔することはなるべく無くして『今日一日楽しかった』という日を積み重ねていく」

体力の維持が気になるところだが、ジムに通って身体を鍛えることは、10年近く前に止めた。昔のような体力的な貯金はなくなったものの、特に心配はしていないという。

「それまでは、運動機能を維持するために、そこそこ鍛えていたんです。アクションシーンも多かったし。でも、あるトレーナーの人に会ってから、もう身体を酷使するのは止めようと思いました。その人が『身体を特別に鍛えなくても、生活できるだけの筋力体力があれば、それでもう健康ですから、これ以上、身体を苛めなくてもいいですよ』と言ってくれたんです。どうも、それが僕に合っていそうな気がして。だけど足は弱るから、大事にした方がいいですね。自分が思うように歩けているかどうかが問題です。足はちょっと意識して歩くだけでも鍛えられるし、不用意に躓《つまず》いたり、転んで怪我をすることがなくなります。幸いなことに、僕は撮影現場で歩き回ることが多くて、足は鍛えられています」

水谷は撮影に追われる日々の中でも摩耗せず、知的好奇心を持ち続けている。オフの日はどんなふうに過ごしているのだろうか。

「普段は翌日の撮影に備えて睡眠をとっているという感じですが、休みの前日は夜中まで、時には朝方までダラダラしているのが好きでして、音楽を聞いたり、映画を観たり、と時間に縛られることなく、好きなことをしていたい。寝るのは朝方が多くて、起きるのは昼頃。睡眠時間は5時間くらいでしょうか。なにもなければ、ずっと起きていたいですね」

知的好奇心はあれど、水谷は数年前から本を読むことをやめた。

「仕事に必要な本はもちろん読みますが、ここ数年、趣味としての読書はあまりしなくなっていますね。『相棒』の撮影に入ると、7ヵ月間ずっと台本を読んでるでしょ。そうするとね、文字を見たくないという現象が起きるんですよ。これが終わったら、しばらく文字から離れたいと。映像ならいいんです。コロナで自粛生活が続いているときには、海外の映画とかテレビをかなりの本数観ていましたからね」

コロナ禍の中でも、彼はある計画を立てていた。

「舞台をやろうと思い立ちました。未成年のときに『劇団雲』の公演で『ドン・ジュアン』、大人になってから『陽のあたる教室』と2回の舞台を踏んだきりで、今度で3回目になります。長い空白があるので、僕はこの先も舞台はやらないのだろうかとか、あれこれ考えているより、とにかくやってみようと。そうすれば、もう舞台はいいと思うのか、また演りたいと思うのか、はっきり見えてくるものがあるでしょ。人前に出て演じるのは、これが最後になるかもしれないしね。せっかくなら、東京だけでなく地方も回りたいので、23年4月の東京公演のあと、6月末まで全国8ヵ所での公演を予定しています。僕は、これまで役者として映画もテレビも、舞台も歌も、自分がやれることはすべて体験したいと思いながら生きてきたから、やらないで後悔したくないんですよ」

精力的で老いとは無縁に見える水谷にも、若い頃なら考えられない失敗談がある。

「この間、ビックリしたのは、携帯電話で友だちと話しながら、『ない、見つからない』って一所懸命携帯を探している自分がいた。凄くショックだったの。でもまあ、そんなこともあるよね、くらいの感じで慣れてきた。それ以降にもあったから。朝方、洗面所の鏡の前でうがいをしていたのね。ウウウペッって吐き出したら、シンクの手前だったんですよ。これが最近のショック。もう、(老いが)来ちゃったのかと思ったけど、無理に抗わない。そういう自分も愛おしく思えてきたから」

とはいっても、新たなチャレンジを続けている水谷に終活などという言葉は無縁だ。

「考えてないです。だって、結局、今が過去の証明ですから。今が良いという自分がいれば、過去が全部肯定できる。楽しいことばかりじゃなかったけど、厳しい時間もあったけれど、ああいう体験をしたからこそ、今こうしていられるんだと思えてくる」

そんな彼が最も知的好奇心を掻き立てられるのは、人間そのものだという。

「人間のありかたを考えると、社会と密接な関わりがあります。どのように関わればいいのか、明確な答えが出てこないから、ではどうすればいいのか、どうあってはいけないのかと、また考える。そういう気持ちを昇華させていくこと、それが物を創ることに繋がっているのかもしれません。人間という大きなくくり以前に、自分自身のことさえも分からなくなることがありますものね。その分、自分の中にはまだ見ぬ自分がいて、何が出てくるんだろうという期待は、いつもあるんですよ。それと、こういうことをしたいとか、自分のエネルギーを未来へ向かわせる目標は持っていた方がいい」

抽象的な思考ではなく、具体的に行ってみたい場所はあるだろうか。

「若い頃は海外志向が強かったのですが、今は日本中の絶景巡りをしてみたいですね。温泉などがあれば言うことなしです。子供のときからこの世界にいる僕は、仕事で、なんと47都道府県すべてに行っています。これ、ちょっと驚きじゃありませんか」

地獄の娯楽担当

「60代で監督作品を三本撮りたい。60代半ばでそんな無謀なことを思い、まさか実現するとは思っていませんでしたが、その無謀なことが叶ってしまいました。70代になった今、一番の興味は、自分がどこへ向かおうとしているのかということです。今年（23年）は『相棒』のシリーズや舞台など具体的に抱えている仕事はありますが、それとは別のもう一つの空間が僕の中にはあります。その空間こそ何ものにも縛られない自由な空間であり、そこで心遊ばせることが僕にとっては何より楽しくて大切な時間です。監督作品を撮りたいと思ったのも、始まりはこの空間でのことでした。今は70代をイメージするために、暇があればこの空間に入り込んでいます。そこでは役者を辞めないことや監督を続けるという意思の確認をすることもあります。油断してるとどこかへ行ってしまいそうな自分もいるので（笑）」

水谷は頭の中の空間で自分を自在に泳がせる。

「もう一つ、この先やってみたいのはプロデューサーです。組織に所属していれば別ですが、そうではないフリーランスのプロデューサーになれば、自分でお金を集めなければなりません。責任も含めて大変なことですが、好きな作品を作るために、そして後に続く若い人たちのために、そんな世界を作っていけたらと思っています。最近、世界中で悲惨なことが起きているのを多く目にするようになりました。日本の中でも生きにくい人々が増えているように感じます。こんなときこそ人々を癒し楽しませる芸術、音楽、エンターテインメントの力が必要だと思うのですが、人々の気持ちがそれを求めているように感じられないのが極めて残念なところです。大人がテレビを観なくなったと言われていた頃、大人を振り向かせたいとの思いで始めたのが『相棒』でした。今の時代だからこそ多くの人をエンターテインメントに振り向かせることができたら、それはどんなに素晴らしいことか。現世を楽しく過ごしている人もいるでしょう。しかしこの世が地獄だと思っている人がいたとしたら、その人たちのために何ができるのか。自分にできるとしたら、せいぜい地獄の娯楽担当になることくらいではないか。どう考えても、それしか思い当たらない。いよいよ本気でその覚悟をする時が来ているのではないか。何ものにも縛られない空間で、そんなことを考えています」

23年現在、水谷は、『相棒』シーズン21の撮影を終えると休む間もなく、23年ぶりの舞台、マギー作『帰ってきたマイ・ブラザー』の公演に臨んでいる。かつてはヒット曲を飛ばしたものの、短期間で消えていった四人兄弟のコーラスグループ「ブラザー4」の長男役だ。

水谷のスケジュールはとにかく慌ただしい。4月下旬の東京公演終了から3日後には、『旅する相棒』の収録で沖縄へ飛び、6月末に地方公演が終わったあとは、7月に京都で『無用庵隠居修行』の撮影。続く8月からは、『相棒』シーズン22の撮影が待ち構える。一方で四作目となる監督作品の脚本執筆も抱え、時間が許せば、ライブコンサートもやってみたいと意欲を語る。

彼の思いは常に未来へ向かっている。

あとがきにかえて

水谷　豊

自分の人生で予期せぬ出来事がここに来て二つも起きた。

いや、そもそも人生は予期せぬ出来事の連続で成り立っているようなものなのだから、改めてその言い方もどうかと思うのだが、そうとしか言いようのないのもまた事実。予期せぬ出来事が自分にとって大切なものなのか、或いは馬鹿馬鹿しいものなのか、はたまた人生を脅かされるようなものなのか、つまり予期せぬ出来事とは文字通り起きてみなければ分からないもの。一喜一憂をもってお付き合いするしかないと覚悟は決めているものの、できれば人生を左右するような大事件ではなく、心躍るようなことであって欲しいと、これに関しては常に願っている。

さてそこで、僕に起きた二つの予期せぬ出来事とは何だったのか、ちょっと振り返ってみようと思う。二つとも降って湧いたような話だった。

先ず一つ目、突然、古希に襲われたこと。いや、正直言うと古希に関しては60代後半になって薄々感じていた節があることはあるのだが、ただ自分が古希になった姿など全く想像していなかったし、しようとも思っていなかった。

そもそも、古希という言葉には立派で重みや深みのある人格者を想像させる響きがある。

中国の詩人、杜甫の詩の一節「人生七十古来希なり」から来ていると聞くと、ホラ、やっぱり古希には何やら立派な響きがある。しかし、どう見ても鏡に映る古希の自分から重みや立派さは感じられない。この状態を時代が変わったからとひと言で片付けていいのだろうかと思う。僕と同じように思っている「古希人」は他にもいるはずだ、いや、いて欲しい。とは言え、古希という響きに何やら計り知れない破壊力を感じている人も、世の中には相当数いるのではないかと想像する。

話が長くなるので古希話は一旦置いておくとして。

二つ目の予期せぬ出来事は、松田美智子さんのロングインタビューを受けることになったことだ。松田美智子さん、僕はマミさんと呼ばせてもらっている。以前、『週刊新潮』のインタビューをやはりマミさんから受けたことがあって、久しぶりにお会いしたマミさんとのインタビューとは名ばかりの雑談が何と楽しかったことか。その余韻が冷めやらぬうちのロングインタビューの依頼だったので二つ返事でオーケーした次第。しかしロングインタビューということは、いずれ本が出版される可能性がある。そう思ったとたん、いやいや僕などが本になっていいのだろうか、とさすがの楽天家の僕もちょっとした心配に襲われた。

結局受ける決心をしたのだが、なぜ受ける気持ちになったのかは後で述べるとして、インタビュアーのマミさんは、言わずと知れた松田優作さんのｅｘ《エックス》ワイフ。おや、英語だと言いやすい。ま、早い話が元の奥さん。なので僕は20代の前半から存じ上げている方なのだ。その昔、よくご自宅にお邪魔してご馳走になったり、いろいろとお話をしたり、夜中まで優作ちゃんと話し込んでしまい、泊めてもらったりしたことも。

そんな気安さもあってか、八回ほど予定されていたインタビューはやはり毎回雑談に終始してしまい、果たしてこれでいいのだろうかと、終わる度に次こそは脱線しないでインタビューに応えようという反省の連続だった。

思えば脱線気味の雑談をマミさん、そして同席されていた編集者の岡倉さんが時にケラケラ、コロコロと笑ってくださるので、ついつい笑いに乗せられるかのように調子に乗って滑り続けていた日もあったように思う。インタビューが終わると、こんなんでいいんですか？という顔をする僕に、こんなんでいいんですよ、というように笑顔でお二人が、部屋を出る僕を見送ってくださったことが毎回の救いだった。

実は、インタビューが始まる前に僕には一つの心配事があった。これが先に話した僕の人生に本になるような価値などあるのだろうかということ。インタビューが開始される前にこの気持ちには何度か付きまとわれた。

なぜならば、どう振り返っても自分の人生は大したことが無かったようにしか思えない。ここまでの自分をざっと振り返ってみても、特別の苦労話があるわけでは無いし、何かを成し遂げたわけでも無し、結局は自分のできることしかやってきていない。またこれは自分の性格でもあるのだが、過ぎた過去に苦労はなく残るは笑い話ばかりなり、という具合で過ごして来たものだから、当然ドラマのような感動巨編など想像できない。こんな僕が本になるのだろうかと心配に思うのも至極当然のこと。

となると、なぜこのインタビューを受ける気持ちになったのかだが、極めて本能的な判断を優先させた結果であり、恐らく60代の時はとてもインタビューを受ける気にはならなかったのではないかと思う。これまで断片的に過去を思い出すことはあっても、こんなに自分の過去を振り返ろうとしたことは一度もなかった。

自分が何たるかを顧みずにインタビューを受ける気持ちになった理由はなにか？

答えは簡単で、理由は二つ。一つは、古希という響きの破壊力に僕自身がインタビューに耐えうると錯覚を起こしたこと。もう一つ、こちらは錯覚などではない、インタビュアーがマミさんだったこと。以前に受けたインタビューで感じたことがある。こちらの感性を察知してくれて話しやすい世界へと導いてくれる上に、僕の気付いていない僕を見つけてくれることへの信頼感、これに尽きる。

とはいえ、僕にとっては初めての経験。ふと心配になるのは、果たして本になったところで手に取って楽しんでくれる人はいるのだろうか？　つまらない人生を晒して終わってしまうのではないか、などなど不安の種は尽きない。

しかし、そんな思いとは裏腹に、実はインタビューの途中からそれらの心配を上回るほど密かに期待していたことがあった。それは長い間、僕が繰り返し自問し続けて来たことの答えが見つかるかも知れないという淡い期待だ。いつか終わるであろう人生、しかしその前にできるならばこれだけは知っておきたい。

僕は何故この世に生まれて来たのだろう？

これは人としての最もシンプルな知的好奇心ではないだろうか。

もし今回のインタビューでその答えを見つけることができたとしたら、それが身震いするほどの喜びであろうとなかろうと、少なくとも見つけたことに膝を打ち、溜飲を下げることができるはずだ。あるいは、大したことの無い自分の歴史に愕然として本を閉じるだけのことになるかも知れない。どちらに転ぶのか、ひやひやしながらも、ちょっとしたさすらいのギャンブラー気分を味わっていた。

しかし、崖っぷちに立ったときに限り、必ず最後にしゃしゃり出てくる心強い味方が僕にはいる。究極の楽天家のアイツ。芸能界でここまでやって来られたのは、アイツのお陰だとさえ思っている。そんな楽天家のアイツからひと言ご挨拶を。

「何だかんだとお喋りしてきましたが、本当のところは何も心配していません。むしろ、このような経験ができたことを誇りに思い、数多くの有名人の中から僕が選ばれた喜びに満ち溢れています。松田美智子さん、そして編集者の岡倉千奈美さん、インタビューをことのほか喜んでくださった編集長の堀口晴正さんに、感謝の言葉を二つ三つ用意して、本が完成する日を楽しみに待っています」

最後にもう一つ。役者水谷豊の決め台詞を。

「さぁさぁさぁさぁ！　この期に及んで、やってしまったことをつべこべ言うなどみっともねぇ、手前が決められるわけじゃあなし、潔く吉と出るか凶と出るか、首を洗って大人しく待っていやがれぇ！」

２０２３年　春日

【主な参考文献】

＊引用は文中に記したが、執筆にあたり参考にした資料も含め記す。

『ショーケン』（萩原健一著　講談社）
『バンパイヤ　1』（手塚治虫著　秋田書店）
『ライムライト　天切り松闇がたり第五巻』（浅田次郎著　集英社文庫）
『アベちゃんの喜劇』（阿部寛著　集英社）
『傷だらけの天使』（市川森一著　大和書房）
『熱中時代』（日本テレビ刊行　読売新聞社）
『蛇淫』（中上健次著　講談社文芸文庫）
『ユリイカ』２０１９年７月臨時増刊号（青土社）
『水谷豊論』（太田省一著　青土社）
『越境者　松田優作』（松田美智子著　新潮社）
『ショーケンと優作、そして裕次郎』（岡田晋吉著　ＫＡＤＯＫＡＷＡ）
『太陽にほえろ！伝説　疾走15年私が愛した七曲署』（岡田晋吉著　日本テレビ放送網）
『不死蝶　岸田森』（小幡貴一・田辺友貴編集　ワイズ出版映画文庫）
『大人にしてあげた小さなお話』（岸田今日子著　大和書房）
『わりなき恋』（岸惠子著　幻冬舎文庫）
『無用庵隠居修行』（海老沢泰久著　文春文庫）
『山田太一セレクション　男たちの旅路』（山田太一著　里山社）
『ドラマ』１９９６年８月号（映人社）
『知識ゼロからのオーケストラ入門』（西本智実著　幻冬舎）
『大映テレビの研究　完全復活版』（竹内義和著　ぶんか社）

『相棒 season 2(下)』(脚本・輿水泰弘ほか　ノベライズ・碇卯人　朝日文庫)
『相棒 season 5(下)』(脚本・輿水泰弘ほか　ノベライズ・碇卯人　朝日文庫)
『相棒 season 7(上)』(脚本・輿水泰弘ほか　ノベライズ・碇卯人　朝日文庫)
『相棒 season 9(上)』(脚本・輿水泰弘ほか　ノベライズ・碇卯人　朝日文庫)
『相棒 season 10(下)』(脚本・輿水泰弘ほか　ノベライズ・碇卯人　朝日文庫)
『相棒 season 11(下)』(脚本・輿水泰弘ほか　ノベライズ・碇卯人　朝日文庫)
『相棒 season 13(下)』(脚本・輿水泰弘ほか　ノベライズ・碇卯人　朝日文庫)
『相棒 season 14(上)』(脚本・輿水泰弘ほか　ノベライズ・碇卯人　朝日文庫)
『相棒 season 18(下)』(脚本・輿水泰弘ほか　ノベライズ・碇卯人　朝日文庫)
『オフィシャルガイドブック　相棒ｖｏｌ．2』(ＴＶｎａｖｉ特別編集　産経新聞社)
『オフィシャルガイドブック相棒―劇場版―絶体絶命！42・195ｋｍ東京ビッグシティマラソン』(扶桑社)
『オフィシャルガイドブック相棒―劇場版Ⅱ―警視庁占拠！特命係の一番長い夜』(産経新聞出版)
『オフィシャルガイドブック相棒―劇場版Ⅲ―巨大密室！特命係絶海の孤島へＰｌｕｓシーズン11&12』(ぴあ)
『オフィシャルガイドブック相棒―劇場版Ⅳ―首都クライシス 人質は50万人！特命係 最後の決断&シーズン14・15』(ぴあ)
『オフィシャルガイドブック相棒ｖｏｌ．3―シーズン8-10』(産経新聞出版)
『オフィシャルガイドブック相棒―7年間の歴史のすべてがわかる保存版!!』(扶桑社)
『相棒シリーズ―鑑識・米沢守の事件簿　オフィシャルガイドブック』(扶桑社)
『みんなが好きな相棒　特命研究ファイル　ドラマ「相棒」が１００倍おもしろくなる本』(刑事ドラマ事件調査委員会編著　カンゼン)
『スタア』１９７６年1月号(平凡出版)
『ＭＯＲＥ』１９７９年7月号(集英社)

『週刊平凡』１９８６年６月６日号（マガジンハウス）
『ＭＩＮＥ』１９８９年８月10日号（講談社）
『週刊明星』１９９０年10月18日号（集英社）
『女性セブン』２０００年２月10日号（小学館）
『My Forties マイフォーティーズ』２００４年２月号（主婦の友社）
『婦人画報』２００８年９月号（ハースト婦人画報社）
『ＤＩＭＥ』２００８年６月３日号（小学館）
『いきいき』２００９年７月号（いきいき）
『キネマ旬報』２０１２年５月１日号（キネマ旬報社）
『キネマ旬報』２０１９年５月上・下旬合併号（キネマ旬報社）
『週刊ポスト』２０１２年10月29日号（小学館）
『クロワッサン』２０１３年７月25日号（マガジンハウス）
『デイリースポーツ』２０１５年４月13日
『ＡＥＲＡ』２０１６年２月１日号（朝日新聞出版）
『週刊文春』２０１７年６月15日号（文藝春秋）
『優駿』２０１８年５月号（中央競馬ＰＲセンター）
『女性自身』２０１９年５月14・21日合併号（光文社）
『週刊文春ＷＯＭＡＮ』２０１９年８月30日号（文藝春秋）
『帰ってきたマイ・ブラザー』舞台パンフレット　２０２３年

撮影（装幀・本文）　三宅英文
スタイリング　高橋正史（オーティーエル）
ヘアメイク　山北真佐美（ウエストフリエ）

水谷 豊《みずたにゆたか》 自《じ》伝《でん》

著　者　水谷 豊《みずたにゆたか》　松田美智子《まつだみちこ》

発　行　2023年７月15日
２　刷　2023年８月５日

発行者　佐藤隆信
発行所　株式会社新潮社　郵便番号162-8711
東京都新宿区矢来町71
電話：編集部　03-3266-5611
読者係　03-3266-5111
https://www.shinchosha.co.jp

装　幀　新潮社装幀室
印刷所　株式会社光邦
製本所　大口製本印刷株式会社

ISBN978-4-10-306453-4　C0095
価格はカバーに表示してあります。